Quella mattina di luglio

Corrado Augias

Quella mattina di luglio

Rizzoli

ISBN 88-17-66028-0

Prima edizione: maggio 1995

Quella mattina di luglio

Caro Giovanni,
forse ti sarebbe piaciuto.

Tutto passa e si scorda
Tutto deve finir,
Ma tu sai che l'amor
Non passa mai dal cuor.

Raymond e Martelli, 1942
Orchestra Angelini
Canta Lina Termini

1

Al centro del corpo disteso sulla graniglia del pavimento, un rammendo di quattro o cinque centimetri conferiva una nota particolare all'intera scena. Il filo del rammendo, nero sulla trasparenza nera delle mutandine, aveva assunto nei suoi andirivieni lungo lo strappo del merletto la forma d'uno scorpione: l'aculeo della coda rivolto in basso, le due tenaglie levate simmetricamente in direzione dell'addome. Al di sopra dell'elastico delle mutandine, la carne compressa stava assumendo una colorazione di prugna matura.

Quanti anni avrà avuto? Venticinque più o meno, forse ventotto. Anche se il volto era nascosto dalla massa nera e rigonfia dei capelli, era certamente il corpo d'una donna sotto i trent'anni. Forme opulente, gran petto, fianchi accentuati dalla posizione reclina, i polsi e le caviglie sottili. La carnagione era compatta, molto chiara, in contrasto con la capigliatura nella cui folta massa, ancora infilato a metà, c'era un pettine alto, probabilmente d'argento. Il cadavere era disteso di traverso sulla soglia della camera da letto, le gambe in direzione del corridoio, il piede destro calzato da una pantofolina rosa guarnita da un pompon spelacchiato. L'altra pantofola era finita tre metri più in là: rovesciata contro la parete, rendeva con sufficiente verosimiglianza l'immagine di un'ultima corsa affannosa.

La luce forte di mezza mattina, che entrava dalla finestra spalancata assieme al caldo e al rumore ritmato d'uno scalpellino, tagliava il corpo in diagonale illuminando senza pietà la carne nuda sotto la vestaglia scomposta, il rosa più carico dei capezzoli, lo smalto screpolato sulle unghie della mano sinistra, l'oscuro triangolo del pube...

Flaminio Prati si piegò sulle ginocchia sollevando con precauzione il braccio sinistro della salma. Dal cadavere seminudo si sprigionava, nonostante tutto, un certo fascino residuo e mentre toccava quella carne inerte Flaminio sentì la gola diventare di colpo arida, come se stesse compiendo un gesto sconveniente. Si aspettava una resistenza che non ci fu. Le dita erano gelide, ma conservavano la loro flessibilità. Probabilmente dipendeva dalla temperatura della giornata, perché quelle chiazze color prugna sulla carne facevano capire che la donna era morta da parecchie ore. Sotto la giacca leggera di lino, sentiva il sudore colargli lungo la schiena. Lo attrasse il bagliore dell'anellino intorno all'anulare. Il piccolo diamante che l'adornava sembrava autentico. Provò a farlo girare e constatò con stupore che si sfilava facilmente. In genere non succedeva, forse quell'anello voleva dire qualche cosa, si chiese se avrebbe dovuto prenderne nota.

Soppesò i pochi grammi d'oro sul palmo della mano e intravide l'incisione all'interno. Una data, probabilmente. O un nome. Provò a leggerla, qualunque cosa fosse, senza però riuscirvi. Mostrò l'anello al capofabbricato, come per dare maggior peso alla domanda.

«Era sposata?»

«No, non mi pare. Qui comunque stava quasi sempre da sola. E poi...»

L'uomo non completò la frase, indicava in giro l'armadio, lo stanzino da bagno, l'attaccapanni dietro la porta, come per dire che quella non poteva essere casa, quelli non erano certo arredi da persona sposata.

«Sembra un anello di fidanzamento» completò Flaminio.

«Forse era prima, chissà... Queste ragazze, lo sapete meglio di me...»

Flaminio Prati non lo sentì. Ebbe la tentazione di girare la testa della morta per vederne il volto, ma rinunciò senza una ragione. Prima o poi, avrebbe dovuto farlo comunque.

Le due finestre della stanza erano spalancate, la temperatura e la luce della mattinata sembravano al culmine. Il caldo era diventato soffocante e il battere incessante degli scalpellini – una discorde cacofonia metallica – era ancora aumentato. Da fuori arrivava anche lo stridio dei bambini che giocavano nel grande cortile spoglio del caseggiato, urla improvvise che svettavano sul mormorio delle voci, un nome chiamato forte. Nella stanza erano entrate una quantità di mosche. Volavano in cerchio, al centro di una pozza di luce, una prese a risalire la manica di Flaminio forse attratta dal colore chiaro della stoffa...

Mentre si rialzava gettò un'occhiata alle mutandine. Dalla nuova prospettiva sembrava che lo scorpione fosse leggermente retrocesso fin quasi a sfiorare l'inguine. Nella finestra di fronte, sul lato in ombra del cortile, si vedeva una giovane donna aggirarsi per casa, sbrigando le faccende. Dalla radio a volume altissimo veniva la voce inconfondibile di Alida Valli: "Ma l'amore no, l'amore mio non può, dissolversi con l'oro dei capelli...". La donna riprendeva il canto a piena voce mentre sbatteva fuori della finestra, in una nuvola di polvere, uno scendiletto rosso. L'aspetto era trasandato, la vestaglia mal chiusa rivelava per metà un seno generoso. Dalla sua posizione la donna non poteva scorgere il cadavere perché non arrivava a vedere il pavimento, forse però aveva visto o udito qualcosa prima. Un altro dettaglio che sarebbe stato utile controllare. Chissà a che ora era stata ammazzata. Guardò macchinalmente l'orologio: le 10 e 35. La nuova settimana era cominciata da poche ore e ne sentiva già il peso.

Alle 8 aveva trovato quelli delle malefatte notturne seduti sulle panche nel corridoio del commissariato. Lo guardavano passare addossati alle pareti: poveri abiti, sguardi ostili o sfrontati, oppure teste basse, mani incrociate sulle ginocchia, qualche sbadiglio, molto fumo: accaparratori, puttane, ladri di biciclette, borsari neri. Un tizio alto, in piedi, fumava con aria arrogante e, poiché era ammanettato al termosifone, per ogni tirata doveva compiere una manovra complicata resa grottesca dal rumore dei ferri.

Dall'ufficio accanto al suo veniva il ticchettio zoppicante d'una vecchia Olivetti, poche sillabe di qualche frase smozzicata dettata con voce insicura. Una mosca verde e oro s'accaniva ronzando contro il vetro. Al centro della scrivania il piantone aveva messo il Bollettino Demografico dell'Urbe relativo al giorno precedente: "Domenica 18 luglio 1943 - XXI E.F.: nati 29, morti 42". Cifre di guerra anche quelle. Chissà da quanti anni non c'era stato un luglio così caldo e così pochi bambini. Sullo scaffale di fronte alla scrivania, il suo predecessore aveva lasciato una foto che ritraeva un bambino sulla spiaggia di Formia. Il cappellino di picchè bianco aveva fatto ombra sugli occhi riducendoli a due buie fessure. Ma rimaneva un bel bambino. Aveva fatto a tempo a firmare un paio di verbali prima che entrasse il sottufficiale del turno di notte. Il tizio alto là fuori appena l'avevano liberato s'era buttato per terra e non voleva più muoversi, sembrava morto. Quando Flaminio arrivò, la morte apparente era finita: adesso il tizio si torceva con la schiuma alla bocca, gli occhi che mostravano il bianco e, poiché aveva ancora un anello delle manette intorno al polso, a ogni nuovo contorcimento corrispondeva il tintinnio del metallo sulle mattonelle del pavimento.

Gli altri fermati contemplavano la scena incerti sul modo in cui reagire, una delle prostitute si stava soffiando rumorosamente il naso. Flaminio si chinò sull'uomo.

«Se continui così,» bisbigliò in modo che nessuno potesse udire «invece che in camera di sicurezza finisci in una gabbia del manicomio con la camicia di forza. Non ti conviene.»

L'uomo s'immobilizzò di colpo e aprì gli occhi fissandolo.

«Lascia perdere» ribadì Flaminio sempre a voce bassissima dandogli una specie di amichevole buffetto sulla guancia sudata. «Va' col brigadiere che è una brava persona.»

Era appena rientrato in ufficio quando avevano chiamato al telefono.

«Un tale dice che hanno trovato una ragazza morta. Potrebbe essere omicidio. L'ha segnalata il capofabbricato.»

«Dove?»

«Qua dietro, al 35 di via dei Reti, tra via dei Volsci e via dei Sabelli.»

«Chi è il tale?»

«Uno fidato, è uno dei nostri. Mando Tiburzi?»

Fidato e dei nostri voleva dire un informatore. Del resto quasi tutti i capifabbricato lo erano.

«No, aspetta, vado io.»

Il commissariato delle regie guardie di Pubblica Sicurezza si trovava in via dei Battaglioni universitari, giusto alle spalle della nuova Città degli Studi. Flaminio Prati camminava sul lato in ombra della strada, stringendo un po' gli occhi per la luce, come quel bambino sulla spiaggia di Formia. Era una di quelle giornate di sole bianco che sfumava in un candore abbagliante i contorni delle cose. Non c'era un alito d'aria, il termometro già alle 8 sfiorava i trenta gradi e lui aveva dimenticato a casa gli occhiali da sole. Sullo slargo del Verano le fioraie avevano aperto i banchi semivuoti. Il piazzale sembrava deserto nella luce del sole che calava a picco sulle rotaie del tram lasciando in ombra, sotto i platani, le bancarelle dei fiori per i morti, un paio d'automobili nere accostate al marciapiede, il bar aperto proprio di fronte al cancello dell'obitorio. Davanti a lui un panificio, un'autorimessa, la pensilina alla fermata del tram, sullo sfondo le casette a un piano circondate da orti.

Qualche giorno prima una denuncia anonima aveva segnalato che durante la notte certi fiorai "erano soliti scavalcare il muraglione di cinta del camposanto per andare a rubare i fiori dalle tombe e rivenderli il giorno dopo, con un po' di sconto". La faccenda sembrava fantasiosa, ma forse era il caso di organizzare un appostamento.

Il capofabbricato l'aspettava sul portone, un uomo anziano, magro, le guance così scavate sotto gli zigomi che non riusciva nemmeno più a radersi. Addosso un vecchio abito pesante a doppio petto col distintivo del partito all'occhiello. Con questo caldo, pensò Flaminio. L'uomo aveva occhi neri, aguzzi e furbi, da persona che ha imparato il gioco e vuole continuare a campare. Abbozzò un saluto romano levando fiaccamente il braccio, la voce era leggermente rauca, il tono complice, da collega.

«Salustri Luciano, agli ordini. È al terzo piano, commissario.»

«Chi è la morta?»

«Il nome era Franca, il cognome non l'ho mai saputo.»

«Curioso, no? Come mai?»

L'uomo abbozzò un mezzo sorriso, accennando col viso: una di quelle.

Le scale erano ripide, due rampe, tre, i gradini logorati dallo scalpiccio. Salivano in silenzio, leggermente affannati, l'uno dietro l'altro, da una porta al secondo piano filtrava il dialogo concitato di due donne, sul pianerottolo aleggiava un pesante odore di minestrone.

«Come l'hanno ammazzata?»

«Neanche questo si capisce, così giovane. Ma come mai muoiono? Un giorno qualcuno lo fa, e via, di colpo è tutto finito.»

Davanti a quel tentativo di filosofia spicciola Flaminio non riuscì a trattenere un moto d'impazienza, l'uomo capì.

«Il portiere ha visto la porta semiaperta, ha dato un'occhiata ed è corso a chiamarmi. Abbiamo telefonato al commissariato insieme. Ho chiuso io a chiave, non è entrato più nessuno.»

«Capisco, bravo.»

Salustri aprì la porta dell'appartamento con una certa teatralità, del resto inutile perché il cadavere di Franca non era visibile dall'ingresso.

La donna della casa di fronte aveva smesso le sue faccende. Fumava una sigaretta affacciata alla finestra canterellando tra sé a mezza voce, ma si capiva che era incuriosita dai loro movimenti e di tanto in tanto lanciava un'occhiata di sfuggita.

«Quella donna chi è?» domandò Flaminio.

«La moglie d'un macchinista delle ferrovie. Ci sono parecchi ferrovieri qui intorno, per via dello Scalo di San Lorenzo. Lui è scappato con un'altra e lei è rimasta sola. Si chiama Cesiri Maria Donata, donna di onesti costumi anche se ogni tanto si porta qualcuno a casa ma si può capire, vero, commissario, io almeno su queste cose...»

«Andate avanti.»

«Non dedita al bere, iscritta al partito.»

«Bisognerà controllare.» Lo disse automaticamente, senza una ragione. I modi servili del capofabbricato cominciavano a infastidirlo, forse dipendeva da quello. Il pettine d'argento finì di distaccarsi dai capelli della ragazza morta cadendo sul pavimento con un tintinnio leggero. Flaminio ricordò dove aveva visto un pettine simile, solo un po' più grande. A Siviglia qualche anno prima, al tempo della guerra di Spagna. Lo aveva la tenutaria d'un bordello riservato ai legionari fascisti, un regalo di Franco per gli uomini che lo stavano aiutando a seppellire la repubblica bolscevica. Un giorno la donna aveva accennato qualche passo di flamenco, ma prima di farlo aveva raccolto in un sol gesto i capelli e poi con un grande colpo aveva affondato in quella massa le lunghe zanne del pettine d'argento.

Si chinò nuovamente sul cadavere, sfiorandone la testa con la mano. Salustri, fermo sulla soglia dell'appartamento, non perdeva un movimento. Aveva tirato fuori una Macedonia dal pacchetto e la rigirava tra le dita per arrotondarla ma senza decidersi ad accenderla. Doveva affrontare la parte più penosa dell'operazione e non voleva chiedere un aiuto a quell'uomo. Rovesciò il cadavere sul dorso e vide il disastro. I colpi di rivoltella erano stati due. Uno aveva colpito la mascella poco sotto l'orecchio destro, il secondo tra lo zigomo e la tempia, sullo stesso lato. Era sgorgato pochissimo sangue che aveva formato una piccola pozza sotto il viso della morta. Non si vedevano bossoli in giro, pistola a tamburo, oppure un assassino attento a non lasciare tracce, calibro 9 probabilmente. C'era poco da fare. L'autopsia avrebbe dato qualche informazione di più, se c'era stato amplesso e di che tipo, se c'era stata violenza, un amico, un amante, un ladro occasionale...

Si rese improvvisamente conto che gli scalpellini avevano interrotto il loro martellare e che nemmeno le grida dei bambini s'udivano più. Nel silenzio, entrava ora dalla finestra aperta un ronzio lontano, non molto dissimile da quello del moscone verde e oro che un'ora o due prima aveva riempito la sua stanza d'ufficio. Non ci fece troppo caso. Si diresse al comò e ne aprì un cassetto, aveva sotto gli occhi le tracce più intime della vita di Franca: la sua biancheria, un paio di calze di seta, quelle che ufficialmente risultavano introvabili, un fascio di lettere legate con un nastrino verde di raso. Sfiorò col dorso della mano le calze ripiegate con cura, sembravano quelle di una diva del cinematografo, provò a contare le lettere passandole tra le dita: più di dieci, forse venti. Il ronzio continuava, era appena aumentato, un'eco leggera e lontana ma di tale potenza che gli pareva d'avvertirne la vibrazione sulla mano che aveva appoggiato al marmo grigio del comò.

La sirena dell'allarme aereo scoppiò proprio sulla terrazza della casa di fronte, così vicina che poté udire distintamente l'ululato mentre saliva dalla nota grave iniziale fino a diventare un fischio lacerante.

«Dottore, io me ne vado» disse il capofabbricato. Aveva già aperto la porta dell'appartamento. «Dovete scendere al rifugio pure voi.»

Il cadavere di Franca era rimasto come l'aveva lasciato, gli occhi spenti rivolti al soffitto, le colature di sangue sul lato destro del volto e la piccola pozza sul pavimento che andava colorandosi di nero. Sarebbe dovuto arrivare il medico legale per i rilievi e poi il procuratore del Re. Invece c'era l'allarme aereo e chissà quanto tempo ci sarebbe voluto prima di poter rimuovere la salma.

"Due colpi di arma da fuoco con esito letale esplosi il primo all'altezza dello zigomo destro...", meccanicamente provava a costruire qualche frase del verbale che avrebbe dovuto stendere mentre si chiedeva se doveva proprio scendere al rifugio come gli altri.

Tutte le sirene di Roma si rimandavano lo stesso ululato. Durava alcuni secondi, scendeva diventando un rantolo sordo, poi di nuovo saliva rabbiosamente fino a toccare la tonalità più acuta. Guardò ancora una volta l'orologio: le 11 e 2 minuti. In quello stesso istante sentì il pavimento oscillare sotto i piedi e subito dopo avvertì fortissimo il rombo dell'esplosione. Il rumore entrò come una vampata per la finestra aperta e attraversò la stanza facendo sbattere la porta che il capofabbricato uscendo aveva lasciato socchiusa.

Per un attimo pensò che il pilota avesse sganciato la bomba per sbaglio. Sapevano tutti che Roma non poteva essere bombardata, i giornali lo ripetevano ogni giorno, gli italiani che abitavano a Torino, a Genova, a Napoli, in ognuna delle città devastate dalle incursioni anglo-americane, consideravano quel privilegio un'ingiustizia. Ci fu un altro scoppio e immediatamente dopo un terzo. Non era uno sbaglio, per la prima volta bombardavano Roma.

Passando davanti al comò afferrò nel cassetto rimasto aperto il fascio delle lettere col vago pensiero che durante la sosta al rifugio avrebbe potuto sapere da quelle carte qualche cosa di più sulla ragazza morta. Per uscire doveva scavalcarne il corpo, ma nell'attimo in cui stava per farlo lo spostamento d'aria di un'altra esplosione lo scaraventò a terra, proprio sopra di lei. Ne vide a pochi centimetri di distanza gli occhi spalancati e fissi, i lineamenti irrigiditi dalla morte alterati dalla prospettiva troppo ravvicinata, ebbe l'impressione che il corpo sussultasse con una reazione viva. Riuscì ad alzarsi sfruttando gli intervalli tra le esplosioni col pavimento che gli ballava sotto i piedi, i vetri delle finestre che finivano di cadere tintinnando mentre le imposte continuavano a sbattere freneticamente contro le pareti. Fuori della finestra il cielo cominciava a oscurarsi. Pensò di dover chiudere la porta, ma chissà dov'erano finite le chiavi. Ebbe fortuna, le sentì sotto le dita passando la mano alla cieca sul piano di un mobile nell'ansia che cominciava a serrargli la gola.

Il rifugio in fondo alle scale non c'era. Arrivò fino al portone fermandosi nel punto esatto in cui aveva incontrato il capofabbricato. Uno dell'Unpa, acquattato poco più in là sotto l'arco di una tipografia, col suo ridicolo elmetto in testa, gli fece un cenno concitato: non uscire, restare al riparo. Non obbedì, attraversò di corsa la strada. In giro non c'era più nessuno. I fischi delle bombe e il rombo lacerante delle esplosioni si susseguivano ormai in un fragore ininterrotto. Alzò gli occhi al cielo. I bombardieri americani sembravano venire da nord, si distinguevano nitidi, pesciolini argentei nel cielo trasparente tra gli sbuffi di fumo delle esplosioni, con i fiocchi di ovatta della contraerea che si aprivano senza nemmeno sfiorarli perché volavano altissimi.

Per due volte nella sua corsa affannosa, lo spostamento d'aria lo scagliò a terra mentre il terreno sussultava sotto i colpi di maglio delle bombe. C'era una donna davanti a lui, una massa bianca insanguinata che si dibatteva, girando intorno a una nota rauca e lacerante, il troncone vacillante di un suono. Poi una mano sbucata chissà da dove gli afferrò la manica strappata della giacca attirandolo nel buio di una cantina. Dovette abituarsi all'oscurità prima di capire che si trovava nei sotterranei di una chiesa. Le volte erano state armate con dei travi di legno, i varchi tra una capriata e l'altra tamponati con sacchetti di sabbia. Come al commissariato, c'erano anche qui file di panche addossate alle pareti, piene di gente. Gli parve di vedere che si trattava per lo più di persone anziane.

In fondo a una delle gallerie un gruppo di donne recitavano il rosario inginocchiate davanti a un'immagine del Sacro Cuore. Le voci erano alte, concitate e fuori tempo, invano il prete cercava di restituire ritmo e dignità a quelle invocazioni smozzicate. Intonava i suoi a solo con gravità quasi caricaturale, ma l'urlio di risposta dei fedeli sembrava più un disperato litigio che una preghiera. Flaminio Prati sedette all'estremità di una delle panche, accanto a un vecchio vestito di bianco.

«Stavo andando a visitare la tomba della mia povera moglie» sussurrò rivolto verso di lui. «Bombardano il Verano.»

Fatta quella confidenza, abbassò lo sguardo sulle mani di Flaminio.

«Vi siete ferito» esclamò.

Non era una ferita. Solo in quel momento Flaminio si rese conto che cadendo sul corpo di Franca s'era imbrattato di sangue le mani e l'abito. Anche il vecchio vestito di bianco doveva essersi accorto che c'era qualcosa di strano in quel sangue, continuava a fissarlo senza più aprire bocca, Flaminio sentì il bisogno di cambiare posto.

Una donna con i capelli grigi spettinati cullava tra le braccia un bambino già grande, quasi un adolescente. Le lacrime avevano scavato dei solchi nella polvere che gli copriva il viso, fissava tremando il soffitto della galleria. Di tanto in tanto un'esplosione più forte delle altre faceva ondeggiare la debole lampada al centro della volta. Il va e vieni della luce strappava al ragazzo un cupo gemito da animale.

«È sotto choc, povero figlio» bisbigliò un'altra donna alla sua vicina. «Gli è scoppiata una bomba sulla testa, è salvo per miracolo.»

La donna, seppe, si chiamava Ida e il ragazzo Giuseppe. Chissà se era vera l'avventura della bomba o se già cominciavano a fiorire le leggende. Riuscì a trovare un rubinetto, fuori della porta di una latrina. Si lavò in qualche modo le mani, per il vestito c'era poco da fare e non ne valeva comunque più la pena. Le esplosioni per il momento sembravano cessate, sulla porta del rifugio, al riparo di alcuni sacchetti di sabbia, due o tre giovani si indicavano l'un l'altro i danni causati dalle bombe. Il più ardito era arrivato fino in mezzo alla strada e scrutava con aria baldanzosa il cielo riparandosi con la mano dal riverbero.

Flaminio pensò che sarebbe dovuto rientrare al commissariato. Anche se non erano suonate le sirene del cessato allarme, il bombardamento sembrava finito. Le voci s'alternavano confuse, eccitate, imploranti, una piccola folla grigia premeva contro lo stretto passaggio tra i sacchetti di sabbia per riguadagnare la strada, molti piangevano.

«Hanno colpito lo scalo merci.»

«Il cimitero del Verano è devastato.»

«Ci sono morti dappertutto.»

Dall'interno del rifugio veniva un'aria fetida fatta di sudore, di vomito, di ansia, dell'odore della paura.

«Fatemi passare» intimò Flaminio ai giovanotti sulla soglia.

«Ma dove volete andare» rispose con aria irridente il più alto dei tre. Aveva indosso soltanto un paio di pantaloni cachi sformati e una canottiera, i capelli neri lucidi di brillantina, lunghi sul collo abbronzato. «Non lo sentite che ritornano?»

«Oddio, oddio, ritornano!» fece eco una donna.

Da un punto imprecisato del cielo, in direzione di viale Regina Margherita, giungeva l'eco lontana e potente dei cento motori delle Fortezze Volanti, la stessa che aveva annunciato, chissà quanto tempo prima, l'ondata precedente, ma come moltiplicata.

«Allora non è finita! Ma allora dobbiamo morire tutti!»

Una voce anziana di donna s'era alzata in sovracuto, un grido disperato e spaventoso. Le esplosioni ripresero quasi immediatamente: il fischio poi la fiammata e il rombo seguito dalla percussione che saliva dalle profonde viscere della terra. Le travature di legno gemevano, sottoposte a tensioni estreme. Ognuno di loro sapeva che alla prima bomba che fosse caduta a picco sulla chiesa, sarebbe venuto giù tutto. Nessuno pregava più, da quella misera folla si levava un brusio sordo inframezzato da pianti e singhiozzi. Nessuna considerazione politica, nessuna invocazione coerente, la paura era la sola cosa che tenesse insieme quel centinaio di persone e le rendesse riconoscibili l'una con l'altra. Anche i giovanotti di prima avevano smesso di scherzare: sedevano l'uno accanto all'altro, terrei, le mani sudate strette in grembo. In piedi, le spalle dolorosamente premute contro la ruvida parete di cemento, Flaminio Prati sfiorava, all'interno della tasca, il piccolo fascio di lettere prese dal cassetto. Al momento era il suo solo contatto tangibile con la realtà, con se stesso, con una giornata cominciata come tante altre e che invece s'era di colpo impennata verso quella tragedia. Sentiva i singhiozzi e le imprecazioni, le stesse vibrazioni delle bombe, con un distacco di cui era il primo a stupirsi, come se stesse guardando un film o vivendo l'avventura di un altro, sicuro, chissà perché, che la carneficina non lo riguardava, che sarebbe stato risparmiato...

Quando le sirene dettero il segnale del cessato allarme, per qualche istante nessuno si mosse, il sollievo portato da quegli ululati si spegneva contro la pesantezza delle membra, la gola riarsa da una polvere che la intasava col suo sapore acre di catrame e di gas.

Uscì assieme agli altri senza chiedersi quanto tempo avesse passato nel fetore di quel sotterraneo. Nulla era più come prima. Le strade erano invase da montagne di macerie, ai lati si levavano mozziconi di case, pareti frananti come quinte di teatro dove ancora si distinguevano resti di mobilio o di tappezzeria. La prima cosa riconoscibile fu un cavallo morto con la testa adorna di un pennacchio nero. La carogna giaceva tra corone di fiori sfrante, il groviglio giallastro delle viscere che fumavano nell'aria satura di polvere. Da una tubatura del gas spezzata, si sprigionava una lunga fiammata, con un rombo come di tuono. Vide l'orrore solo quando fu a pochi metri di distanza. Un milite dell'Unpa, forse lo stesso che gli aveva fatto cenno di non uscire, spingeva quasi piegato in due lo stipite d'un portone come se stesse implorando di entrare. La testa era un paio di metri più in là, rovesciata, con lo squarcio del collo rivolto verso il cielo e dondolava lentamente sulla rotondità dell'elmetto.

Faticò a orientarsi. Voleva raggiungere il commissariato che si trovava sicuramente in emergenza, ma doveva anche concludere la ricognizione del cadavere di quella Franca, l'unica morte che veramente lo interessasse tra le decine che poteva vedere o indovinare tutt'intorno, l'unica che chiedesse un'indagine di polizia giudiziaria. Le altre, le centinaia di altre, forse migliaia, sarebbero finite nei conti giganteschi della storia, ridotte a un segno statistico di cui nessuno avrebbe mai accertato la veridicità.

Stordito dal caldo, dalla polvere che seccava la gola, dal puzzo molle e zuccheroso che veniva dal cimitero arato dalle bombe, individuò a fatica la direzione di via dei Reti. Le chiavi erano ancora in tasca, il capofabbricato l'avrebbe aiutato ad aprire. Erano circa le 2 del pomeriggio, mancavano ancora parecchie ore prima che la giornata finisse, era possibile che prima di buio si potesse rimuovere il cadavere secondo i crismi di legge.

Si fermò stupito, controllò per due volte la sua posizione in quel crocevia di rovine. Si trovava sicuramente all'altezza di quello che era stato l'incrocio tra via dei Reti e via dei Sabelli. Un gruppo di uomini scavava freneticamente con le mani nude tra le macerie di una casa. C'erano delle persone vive seppellite là sotto, si sentivano le loro urla sorde, ovattate dallo spessore delle macerie. Al numero 35 di via dei Reti invece non c'era più nulla. Scomparsi la stanza, la finestra, il palazzo. Dove sorgeva l'edificio abitato da Franca, c'era adesso un gran vuoto, un immenso buco che svelava altre rovine in secondo piano e altre ancora più lontane, un vuoto totale che occupava per intero il suo campo visivo e al cui interno perfino i cumuli delle macerie apparivano stranamente esigui.

Della ragazza sconosciuta di nome Franca, della sua casa, del suo palazzo, non era rimasto più niente.

2

Uno strano martedì, caldo come il giorno precedente, con un'aria attonita in giro, le strade quasi vuote, qualche rara automobile, un pattuglione della Milizia fermo nel deserto d'una piazza sotto il sole a picco. Flaminio Prati abitava nel nuovo quartiere della Vittoria, dalle parti di piazza Mazzini, doveva prendere la Circolare Rossa alle Belle Arti per andare in via dei Battaglioni universitari, a San Lorenzo. Anche il tram era quasi vuoto. Il bigliettaio trafficava con i suoi blocchetti colorati fischiettando a fior di labbra un'aria spensierata come in gita, quando lo vide salire si rimise in testa il berretto. Mentre esibiva la tessera Flaminio si chiese se era davvero così evidente la sua aria da poliziotto. La sola cosa che temeva gli si leggesse in faccia era la notte che aveva passato senza chiudere occhio, per il caldo e per il mal di testa. Aveva cominciato a leggere *Il sole della sera* da un'antologia di racconti americani uscita qualche mese prima: "Il secondino tagliò il laccio e la fece tornare in sé; poi la percosse e la frustò. Nancy s'era impiccata col proprio vestito. E l'aveva attaccato bene, ma quando era stata arrestata non aveva nient'altro addosso se non il vestito, sicché il guardiano sentì il rumore e corse su e trovò Nancy che pendeva dalla finestra nuda come Dio l'aveva fatta, col ventre che già le si gonfiava un po' in fuori come un palloncino...".

Chissà perché gli scrittori italiani non scrivevano mai di cose così spicciole, della vita com'è. Era come se la povera dimensione reale degli avvenimenti stentasse a trovar posto nelle loro pagine così belle, quasi sempre così inutili, nelle quali mancava il sapore delle cose, la vita come la vedono la maggior parte degli uomini, e mancava anche il piacere di raccontare per raccontare, il gusto e la religione dell'intreccio, del pericolo corso, della ferocia e della sfida.

La città, fuori della finestra spalancata, era come se non esistesse, non un rumore né una voce. Flaminio Prati si perdeva un po' in questi pensieri anche se si sentiva certo della loro importanza e anzi certe volte gli capitava di pensare che fossero quelle le sole cose di cui avrebbe davvero voluto occuparsi. Dalla finestra della cucina poteva vedere di scorcio il palazzo dell'Eiar in via Asiago, ma anche lì erano assai poche le finestre illuminate. Il mal di testa andava e veniva a ondate, l'acqua del rubinetto era sgradevolmente tiepida e sapeva un po' di cloro. Aveva pensato di comprare qualche limone per attenuare quel cattivo sapore ma se n'era dimenticato.

Spense la luce, lasciando la finestra aperta: sapeva per esperienza che un po' d'aria fresca sarebbe arrivata solo verso l'alba. Col buio e il silenzio tornò l'immagine della donna ammazzata a San Lorenzo: il corpo steso di traverso sulla soglia della stanza, i due fori dei colpi, il seno pesante, quel curioso ricamo nero sul pube che ricordava uno scorpione... Verso le 3, nel grande vuoto della notte, s'era alzato. Il sudore aveva inumidito le lenzuola. Il solo rumore udibile era il brusio leggero d'un aereo da caccia, lontano, verso sud, in direzione dei Castelli. Anche se ufficialmente non si doveva sapere, molti ugualmente sapevano che i pochi eroici aviatori che s'erano alzati in volo durante il bombardamento erano stati quasi tutti abbattuti, gli americani li avevano schiacciati come mosche anche perché le corazzature delle Fortezze Volanti erano risultate imperforabili da parte delle mitragliere dei caccia italiani.

Frugò alla cieca nelle tasche della giacca, incerto egli stesso se si trattasse d'un vero ricordo o di un inganno. Il pacchetto delle lettere c'era ancora. S'erano gualcite, l'inchiostro risultava cancellato in più parti o illeggibile, probabilmente il sudore o forse l'acqua con la quale s'era rinfrescato nel rifugio. Sulla prima busta era visibile una leggera striatura sanguinosa con incisa l'impronta netta del suo pollice destro. Chissà quante domande quella traccia sospetta avrebbe provocato in un investigatore. Avrebbe dovuto leggere quelle lettere, appena il mal di testa si fosse attenuato...

C'erano un paio di preti sul tram e un graduato della Territoriale con la bustina spavalda sulle ventitré, i capelli troppo lunghi e come umidi avevano segnato d'una riga nera il grigioverde del colletto. Quel segno minimo d'indisciplina gli parve che avesse un senso perché un anno prima, ma anche soltanto un mese prima, quel caporalmaggiore non si sarebbe permesso una tale trasandatezza. I pochi altri passeggeri erano borghesi anonimi e qualche operaio. Sedevano guardando con indifferenza fuori dai finestrini, oscillando tutti insieme alle scosse del veicolo. Fino a viale Regina Margherita la città sembrava normale. Le ferite del bombardamento cominciavano verso il Policlinico e subito dopo il tram deviava in direzione della stazione Termini perché più oltre i binari e la rete aerea erano stati danneggiati. All'altezza della Città universitaria una vettura era stata colpita in pieno. I pompieri avevano tirato via dai binari la carcassa carbonizzata coricandola sul marciapiede, le ruote di traverso, i meccanismi per aria e attorno una piccola folla che commentava facendo capannello.

La vastità della distruzione appariva improvvisa sul piazzale del Verano. Non esisteva più niente, dovunque s'alzavano cumuli di macerie, distrutto per un lungo tratto il muraglione del cimitero, quasi per intero la basilica di San Lorenzo e le tombe monumentali. Devastato lo scalo delle ferrovie che era stato il vero obiettivo strategico dell'incursione perché da dieci giorni gli Alleati stavano combattendo in Sicilia e bisognava interrompere il flusso dei rifornimenti alle truppe dell'Asse.

L'edificio del commissariato era ancora in piedi ma gremito di sfollati, di senzatetto, di feriti leggeri che erano stati infilati perfino nelle camere di sicurezza. Gente che urlava, chiedendo acqua o bende, chiedendo qualunque cosa, spesso in lacrime, come una ridicola scolaresca di adulti ritornati di colpo bambini. In poche ore quella folla aveva intasato le latrine, spaccato il mobilio, ridotto a un caos senza rimedio la stanza del protocollo e l'archivio. Qualcuno era morto durante la notte, ma alla polizia mortuaria che avrebbe dovuto sgombrare i cadaveri non rispondeva nemmeno il centralino e le salme erano state sistemate sul pavimento del corpo di guardia ricoperte con fogli di carta da pacchi perché non s'era trovato altro.

Flaminio si fece largo nella ressa del corridoio al primo piano. Qualcuno doveva averlo indicato, scambiato per chissà chi, al suo passaggio si alzarono delle voci implorando aiuto, qualche mano cercò di trattenerlo afferrandogli la giacca. Dopo la stupefazione delle prime ore, serpeggiava un rancore sordo, un senso di collera, la consapevolezza d'un dolore che superava i lutti e le rovine per diventare perdita totale, catastrofe senza rimedio. Anche la sua stanza era piena di gente. Con un senso di smarrimento e di panico totale, Flaminio si rese conto che non c'era niente che potesse fare né per rimediare a quel disastro, né per sfuggirvi.

Il brigadiere Pantano aveva preparato una specie di ufficio di fortuna in quello che era stato lo sgabuzzino delle scope. Glielo mostrò di soppiatto, affrettandosi a farlo entrare prima che gli altri vedessero, indicandogli subito dopo un rapporto riservato già pronto sulla scrivania.

«Tra gli sfollati ho notato l'uso ricorrente di frasi sovversive, disfattiste e di incitamento alla rivolta. Lì ci sono nomi e generalità dei colpevoli.»

«Bravo, avete fatto bene.»

Flaminio aveva risposto stancamente anche se forse l'atteggiamento del brigadiere era quello giusto, continuare, ciecamente, a fare il proprio dovere per quanto stupido o subdolo, anche mentre tutto stava andando in pezzi. Sedette alla scrivania improvvisata cercando di dimenticare per un attimo che fuori della porta, accampate nei corridoi, s'affollavano decine di persone e che quell'edificio era uno dei pochi rimasti in piedi in un mare di distruzione che andava dalla Tiburtina e dalla Casilina fino al viale Regina Margherita. I titoli dei giornali minimizzavano parlando di soccorsi "pronti, efficienti, sicuri". La verità era che ai fanti mandati a rimuovere le macerie avevano messo in mano pala e piccone, perché altro non c'era, e come profilassi una mascherina di carta imbevuta d'aceto che dopo dieci minuti era da buttare.

Mise il pacchetto delle lettere di Franca al centro della scrivania, bianca di polvere, incerto su che cosa farne. Gettarle via subito sarebbe stata la cosa più spiccia, gettarle via e dimenticare, assieme a quella corrispondenza diventata semi-illeggibile, tutta quella storia assurda. C'erano in giro cumuli di cadaveri insepolti o nuovamente dissepolti dalle loro tombe che ammorbavano l'aria, occuparsi di quell'unica morta poteva anche essere considerata un'ingiustizia, un affronto alla tragedia che la città stava vivendo.

E comunque si sarebbe trattato di un'indagine su una donna, probabilmente una prostituta schedata, di cui non restava più traccia. Tutto ciò che rimaneva era la chiave di un appartamento che non esisteva più e una dozzina di lettere che non aveva nessuna voglia di leggere. In definitiva, anche se fosse riuscito a organizzare un verbale senza passare per pazzo a chi avrebbe potuto indirizzarlo? Lavoravano ancora i procuratori del Re in quello sfacelo? Qualcuno avrebbe preso in considerazione un singolo delitto nel quale s'ignorava perfino l'identità della vittima? In cui, anzi, la stessa vittima era sparita nel nulla assieme alla scena del crimine?

Lo sguardo gli cadde sulle poche righe leggibili della prima lettera. Una grafia tonda, quasi infantile, molti errori, la grafia di una donna illetterata che scriveva a Franca di un bambino. "Dovresti vedere il bambino" diceva. "L'hanno portato a Tagliacozzo e come cresce bene e mangia tutti i giorni e forse a settembre gli trovano un posto all'asilo."

Lo colse un moto d'impazienza e di fastidio all'idea di

doversi occupare di chissà quali tristi banalità familiari, di miserie infantili, nella spossatezza di quella giornata senza tregua. Ma mentre pensava a tutto questo con un sentimento di confusa irritazione, sollevò la parte inferiore del foglio.

"Hai fatto bene ad andartene perché la padrona è sempre più cattiva e adesso s'è innamorata di Lisa che sembra diventata pazza. Mercoledì è venuto Gino e quando ha saputo che non c'eri ha cominciato a urlare e la padrona ha detto che chiamava le guardie ma lui allora s'è messo a urlare ancora di più..."

La lettera in pratica finiva lì perché nelle ultime righe di quel foglio l'inchiostro era stato quasi completamente cancellato e probabilmente era stato lui stesso a farlo con la mano inumidita dal sudore o dall'acqua. Adesso gli era davvero passata la voglia di andare avanti. Gettò con stizza il pacchetto in fondo all'unico cassetto di quel tavolo traballante.

A causa degli sciacalli le strade erano pattugliate dall'esercito: fantaccini della Riserva con uniformi troppo larghe e di un panno troppo pesante per la stagione, i polpacci magri malamente stretti nelle fasce gambiere, le giberne vuote e le armi probabilmente scariche che non intimorivano nessuno, un'aria di spaesamento e d'inutilità. Flaminio Prati camminava su un tappeto di vetri che scricchiolavano come ghiaccio sotto le suole.

Quanto tempo era passato dal giorno in cui uno scenario come quello sarebbe sembrato impensabile? Anni forse, tutti gli anni della guerra. O forse erano bastate quelle tre ore di buio, con la città e il Paese inermi di fronte alla supremazia del nemico, incapaci del minimo gesto di difesa se si toglievano i pochi temerari che avevano sfidato la morte in volo più per amore del gesto che per obbedire a un ordine. Quanto tempo da quando per via dell'Impero sfilavano truppe che sembravano invincibili, le bande suonavano marce militari piene di vigore e di allegria e le donne mandavano baci ai soldati sulla punta delle dita.

Flaminio aveva davanti a sé ciò che restava della basilica di San Lorenzo e quei muri vuoti contro il cielo, il poco oro smozzicato dei mosaici parevano racchiudere per intero, nel confuso silenzio del quartiere, l'agonia di un'avventura militare e politica. Era come se, di colpo, tutti avessero saputo da sempre che quella era la fine segnata, anche se fino a pochi mesi prima si poteva ancora credere che la guerra sarebbe stata vinta perché gli italiani erano diventati un popolo valoroso e l'alleato germanico avrebbe scoperto l'arma definitiva.

Lo sorprendeva la velocità del cambiamento e il fatto che, in fin dei conti, l'orrore dal quale era circondato sembrasse già naturale, come se dopo un'ebbrezza durata vent'anni l'intero Paese fosse stato riconsegnato al suo vero destino. Le persone che si aggiravano stordite tra le macerie cercando con gesti lenti, dolorosi, incongrui di strappare al caos qualche brandello della loro vita non avevano niente in comune con la baldanza marziale e la fiducia che parole, volti, suoni, abitudini, ordini, discorsi avevano cercato d'imporre. In tre ore non erano crollate solo le case e la basilica di San Lorenzo, ma era venuta giù l'intera costruzione e adesso erano quelle travature smozzicate, quella polverosa folla di scampati, la sola possibile verità per troppo tempo nascosta.

Camminò a lungo, nessuno lo fermò. Erano stati trovati cadaveri con le dita mozzate per portar via gli anelli. In un silenzio innaturale perché tutto il quartiere era stato isolato, risuonava il ritmico battere metallico dei picconi, ogni tanto lo scroscio di un muro pericolante che veniva giù. La nuvola di polvere che il giorno prima aveva oscurato il cielo s'era quasi interamente depositata: un velo nerastro aveva reso uniforme il colore delle macerie. Vide persone intente a frugare tra le case distrutte, cercare i familiari scomparsi, caricarsi in capo le poche masserizie rimaste, andare per le vie ancora invase dal polverone, picchiate dal sole, far sosta alle fontane, all'ombra delle mura con atteggiamenti misurati e solenni, quasi nessuno parlava.

Intanto un altro timore, opposto, era subentrato al primo. Quel delitto aveva avuto altri due testimoni, il capofabbricato e il portiere. Se erano sopravvissuti al bombardamento era possibile che venissero a chiedergli conto della sua indagine, magari c'erano interessi in ballo, questioni di soldi, oppure quel bambino... Forse la cosa migliore era preparare comunque un verbale e tenerlo pronto per qualche giorno nel cassetto aspettando ciò che sarebbe successo.

Vide la scena soltanto con la coda dell'occhio, ma intuì subito di che cosa si trattava. Due o tre ombre erano sgusciate rapide all'interno di un androne semicrollato. Poteva immaginare, con un senso di nausea, il resto. Avvicinandosi udì il rumore sordo delle percosse, le imprecazioni. Quando arrivò gli uomini avevano già il viso congestionato. Quello in mezzo era in ginocchio sul pavimento, cercava di tamponare con una mano il sangue che gli colava dalla bocca e proprio in quel momento uno dei tre che gli stavano intorno gli assestò un ultimo calcio nel petto facendolo stramazzare.

«Stava rubando in un appartamento, commissario» disse l'uomo più anziano. Ansimava e aveva le nocche della destra sbucciate.

Avrebbe dovuto dire di rispettare il regolamento, ma non poteva più farlo, nemmeno volendo. Si sarebbe dovuto verbalizzare l'arresto, trasferire il ladro in camera di sicurezza e poi a Regina Coeli. Ma non c'erano più camere di sicurezza e nemmeno benzina per far andare la macchina di servizio fino a via della Lungara. Non c'era più niente, solo la rabbia degli agenti e lo schianto improvviso, da qualche parte alle loro spalle, di un altro muro che veniva abbattuto.

Flaminio s'inginocchiò accanto all'uomo. Aveva un occhio semichiuso dai colpi e il naso probabilmente fratturato, sembrava che stesse per vomitare. Sollevò il viso del ladro afferrandolo per i capelli. Sapeva che agli uomini piaceva l'esibizione di modi rudi.

«Dove l'avete preso?» domandò al brigadiere.

«Dalle parti di via dei Reti, più o meno.»

«Che hai rubato?»

S'era rivolto al ladro che probabilmente stava recitando anche lui una parte e che, sentendosi interpellato, interruppe di colpo i suoi conati.

«Niente, lo giuro, non ho rubato niente.»

Gli uomini ripresero a colpirlo, calci soprattutto. Flaminio si tirò da parte e lasciò passare qualche secondo prima di fermarli.

«Allora?» ripeté.

Lo sciacallo non rispondeva più, era fermo bocconi e sembrava svenuto.

«L'avete perquisito?» domandò.

Uno degli agenti gli mostrò quello che aveva in tasca al momento dell'arresto: qualche banconota, due anelli, un pettine d'argento.

«E questo dove l'ha preso?»

Era identico al pettine che aveva visto tra i capelli di Franca. Non era certo un oggetto consueto da quelle parti, una coincidenza era praticamente impossibile. Chissà come quel pettine era finito nelle tasche di uno sciacallo. Stava per chiederglielo, lo bloccò una sensazione di paura, come se qualcuno stesse tentando di forzarlo, come se qualcuno volesse tendergli un tranello mentre cercava di allontanare da sé quella morta.

«Credo che non ci proverà più a rubare» disse rivolto agli agenti. Aveva usato un tono esageratamente autoritario, voleva che capissero che quella era una frase di congedo. Sedette accanto all'uomo su qualcosa che doveva essere stato il gradino di una scala, aspettando che lo sciacallo riprendesse i sensi.

«Li ho mandati via. Adesso puoi smetterla di fare il moribondo.»

Aveva parlato come se fossero uniti da un vincolo, complici in qualche impresa. L'uomo continuava a sussultare e a ogni movimento si vedevano le scapole tendere il tessuto logoro della camicia come se dovessero strapparlo.

«A chi l'hai rubato quel pettine?»

Lentamente il ladro si tirò su a sedere e appoggiò le spalle contro la parete. Fissava Flaminio con l'unico occhio rimasto aperto cercando con tutte le sue forze di capire chi fosse quell'uomo e quale la ragione di una domanda che non s'aspettava.

«Non l'ho rubato. Era di una mia amica.»

«Quale amica? Il nome.»

L'uomo si toccò con cautela il labbro. L'emorragia s'era fermata ma l'occhio sinistro era completamente tumefatto e c'era una spaccatura sullo zigomo che avrebbe avuto bisogno di un paio di punti.

«Ma voi che volete da me?»

Flaminio lo afferrò per il petto, non voleva a nessun costo perdere la sua superiorità. Schiacciandolo contro il muro estrasse la pistola dalla cintura e gliela puntò contro i denti.

«Se ti trovano morto, mi ringraziano.»

Si vergognava di una frase come quella e del suo gesto. Ma più di ogni altra cosa lo turbava la sensazione che il ladro fosse in qualche modo consapevole che inutilmente lui stava cercando di allontanare il cadavere di quella donna dalla sua vita.

«Lo so che stavate in quella casa assieme al capofabbricato, vi ho visto dalla finestra di fronte. Ho capito che a Franca era successo qualche cosa.»

«Stavi a casa di quella donna, la moglie del ferroviere...»

«Si chiama Maria Donata, il ferroviere se n'è andato tanto tempo fa, e Franca l'hanno ammazzata.»

«Come lo sai?»

«L'ho vista morta.»

«Lo sai chi è stato?»

«Non lo so, l'ho vista come voi. Il pettine lo volevo dare a Donata, per ricordo.»

«E i soldi che avevi in tasca?»

«Sono miei.»

«Anche gli anelli?» Rispose di sì, com'era ovvio, con un cenno del capo.

«Come si chiamava Franca?»

«Non lo so. Aveva lavorato al casino di via degli Avignonesi, ma poi era uscita. Lei e Donata erano amiche.»

«Anche Donata faceva la puttana?»

«No, lei no.»

«Come hai fatto a vedere che Franca era morta?»

«Sono entrato dopo che voi eravate uscito. È stata Donata. M'ha detto, quello è della polizia, sta assieme a quella spia di Luciano. Va' a vedere che succede, povera Franca che non la lasciano mai in pace. Hanno cominciato a bombardare, ma io sono andato avanti lo stesso.»

«Franca era la tua amante?»

«No.»

«Aveva un uomo?»

«Non lo so.»

Lo colpì improvvisamente, con violenza, dritto sulla ferita allo zigomo che aveva appena smesso di sanguinare. L'uomo gemette.

«Come ti chiami?»

«Trovanelli Eros, via dei Volsci, 12. C'ho il banco dei fiori sul piazzale del Verano.»

«Non mi devi prendere in giro, Eros. Te lo ripeto, sta' attento: Franca aveva un uomo? Pensaci bene.»

«Non lo so, giuro. Solo una volta Donata m'ha parlato di un certo Gino.»

«Tutto qui? Gino? Ce ne saranno diecimila a Roma.»

L'uomo scosse il capo tamponandosi lo strappo che aveva ripreso a sanguinare.

«Donata è la tua amante?» incalzò Flaminio.

«Ogni tanto ci vedevamo.»

«Dove sta adesso?»

«È rimasta sotto le bombe.»

«Tu invece vai in giro a rubare.»

«Non ho rubato. Quel pettine era un regalo, un ricordo.»

Non si poteva stabilire se diceva o no la verità, con ogni probabilità nelle sue parole si mescolavano frammenti di verità e bugie di comodo. I soldi li aveva di sicuro sottratti a qualche morto e così gli anelli. Ma era anche verosimile che il pettine l'avesse davvero preso per regalarlo a Donata, e se le due donne erano state amiche questo dava un carattere particolare al furto. Se era arrivato nella casa di Franca solo dopo che lui ne era uscito, aveva sfidato le bombe poco prima che l'intero fabbricato scomparisse. Anche se si era trattato di furto, quel pettine se l'era quasi meritato. C'era poi la possibilità che il Trovanelli fosse stato da Franca anche prima e che magari avesse dato una mano al delitto, ma questo non l'avrebbe mai accertato stando a chiacchierare con lui, seduto sulle macerie di una scala.

Tutto continuava a essere piuttosto ridicolo. Aveva lasciato Trovanelli nel portone con la diffida di rito. Fatti appena pochi passi, l'aveva visto sgusciare via a tutta velocità, anche se piegato in due dalle botte e tamponandosi il viso con un cencio. Adesso stava per compiere un altro passo nella direzione che aveva stabilito di non prendere, comunque dalla parte sbagliata. Nel salottino dove l'avevano fatto entrare, il salottino dei gerarchi e dei preti, c'erano i velluti alle pareti, ma così logori che da rossi erano diventati quasi gialli, poi gli specchi leggermente appannati e una litografia a colori di Leda coperta dal cigno, illuminata da una lampada così debole da sembrare un ex voto più che un richiamo erotico. C'era soprattutto l'odore: denso, quasi palpabile, sospeso a mezz'aria, non del tutto sgradevole, un greve odore di donna, sudore, profumo, borotalco, di docce vaginali, di aria chiusa. Flaminio aspettava da qualche minuto e in quel silenzio, in quell'atmosfera di tempo fermo e sospeso, la guerra sembrava cancellata, le distruzioni di San Lorenzo, i morti che affioravano tra le macerie col viso infarinato dai calcinacci, parevano scomparsi, annullati dal tonfo del portoncino che la ruffiana aveva chiuso in fretta alle sue spalle perché, ufficialmente, la casa di via degli Avignonesi a quell'ora non avrebbe dovuto essere aperta. Le bombe e la guerra parevano lontane nel tempo più ancora che nello spazio, come se quella stanza e quella casa fossero scampate alla guerra in virtù della loro separatezza e clandestinità e nel disbrigo burocratico delle pratiche amorose conservassero l'impronta di un'Italia solo immaginata che fuori, nella realtà, ormai non esisteva più.

Una donna cantava a gola spiegata qualche stanza più in là. Le pesanti pareti di tufo soffocavano il volume della voce, ma lasciavano filtrare nette le parole. Vieni, diceva la canzone, c'è una strada nel bosco, il suo nome conosco, vuoi conoscerlo tuuu? E a quel "tu" la ragazza dedicava tutto il fiato rimastole, facendolo diventare lunghissimo, quasi tenero, come se la canzone non fosse una meccanica manifestazione di allegria, ma un vero appuntamento che stesse concedendo a qualcuno.

La maîtresse entrò senza rumore. Era possibile che si fosse addirittura cambiata per incontrarlo. Sorrideva al di sopra del gran petto sporgente, bombatura informe compressa dai bottoncini della camicetta di raso blu. Lo invitò a sedersi con gesto ridicolmente signorile, come in un vero salotto. Parlarono del più e del meno e la donna, che si chiamava Maria Rosa, volle sapere da lui che in qualche modo rappresentava l'autorità dov'erano veramente arrivati gli americani in Sicilia perché lei aveva dei parenti a Catania ed era preoccupata e chiese anche se si sarebbero poi fermati allo Stretto, come si diceva in giro, perché in quel caso un intero pezzo d'Italia sarebbe stato tagliato via e i suoi parenti non li avrebbe più rivisti per chissà quanto tempo.

Flaminio rispose a mezza bocca perché le tenutarie di casino erano informatrici della polizia e sicuramente anche Maria Rosa lo era e non poteva nemmeno escludere che quelle domande fossero un tentativo per provocare una risposta compromettente da parte sua o magari un precedente che le permettesse di non rispondere alle domande su Franca che di lì a poco lui le avrebbe rivolto. Non poteva certo dire a una maîtresse quello che da giorni pensava e che era diventato, dopo il bombardamento, una certezza e cioè che, al di là delle assicurazioni ufficiali, lo sbarco nell'isola rappresentava non una semplice operazione militare ma la fine di tutto. Qualcuno aveva scritto su un giornale che quell'operazione bellica coinvolgeva tutto ciò che il popolo italiano in quel momento era e aveva. Parole molto belle che l'avevano commosso: quanto si estende al sole dalle Alpi a Marsala, il grano appena falciato, il grappolo ancora sul tralcio, l'olivo che comincia a inverdire, e le case e i templi, le opere infinite e luminose dei padri e la terra. La terra di cui siamo impastati, con cui facciamo corpo come massa unica e dura, turgida di sangue e di vita... Flaminio avrebbe voluto saper scrivere cose come quelle perché quando le leggeva era come se di colpo scoprisse che le stesse idee, esattamente in quei termini e con le medesime parole, erano proprio quelle che anche lui sentiva dentro di sé e mai aveva avuto occasione di esprimere.

Poteva essere quello il suo fascismo? il sentimento d'appartenenza a una nazione e a una terra? a un popolo che sapeva così di rado riconoscersi e comportarsi come tale? Un uomo come lui, un uomo dei suoi anni e della sua educazione, non aveva quasi visto altro né saputo altro che non fossero i riti e le parole d'ordine del fascismo, non soltanto quando venivano gridate da un balcone o diffuse da milioni di apparecchi radio, ma le parole e le promesse, la fiducia e la speranza dei gesti, degli applausi frenetici, dei fazzoletti come un mare, agitati in segno di saluto, e i milioni di volti che s'erano aperti al sorriso o bagnati di lacrime agitati dalla stessa ansia o dalla stessa gioia.

Questo era stato il suo fascismo e questo spiegava il vuoto che l'aveva d'improvviso rimpiazzato ora che non c'era più fiducia né speranza, niente più applausi e in quanto alle lacrime, le sole rimaste erano quelle che servivano a piangere gli uomini morti e le cose perdute.

Franca, di cognome, faceva Gandolfo. Maria Rosa conservava ancora il suo libretto sanitario e non fece difficoltà per mostrarglielo anche se Flaminio aveva detto che si trattava solo di una richiesta preliminare. Si mosse rapida per andarlo a cercare in un qualche ripostiglio dove nascondeva il passato e il destino delle sue signorine. "Gandolfo Franca nata a Verona il 19 agosto del 1919, figlia di Gandolfo Maria e di N.N." L'ultima residenza annotata sul documento era a Roma in via dell'Olmata, 106.

«Avete notato la data di nascita?» chiese la donna con tono mondano.

Flaminio la fissò senza rispondere.

«Le altre ragazze la chiamavano la figlia della vittoria oppure la figlia del milite ignoto.» Rideva con uno strano chiocciolio di gallina. «La data di nascita e il padre sconosciuto fanno pensare che Franca sia stata concepita nella baldoria dei giorni dopo la vittoria, magari con un soldato di passaggio, per festeggiare il 4 novembre del '18.»

«È possibile» osservò Flaminio senza dare a vedere che l'osservazione l'aveva colpito. «Tra un mese sarebbe stato il suo compleanno» aggiunse tanto per dire qualcosa mentre pensava che di anni, se ci fosse arrivata, ne avrebbe avuti solo ventiquattro.

Maria Rosa cacciò un sospiro di circostanza prima di riprendere.

«Anche se era di Verona, l'accento non si sentiva perché aveva girato tanto e comunque il suo nome di battaglia era "la Bolognese".» Sembrava divertita da quel giro di città. «Che ha combinato questa volta?»

Era una domanda che Flaminio non aveva previsto, improvvisò.

«Ha fatto una richiesta alla questura per quel bambino...»

«Era la sua croce quella.» La maîtresse sospirò. «Glielo darete?»

«Che cosa?»

«Non lo so, quello che ha chiesto.»

Adesso si pentiva di non aver letto quelle lettere, in pratica aveva cominciato a parlare di una persona di cui ignorava completamente la vita e il fatto che la maîtresse ne ignorasse la morte non compensava lo squilibrio tra di loro. Maria Rosa era probabilmente la stessa persona definita "la padrona" nell'unica lettera a Franca di cui avesse letto qualche riga. Se era così, Maria Rosa aveva rapporti lesbici con le sue pensionanti. Faceva parecchia impressione immaginare quella maestosa matrona di mezz'età impegnata in attività del genere. Ma tutto questo, almeno al momento, non aveva relazione con l'indagine.

La maîtresse aveva dimenticato le domande di poco prima e cominciato a raccontare di Franca, fosse desiderio di chiarirgli le idee o semplice furbizia.

«Era brava la Franca, volenterosa. Al sabato e alla domenica faceva anche cento marchette. Ci riuscivano solo in due, lei e Morena, le altre dicevano che era troppo faticoso e se la prendevano comoda, a costo di rimetterci. La verità è che sono ragazze pigre che non gli piace tanto di lavorare. Ci crederete? anche Morena è veneta, di Belluno. Franca aveva messo da parte un bel po' di soldi, tutti per quel figlio che non stava mai bene. Ho chiesto io che potesse restare qui anche quando il suo periodo era scaduto perché per lei era più comodo.»

Parlando, la matrona si tormentava le mani: era come se stesse impersonando la parte di una zia premurosa.

«Come mai è andata via, allora?» chiese Flaminio.

«Disse che ormai poteva farcela da sola anche se io non ci ho mai creduto. Non le posso mica tenere con le catene...»

Stava mentendo, Flaminio percepì chiaramente che il tono, la vibrazione della sua voce, era cambiato. L'interruppe.

«Così, all'improvviso?»

«Queste ragazze sono come bambine, certe volte.»

«È stato a causa di un uomo, vero?»

Maria Rosa scosse la testa e, assieme alla testa, la grande massa dei capelli tinti malamente.

«Qui ce l'hanno tutte un uomo, voi lo sapete. Sono contenti così, prendono i soldi, le vedono una volta alla settimana e non hanno tutto il giorno le donne tra i piedi.»

«Nel caso di Franca era diverso. E se quell'uomo era il padre del bambino...»

Questa volta fu la donna a piegarsi verso di lui. Ogni traccia di cordialità era scomparsa dal suo viso e d'improvviso si poteva vedere di quale durezza fosse capace lo sguardo di quella donna. Gestire una casa di tolleranza non è un mestiere da niente.

«M'avete detto una bugia» sussurrò a voce bassissima. «A Franca non serve nessun certificato. Ha combinato qualche guaio e l'avete messa in prigione.» Fece una pausa, sospirò. «Me lo sentivo che finiva così.»

Flaminio non rispose. Quella donna sapeva molto di più di quello che stava dicendo ma avrebbe parlato solo se costretta, cioè con delle prove o con un mandato. Aveva capito che lui in mano non aveva niente e stava semplicemente prendendo tempo.

«Perché si faceva chiamare "la Bolognese" se era nata a Verona?»

Maria Rosa abbozzò un mezzo sorriso.

«Trucchi del mestiere. La "Veronese" non farebbe nessun effetto. "Bolognese" invece se lo ricordano tutti.» Come se il breve diversivo avesse rimesso in moto i suoi pensieri, proseguì: «Me lo sentivo perché Franca era una ragazza... era come se non potesse mai veramente... non riusciva mai a essere davvero allegra. Anche quando le altre la sera facevano chiasso, magari bevevano un po', lei restava sempre sulle sue. La sera quando l'ultimo uomo è uscito e la portinaia può chiudere l'uscio a chiave per la notte, le ragazze si ritrovano da sole, tra loro. Hanno voglia di parlare, di raccontarsi le cose buffe successe durante la giornata, c'è quel calore di quando le donne restano sole tra donne e anche quando qualcuna litiga o si ubriaca, o quando sono gelose l'una dell'altra, è come se capissero che solo in quei momenti possono essere veramente loro stesse. Franca non partecipava mai a questa allegria. Non che tenesse il muso, anzi rideva con le altre, ma anche quando rideva si vedeva che c'era come una barriera, era come se ridesse però pensando ad altro, c'era una riservatezza in lei che gli uomini scambiavano per mistero, infatti molti volevano andare solo con lei perché questo mistero gli sembrava eccitante».

«Forse non le piaceva questa vita.»

«A nessuna piace questa vita, non per sempre. Continuano a pensare al giorno in cui smetteranno e avranno una casa come le donne normali e un uomo solo col quale andare a letto, dargli dei figli e stirargli le camicie.»

Flaminio pensò per un attimo se doveva aggiungere che i figli si danno alla patria, ma lasciò perdere.

«E ci riescono? Ad avere la casetta e il marito?»

«Quasi mai. Succede sempre qualche altra cosa. E in

fondo lo sanno, per questo la sera stanno bene tra loro a ridere, a scherzare e a bere un po'. Sanno che i sogni restano sogni e che quelli sono i momenti più belli che potranno mai avere.»

Maria Rosa aveva detto queste ultime parole con un tono di grande partecipazione, come se il destino che aveva evocato riguardasse in qualche modo anche lei.

«Se Franca era tanto richiesta, perché non ha cercato di trattenerla?» insisté.

«Gliel'ho detto, ho provato in tutti i modi a convincerla, è stato inutile.»

«C'è sempre un uomo che si mette sulla loro strada, vero?»

«Quasi sempre.»

«Anche nel caso di Franca? Si chiamava Gino, per caso?»

La donna sbuffò impaziente.

«Non ho mai conosciuto nessun Gino, commissario.»

«E allora, chi altro?»

Maria Rosa estrasse dalle pieghe di un tendaggio la peretta del campanello.

«Vi ho preparato una sorpresa» disse con serietà alzandosi dalla poltroncina damascata.

Una ragazza mezza nuda s'affacciò sulla soglia del salottino. Maria Rosa l'afferrò per un braccio tirandola dentro.

«Questa è Lisa, commissario. È tutta vostra, non me la sciupate troppo.»

Già sulla porta, aggiunse: «Tornate pure a trovarci quando volete».

3

Se doveva credere alle confidenze di Lisa, c'era davvero stato un uomo di nome Gino nella vita di Franca Gandolfo. Si trattava di un certo Luigi Tiberi, detto appunto Gino, di professione portantino al Policlinico Umberto I, fama di socialista, che aveva fatto sei mesi di confino a Carbonia e aveva un trascorso giovanile come sfruttatore di prostitute. Un curriculum che ben si adattava a un potenziale assassino, se mai qualcuno avesse avuto la possibilità d'indagare a fondo. Flaminio si chiedeva se l'avrebbe mai fatto.

Strane ore in quelle giornate, convulse e vuote nello stesso tempo. Ogni tanto passava arrancando un vecchio camion carico di macerie. Si tentava di fare il conto esatto dei morti che però doveva rimanere segreto. Cifre incerte comunque, perché nessuno sapeva con esattezza quante persone erano state evacuate, quanti romani erano sfollati fuori città e quanti invece erano gli inurbati abusivi, cosicché ogni totale era diverso dall'altro e tutti comunque differivano dal numero ufficiale divulgato alla stampa.

Ancora una volta, come nei giorni precedenti, non c'era niente di veramente utile che Flaminio potesse fare. La normale routine di ordine pubblico tra l'altro era passata all'esercito e alla Milizia, e in nessuna delle tante cose eccezionali che la situazione richiedeva poteva mettere le mani perché non disponeva né di mezzi né di ordini. Tra tutti, la mancanza totale di direttive era forse il segnale più preoccupante, più ancora della mancata difesa del cielo di Roma: qualche fiacco tiro di contraerea che non aveva nemmeno sfiorato la quota di volo dei bombardieri americani. Per quanto riguardava il suo ufficio, l'ultimo Foglio d'Ordini arrivato dal ministero rendeva noto che la vendita di cognac, fernet ed elisir di china, di cola e di rabarbaro poteva avvenire solo nelle farmacie e dietro presentazione di ricetta medica non ripetibile. I commissariati di zona erano comandati a sorvegliare la più scrupolosa osservanza della predetta disposizione eccetera...

Intanto, il Re era venuto in visita a San Lorenzo, era arrivato il Papa a benedire le rovine e a distribuire un po' di denaro ai senzatetto e nessuno aveva avvertito il commissariato di zona. C'erano stati incidenti, grida ostili, qualcuno aveva tirato dei calcinacci contro le auto del corteo quando il Re era sceso a fare quattro passi tra la gente, dalle parti di Porta Maggiore. La mancanza di preavviso aveva impedito che si potessero arrestare i facinorosi. Ci si aspettavano provvedimenti dall'alto di fronte a eventi di quella gravità, trasferimenti improvvisi, punizioni, invece nessuno aveva detto niente, come se niente fosse accaduto. Il Duce d'altra parte, a credere alle chiacchiere, era venuto addirittura da solo a visitare il quartiere distrutto, di notte, in borghese, temendo anche lui di suscitare reazioni come quelle che avevano accolto la maestà del Sovrano.

In piedi davanti alla finestra, Flaminio Prati pensava che mai avrebbe potuto immaginare una tale mancanza di provvedimenti che già da sola lasciava presagire la fine – ma quale fine? Grida e gesti ostili contro la persona e l'auto del Sovrano, sicuramente disapprovati dal Duce, e nessun arresto, nessun trasferimento in Sardegna, nessuna brusca richiesta di spiegazioni. Nella sua esperienza di poliziotto una situazione del genere era senza precedenti e restava inconcepibile: c'era solo da chiedersi se esisteva ancora qualcuno in grado di ragionare e provvedere, alla Regia Questura e al ministero, o ancora più su, possibilmente.

Flaminio Prati era nato nel 1911, anno del Giubileo come lo avevano chiamato, l'anno in cui il Regno d'Italia aveva celebrato il suo cinquantesimo anniversario essendo diventato, giusto mezzo secolo prima, la più nuova, e la più debole, tra le potenze europee. Poi, dopo gli anni disperati della guerra e della "vittoria mutilata", quelli feroci del dopoguerra; dopo il caos e il sangue nel quale i socialisti avevano gettato il Paese, era arrivato il fascismo a riportare ordine e dignità nello Stato. Nel 1922 era cominciata una società nuova che già dopo pochi anni sembrava fosse stata lì da sempre e dovesse durare per sempre. Era esattamente questo l'aspetto della situazione che rimaneva incomprensibile ai suoi occhi, il dato che sospingeva la sua vita fuori dagli schemi sui quali era stata costruita. La sua vita e il suo mestiere s'erano talmente intrisi l'uno dell'altra che gli sembrava di non poterli più separare e nemmeno distinguere. Un seguito di gesti e di abitudini interrotti da sporadiche parentesi di supposizioni, ipotesi, rischi e adesso, per la prima volta da quando era adulto, Flaminio Prati si rendeva conto che tutto poteva cambiare perché stava probabilmente cambiando il tessuto di fondo che aveva tenuto insieme tutto il resto.

Qualche notte prima, una di quelle notti d'estate in cui a Roma il caldo non lascia dormire, Flaminio era salito nella soffitta ricavata, al di sopra del suo appartamento, nell'intercapedine del tetto. Con gli anni in quello spazio esiguo s'era accumulato di tutto perché sua madre pensava che, prima o poi, in una casa qualunque cosa può tornare utile. La luce della luna era talmente forte da filtrare attraverso il fitto velo di polvere dei vetri dell'abbaino. In quel lucore azzurrato intravide oggetti dimenticati da anni: carte, documenti, vecchie ricevute, qualche fotografia, la sciabola di suo padre che era riuscito a sopravvivere alla disfatta di Adua ma non a quella di Caporetto e lì era morto, pover'uomo, ridotto a un pacco di stracci molli di pioggia, ucciso chissà da chi. Senza avvedersene, s'era seduto sui pezzi smontati di un bagno. Di fronte, un baule malandato pieno di giocattoli.

Lo aveva aperto lentamente fingendosi come in un gioco infantile che da quella cavità potesse uscire una creatura minacciosa. Aveva pescato alla cieca un Pinocchio di legno senza una gamba e di colpo aveva ricordato quando aveva avuto quel burattino, era un giorno di febbre e di tosse e suo padre era entrato, in uniforme, e da dietro la schiena aveva tirato fuori il Pinocchio rosso fiammante che ora stringeva di nuovo tra le mani. Non aveva mai più pensato a quell'episodio lontano eppure, nel ricordo improvviso, gli era parso di capire che suo padre quel giorno era tornato a casa dal fronte per una breve licenza e tutto era avvenuto a poche settimane di distanza dal fatale novembre del 1917, per cui quel Pinocchio ora sciancato era probabilmente l'ultimo oggetto che suo padre aveva scelto pensando a lui.

Adesso che era morto e che era morta anche sua moglie dopo un matrimonio troppo breve e infelice, Flaminio viveva da solo nella vasta casa vicina a via Asiago chiedendosi talvolta se quella condizione fosse una scelta o un caso o il segno di un disperato bisogno d'aiuto. Ogni volta che vi tornava dopo un'assenza, specialmente d'estate, riscopriva uguale l'odore fermo e chiuso dell'aria e scorgeva nella penombra delle imposte socchiuse il candore delle housses distese su divani e poltrone. Passando poteva segnare col dito, come da ragazzo, una sottile striscia lucente nel velo di polvere che ricopriva i mobili. Altre estati. Un mare meridionale, coste rocciose sulle quali, camminando con prudenza, si poteva avanzare tra i massi, col mare che riempiva di acqua tiepida e di strani animaletti le conche e le vasche di pietra scura. Di notte pareva che le tendine bianche delle finestre s'alzassero e s'abbassassero in un magico flusso di aria ristoratrice, brevi increspature fresche sulla pelle bruciata dal sole...

Aveva ricacciato il povero Pinocchio nel baule. Non aveva più voglia di toccare né di vedere altro anche perché in quella soffitta collocata subito sotto il tetto non passava un filo d'aria e faceva un caldo terribile. Nessuno di quegli oggetti sarebbe mai più servito a niente e a nessuno, ma sua madre aveva ugualmente ragione. Perché ognuno accumula nel corso dell'esistenza fotografie e lettere, carte e oggetti degni solo della spazzatura? La loro inutilità è fuori discussione, ma quei lacerti diventano indispensabili quando si tratta di riannodare le tracce di un lontano percorso. Era come se quella sciabola, quel Pinocchio, la foto dei suoi genitori in viaggio di nozze a Capri, nel giardino dell'Albergo Quisisana, i suoi quaderni delle elementari pieni di macchie d'inchiostro, le oscure sagome indecifrabili che lo circondavano da ogni parte fossero i custodi della sua memoria, la garanzia contro l'oblio che continuamente minaccia di corrompere la storia individuale di ognuno perché la vita di un uomo, per chi la vive, assume il suo significato solo nel momento in cui è ricordata e ricostruita.

Forse, pensava, accade lo stesso nella vita collettiva dei popoli. Le bombe anglo-americane avevano distrutto un quartiere di Roma, la sua basilica veneranda, le tombe dei suoi morti, non bisognava però valutarle solo per l'entità di quei danni sensibili, ma anche per tutti i fili di memoria, coscienza e riconoscibilità che, in quello stesso momento, erano stati spezzati. Le bombe di San Lorenzo avevano cambiato la situazione militare e forse anche quella politica. A un livello ancora più profondo, avevano cancellato una parte di consapevolezza collettiva che, da quel lunedì in avanti, nessuno sarebbe più stato in grado di ritrovare.

Ormai era chiaro che il fascismo e il Duce non sarebbero durati per sempre, che gli americani non si sarebbero fermati allo Stretto perché nessuno era più in grado di fermarli e perché nessuno organizza un bombardamento sulla città del Papa, del Campidoglio e del Colosseo se non ha un progetto molto chiaro e non solo militare – un progetto definitivo che giustifichi un atto di gravità senza precedenti. Fin qui arrivavano i suoi pensieri, ma a quali conseguenze tali confuse riflessioni avrebbero dovuto portarlo, questo Flaminio Prati non era assolutamente in grado di dire.

Si mosse per tornare alla sua scrivania, bianca di polvere come il giorno precedente anche se era stata ricollocata nella sua vera stanza dopo che i senzatetto erano stati in parte sgomberati. Afferrò alla cieca il pacchetto delle lettere di Franca. Lentamente, con molta cautela per non danneggiare ulteriormente la carta, le dispiegò.

"Umbertino sta bene, la colica è passata. Non piange più e la notte finalmente dorme povero figlio. Ieri la zia ci ha regalato due uova. Una l'ha mangiata. L'altra gliela do domani che è domenica..." La lettera era breve, insignificante, scritta con grafia femminile larga e sconnessa, firmata da una certa Assunta ma, quel che più conta, aveva in alto la data e il paese da cui era stata spedita: Tagliacozzo. Umbertino era il figlio di Franca e dunque viveva con quella Assunta, forse una balia, a Tagliacozzo. Di un'altra lettera erano rimaste pochissime parole leggibili perché anche qui il resto era stato dilavato dall'acqua. Si capiva che era una lettera indirizzata da un uomo, un amante. Riuscì a decifrare: "...dopo una notte insieme a te...", "...ma non devi mai più farlo. Io ti posso fare vivere come una signora...", "...una casa di tre stanze e in quella davanti c'è sempre il sole...", "...morire insieme...". Frasi che rimandavano a frammenti di vita, illuminazioni rapide probabilmente infedeli e contraddittorie come i melodrammatici sentimenti che avevano ispirato quella missiva. I brandelli delle lettere giacevano confusi davanti a lui come s'erano confusi, verosimilmente, nella testa della povera Franca quando aveva aperto le buste per essere turbata da quelle parole che cercavano d'imporle una scelta.

La curiosità lo aveva spinto a riprendere quelle lettere diventate quasi inutili non solo perché mutilate ma anche perché su Franca Gandolfo ormai sapeva molto di più di quanto quei poveri fogli potessero rivelare. Poteva anzi presumere di sapere quasi tutto sul conto della ragazza morta, tutto quello, almeno, che Maria Rosa e poi Lisa avevano voluto che sapesse.

Appena erano rimasti soli nel salottino rosso, Lisa aveva detto sì e no due parole, aveva sorriso e s'era inginocchiata davanti a lui avviando le sue manovre. Flaminio aveva lasciato fare, stupito solo in parte, consapevole che la sua condiscendenza non eliminava il pericolo della situazione e che semmai attenuava il suo rischio solo la pratica corrente di avere commercio con le ragazze durante le ispezioni alle case di meretricio. Nel suo caso poteva esserci uno scopo nemmeno tanto nascosto nell'accoglienza che Maria Rosa gli aveva riservato facendogli incontrare proprio colei che risultava essere la sua favorita del momento. Il nodo che aveva cominciato a sentire alla gola aveva prevalso comunque su tutto il resto.

Al contrario di Maria Rosa, Lisa aveva parlato volentieri di Franca. Si era lasciata andare come se quello che avevano fatto fosse non il disbrigo di una faccenda prevista dal luogo e dalle circostanze, ma qualcosa in grado di creare tra di loro una reale intimità e un legame.

«Gino? Certo che l'ho visto. Veniva spesso a trovare Franca. Qualche volta saliva in camera anche se è proibito portar su i fidanzati, fuori orario voglio dire. La padrona chiudeva un occhio perché a Franca voleva bene e la vedeva sempre così triste.»

«Che mestiere fa questo Gino?»

«Lui diceva di essere infermiere, però non è vero. Lavora al Policlinico ma fa le cose più basse, non è specializzato e nemmeno potrebbe perché è stato al confino come socialista.»

«È stato lui a dire a Franca che doveva lasciare la casa di tolleranza?»

«No, anzi, lui non lo sapeva nemmeno perché il giorno dopo che Franca è andata via è venuto qui e quando ha visto che lei non c'era ha fatto una scenata e la padrona ha cominciato pure lei a urlare e gli ha detto chiaro e tondo che se non la smetteva subito chiamava la polizia.»

«E lui?»

«Ha continuato ancora un po', ma giusto per far vedere che non stava certo a sentire lei. Però si vedeva che era preoccupato perché è schedato e allora dopo un po' ha smesso.»

«Schedato come sovversivo?»

«Sì, ma pure come magnaccia. Da giovane l'hanno arrestato come sfruttatore e gliel'hanno scritto sulla fedina. Dicono che è per questo che non l'hanno mai preso al corso da infermiere.»

«Te le ha raccontate Franca queste cose?»

«Sì, qualcuna me l'ha raccontata lei ma altre le sapevo da me perché nel giro nostro certe cose si vengono sempre a sapere.»

Tutti i riscontri di cui Flaminio disponeva coincidevano con le informazioni che Lisa gli aveva dato. La sua esperienza suggeriva che a quel punto era verosimile che anche le altre notizie fossero, almeno in parte, veritiere. Era il caso di arrivare fino al Policlinico per interrogare questo Tiberi? In un'ottica strettamente investigativa, certamente. Ma era il caso di applicare un'ottica del genere a quel caso? Il Policlinico tra l'altro era stato colpito durante il bombardamento. Si raccontava di una équipe medica che aveva continuato a operare sotto le bombe, senza più luce elettrica, con le pareti della sala operatoria che tremavano e sembrava dovessero venire giù da un momento all'altro. Si raccontava pure di bande di sciacalli che avevano invaso i padiglioni semidistrutti portando via tutto quello che era possibile prendere, compresi i materassi, mentre ancora cadevano le bombe.

Ricordò improvvisamente che tra le lettere di Franca ce n'era una particolare, diceva: "Tu non sai quanto ti voglio bene e forse non lo saprai mai perché io cancellerò la tua vita e la mia dopo averti stretto al cuore per l'ultima volta, amore mio...". Era, tra quelli che aveva tentato di decifrare, uno dei fogli riempiti da una grafia maschile. Mano dura, spigolosa, non abituata a scrivere. Quelle poche righe erano tutto ciò che restava di un'intera facciata. In quelle righe si nascondeva una promessa di morte? E poteva essere Gino il mittente? Che impressione avrebbe fatto l'espressione "cancellerò la tua vita e la mia" ai giurati di una corte d'assise?

Il brigadiere Pantano entrò ad annunciare che un tale voleva incontrarlo.

«Chi sarebbe?»

«Un certo Salustri, capofabbricato qui a San Lorenzo.»

Già, Luciano Salustri, in fin dei conti non era rimasto sotto le bombe.

«Fallo entrare.»

Salustri indossava ancora il suo logoro doppiopetto di lana pesante col distintivo del partito all'occhiello. O aveva solo quell'abito, o lo indossava apposta per lui ogni volta che doveva incontrarlo. Era nervoso, si vedeva, passava il peso del corpo da una gamba all'altra. Un'astuzia elementare suggeriva a Flaminio che era meglio lasciarlo lì, senza invitarlo a sedersi, a cuocere con in mano il pacchetto delle Macedonia che non osava aprire.

«Quella povera ragazza morta,» disse alla fine il capofabbricato «non riesco a togliermela dalla testa, penso solo a quello.»

Era questo allora il messaggio. Flaminio Prati aveva appena cominciato a scrivere il suo rapporto sul rinvenimento del cadavere di Franca Gandolfo, cominciato svogliatamente, per prudenza burocratica, senza nessuna vera voglia di arrivare in fondo. Tirarlo fuori davanti a Salustri sarebbe però sembrato un gesto di debolezza, una specie di giustificazione che non intendeva dargli.

«Avete ragione,» si limitò a dire «una morte orribile, poveraccia.»

Flaminio aveva la netta sensazione di trovarsi in una situazione di rischio. Nelle parole di Salustri intuiva l'ombra di una possibile minaccia anche se non riusciva a capire il movente che stava dietro quella mossa. Il giorno in cui era andato al casino di via degli Avignonesi, Flaminio aveva attraversato via Veneto e proprio mentre passava davanti all'Albergo Ambasciatori aveva visto, o credeva d'aver visto, in trasparenza dietro la vetrata del bar al piano terreno, il conte Ciano che rideva bevendo un aperitivo, circondato da signori eleganti e da belle donne. Galeazzo Ciano, fin da quand'era ragazzo, aveva rappresentato il suo ideale di uomo e di politico. Sempre a suo agio, sorridente e disteso, padrone della situazione, pronto nelle risposte, begli abiti, pettinatura lucente, genero del Duce. Da febbraio non era più ministro degli Esteri però era diventato ambasciatore, perché uomini come Ciano cadono sempre in piedi e a uno come lui non sarebbe mai potuto accadere niente di male. Chissà che avrebbe fatto Ciano al suo posto? Avrebbe continuato l'indagine? Sarebbe andato al Policlinico a interrogare il Tiberi? Sicuramente avrebbe subito intuito quale fosse la decisione giusta da prendere, la meno pericolosa, la più lungimirante.

«Volevo chiedervi se avete raccolto altre prove, se avete bisogno di me per una testimonianza» stava dicendo Luciano. «Avete visto il palazzo? Non è rimasto più niente. Comunque io sono a disposizione.»

«Grazie Salustri, è noto che siete un buon camerata.»

Non credeva una sillaba di ciò che il capofabbricato aveva detto. Erano parole che coprivano il vero scopo della visita, che sapevano di ricatto.

«Avete mai conosciuto un certo Gino?» chiese secco, all'improvviso.

Ebbe la sensazione d'aver in parte ripreso il manico del coltello, qualunque risposta Salustri avesse dato. Gli tornarono alla mente le parole di Lisa e l'immagine di lei in ginocchio davanti alla poltroncina damascata sulla quale era seduto, la sua nuca delicata, quasi da bambina, e i capelli castani, sottili, tra i quali aveva passato le dita e poi il fatto che, finito quel primo contatto furioso al quale più che partecipare aveva assistito, Lisa l'aveva fatto salire in camera. Da quando aveva lasciato la casa di via degli Avignonesi, Flaminio Prati continuava ad avere la sensazione che Lisa si fosse comportata con lui come una vera amante, che con lui avesse fatto davvero l'amore e che i suoi gemiti e i suoi movimenti convulsi non fossero quelli che di solito recitava per tutti gli altri. Lo capiva dal modo in cui l'aveva salutato e dal fatto che gli aveva permesso di baciarla sulla bocca e dalla tenerezza con cui aveva parlato, distesa accanto a lui, col capo vicino al suo, la voce bassa delle confidenze mentre fumavano lentamente, a turno, la stessa sigaretta.

«No, non mi pare d'averlo mai sentito questo Gino» rispose incerto Salustri.

«Ma Franca riceveva uomini in casa?»

«Può essere successo. Probabilmente è successo.»

«Decidetevi, Salustri: è successo o no?»

«Bisognerebbe chiedere al portiere.»

«Lo devo far convocare?»

«È rimasto sotto le bombe.»

«Ah! Allora di questo Gino non mi sapete dire niente.»

«Ma era uno del Policlinico per caso?»

«Bravo, proprio lui.»

«Sì, mi pare che qualche volta sia venuto. Però non negli ultimi tempi. Veniva prima, appena Franca era arrivata.»

«Altri uomini? Facciamo uno sforzo, Salustri.»

Salustri scosse il capo, forse appena troppo in fretta.

«No, non mi pare. Il portiere forse...»

«Quello non può più parlare, lasciatelo perdere.»

Non sapeva che altro chiedere, la sensazione di pericolo però s'era alquanto dissipata dopo quel dialogo sbrigativo. In fin dei conti quell'uomo poteva solo testimoniare sulla presenza del cadavere e da quel punto di vista il rapporto che prima o poi avrebbe stilato lo copriva a sufficienza.

Dalla finestra entravano a ondate l'aria torrida, il fitto velo del pulviscolo che una lama improvvisa di sole rivelava. Seguitavano a scavare, qualcuno gridava quando dal cumulo di macerie, travi spezzate e putrelle contorte spuntava di colpo una mano, o una scarpa, o un corpo mutilato e ancora vivo e da quegli occhi senza più luce, da quelle membra che si agitavano debolmente come quelle di un insetto ferito, nessuno capiva quanta vita fosse rimasta, quanto tempo, e si creava uno strano contrasto tra la brutalità degli scavi e l'orribile solennità che accompagnava l'estrazione di quel corpo inquieto dalla sua prigione sotterranea. Gli scavatori rimanevano fermi sotto il sole, fradici di sudore, le mani strette al manico dei badili, lasciando i barellieri a fare il resto. C'era chi piangeva o imprecava, chi guardava curioso. Ogni tanto abbattevano un solaio o un muro pericolanti e di colpo la polvere bianca, sospesa nell'aria ferma di luglio, diventava più fitta, un velo come di nebbia che ci metteva ore prima di tornare a terra.

Luigi Tiberi lavorava al secondo padiglione di chirurgia, ma Flaminio Prati l'aveva individuato prima ancora che glielo indicassero e ora che l'aveva visto, e prima di avergli parlato, era contento di aver preso la decisione di venire. Perché con quei precedenti e quell'aspetto Tiberi avrebbe facilitato molto il compito di qualunque poliziotto, e anche di qualunque giudice, fosse o non fosse lui l'assassino di Franca Gandolfo.

Dal Policlinico si vedeva che in direzione dello scalo merci si levavano ancora da un paio di incendi non spenti delle colonne di fumo nero, soprattutto si distinguevano gli ultimi residui della nube grigia che dall'inizio del bombardamento era rimasta in sospensione sopra il quartiere. Una tragedia nella tragedia era che molte persone erano morte soffocate proprio a causa della quantità di polvere sospesa nell'aria. Ai cadaveri si trovava in gola una specie di nera palla semisolida impastata di tutti i detriti più volatili levatisi dalle macerie. Tra l'altro la polvere che si sollevava dalle decine di case squarciate aveva reso sempre più approssimativa la mira dei bombardieri a mano a mano che le ondate di aerei si susseguivano. Le prime bombe avevano centrato lo scalo, altre erano arrivate fino al piazzale del cimitero, alle tombe della parte monumentale, le successive, in cerchi sempre piu larghi e ormai completamente fuori bersaglio, avevano colpito fino a metà di viale Regina Margherita, fino al Policlinico dove pure, sui tetti dei padiglioni, erano dipinte grandi croci rosse.

Due giorni dopo, il disordine nei padiglioni, soprattutto a chirurgia, era ancora immenso. Non era nemmeno il numero dei feriti, affiancati nei corridoi su materassi gettati direttamente a terra, a dare la sensazione del caos, ma la quantità delle persone che s'aggiravano per le corsie, le scale e gli atrii. Si vedeva dappertutto un'ininterrotta fiumana di gente composta da tutti quelli che per qualche ragione cercavano di entrare alla quale si opponeva, mescolandovisi, quella di tutti coloro che cercavano contemporaneamente di uscire. L'accavallarsi, il sovrapporsi, il confuso e lento districarsi di queste due ondate composte soprattutto di donne e di bambini davano la dimensione immensa della tragedia e della sconfitta. I volti disperati, i poveri abiti, le calzature di fortuna, quei corpi rivestiti da panni troppo abbondanti disperatamente stretti alla vita per non farli cadere, panni che rivelavano la magrezza invece di nasconderla, erano la rappresentazione visiva, fisica, corporea di un Paese allo stremo.

Fu Tiberi, con sfrontatezza, ad avvicinarsi a lui. Flaminio stava parlando con un medico che gli era stato indicato come una specie di direttore del personale. A quel medico aveva appena rivolto una domanda fondamentale, se il portantino Tiberi Luigi risultava regolarmente in servizio, e da che ora, la mattina del passato lunedì. Gino passava per lo stesso corridoio spingendo il carrello col quale aveva finito di distribuire la minestra in corsia. Bloccò il carrello, asciugò le mani in uno straccio che portava alla cintura e venne dalla loro parte.

«Mi stavate cercando?»

Il tono era quasi di sfida. Il medico s'affrettò ad allontanarsi dicendo che si sarebbe informato.

«Possiamo fare due chiacchiere» rispose Flaminio con prudenza.

Si avvicinarono a una finestra con il carrello che faceva quasi da barriera tra loro e l'andirivieni della folla.

«Siete intimo di una certa Gandolfo Franca?»

L'uomo s'affrettò a fare un cenno di diniego prima ancora di rispondere.

«Non so di che parlate.»

«Pensateci bene. Risulta invece che l'avete frequentata.»

«E dove?»

«Nella casa di tolleranza di via degli Avignonesi, per esempio.»

«Adesso che fate, le statistiche dei clienti per ogni puttana?»

«Risulta che vi portava in camera.»

Gino Tiberi non rispose nemmeno, si limitò a sorridere per sottolineare il ridicolo dell'affermazione. Che altro facevano tutte le ospiti di tutte le case di piacere d'Italia se non portare i propri clienti in camera? Flaminio aveva voluto dare un diverso significato alla richiesta, far risaltare con quelle parole un grado di supposta e sospetta intimità tra i due. Evidentemente non c'era riuscito. La verità è che conduceva quel colloquio con uno strano imbarazzo e si rendeva conto da solo che erano diverse le questioni che avrebbe dovuto affrontare con uno come Tiberi e, soprattutto, diverso il tono. La voce di Tiberi suonava fredda, consapevole, senza risentimento, semmai leggermente ironica, come se stesse esponendo una verità oggettiva o una convinzione profonda. Flaminio ne fu colpito: s'aspettava uno dei soliti piccoli magnaccia romani, non un osso duro di quel tipo.

Lo imbarazzava anche il luogo, che infatti era stato scelto dall'altro: aveva fatto male ad accettare di parlare in mezzo a un corridoio con tutta quella gente che andava e veniva, in un incontro a metà tra l'intervista e il colloquio che non sarebbe mai diventato un vero interrogatorio. C'era una sola decisione possibile per uscire dal vicolo cieco nel quale s'era cacciato. Riluttava a prenderla perché anche quella comportava dei rischi. Decise di correrli, pur di togliersi da lì.

«Tiberi Luigi, vi dichiaro in arresto, seguitemi.»

Tiberi questa volta sobbalzò, l'intimazione aveva dissipato di botto la sua aria di sufficienza.

«Quale sarebbe il motivo?» chiese cercando di sembrare ancora ironico, ma la voce già non era più quella di prima.

«Omicidio premeditato nei confronti di Gandolfo Franca.»

Luigi Tiberi s'addossò pesantemente alla parete. Tutta la sua baldanza era scomparsa.

«È morta?» chiese con voce atona.

Se stava recitando, lo faceva in modo magistrale.

«L'hanno ammazzata e ci sono a vostro carico indizi molto pesanti.»

Una delle due camere di sicurezza era stata riadattata e lì venne rinchiuso il Tiberi. Salì Pantano nella stanza di Flaminio a chiedere se doveva "ammorbidire" il prigioniero. Flaminio aveva sempre sospettato che il brigadiere ci mettesse un certo gusto personale in quelle manovre di preparazione agli interrogatori. Rispondeva senza sbilanciarsi in modo che Pantano potesse dedurne ciò che preferiva, ma conservando la possibilità, all'occorrenza, di poterlo smentire.

Non aveva più vie d'uscita, l'arresto impulsivo di Tiberi gli aveva tolto ogni possibilità d'insabbiare la pratica Gandolfo e anzi lo costringeva ad aprire immediatamente un fascicolo intestato al nome della vittima, a completare in fretta il verbale di rinvenimento del cadavere, giustificandone il ritardo nella stesura con l'eccezionalità degli avvenimenti seguiti al bombardamento. Senza averlo mai veramente deciso, sospinto solo dalla sua irresolutezza e dai suoi timori, si trovava a dover padroneggiare un'inchiesta che probabilmente sarebbe stata giudicata ridicola, dalla quale la sua carriera sarebbe stata danneggiata e nella quale il solo testimone disponibile era quella specie di fantasma in doppiopetto del capofabbricato Salustri.

Se qualcuno gli avesse chiesto come e che cosa aveva fatto per trovarsi ora in un impiccio di quelle dimensioni, Flaminio Prati avrebbe risposto in assoluta buona fede di non saperlo, che lui aveva semmai cercato di organizzare le proprie azioni in modo che l'eventuale nodo si sciogliesse da solo lasciandosi in ogni caso un'ampia libertà d'azione e di manovra che solo la cocciutaggine di un recidivo come Tiberi Luigi aveva per il momento sconfitto.

L'unico Foglio d'Ordini ricevuto nella giornata riguardava il censimento della lana dei materassi. Rifacendosi a quanto pubblicato sulla Gazzetta Ufficiale, la Regia Questura di Roma notificava a tutti i commissariati di zona: "La Gazzetta Ufficiale pubblica un Decreto ministeriale secondo il quale tutti i proprietari o gerenti di alberghi locande o comunque titolari di esercizi di affittacamere ai sensi dell'art. 108 del Testo Unico di Pubblica Sicurezza debbono fare denuncia dei materassi e dei guanciali esistenti nell'esercizio e a qualunque titolo detenuti. I commissariati di zona sono comandati a sorvegliare la più scrupolosa osservanza della disposizione eccetera...".

Gli dette un'occhiata distratta senza nemmeno capire bene quale eventuale seguito avrebbe dovuto dare a quelle disposizioni. Era molto inquieto: nella sua vita tutto sommato metodica di funzionario di polizia si era prodotta una novità che gli causava un grave turbamento e se fino a poco tempo prima ignorava ancora quale sarebbe stata la strada meno pericolosa da seguire, adesso gli pareva di capire che qualunque strada avesse seguito si sarebbe risolta in un danno per il suo avvenire. Con un'associazione mentale repentina gli tornò in mente l'immagine di Lisa, la sorpresa di quando l'aveva vista affondare il volto nel suo grembo e aveva sentito la gola stringersi in un nodo d'emozione e di leggera angoscia per quanto gli stava succedendo. Più ancora il momento in cui avevano parlato, distesi l'uno accanto all'altra dopo l'amore, con la dolcezza, gli era sembrato, con la quale parlano i veri amanti. Era mai possibile che un rapporto cominciato con la sensualità rapace di cui Lisa aveva dato prova, potesse diventare qualche cosa di così intensamente diverso? A quella parte di sé che diceva: Lisa è solo una puttana pagata per fare certe cose e le fa con tutti, un'altra parte rispondeva che no, non era possibile, perché non con tutti, non sempre, nemmeno pagata il doppio o il triplo, una puttana di casino arriva a parlare nel modo in cui Lisa gli aveva parlato.

In genere Pantano, che aveva un breve passato nelle squadre speciali dell'Ovra, lavorava con scrupolo soprattutto sull'addome e i genitali, per non lasciare troppi segni visibili. Questa volta però aveva esagerato. Dopo i primi colpi Tiberi aveva reagito, restituendone uno, e allora Pantano aveva dovuto chiamare aiuto e legarlo. Il risultato erano le vistose tumefazioni sul volto di Gino e la sensazione complessiva che non fosse per niente ammorbidito. Gli occhi, anche se ridotti a due fessure, mantenevano una luce decisamente ostile.

Flaminio vide il sudore scorrere a rivoli sul volto bianco dell'uomo. Avrebbe voluto distogliere gli occhi ma era ipnotizzato da quel viso, da quel sudore, e così stettero per qualche secondo immobili fissandosi l'un l'altro.

«Me li hai mandati tu quelli.»

«Quelli chi?»

«Quelli che m'hanno conciato in questo modo.»

«Non so di chi parli.»

«Allora li devi punire perché m'hanno rovinato. Erano in due, quello più basso che si chiama Pantano e un altro.»

Tiberi aveva cominciato dandogli del tu. Per una ragione che non avrebbe saputo dire, a Flaminio era sembrata una cosa naturale.

«Fa' rapporto.»

«Perché, non lo vedi da te come sono ridotto?»

«Li avrai provocati. Ti conosco, Tiberi, tu sei uno di quelli, uno specialista. Con i precedenti che ti ritrovi, lascia perdere i rapporti, da' retta a me. Parliamo di Franca Gandolfo piuttosto.»

«Non ho niente da dire su Franca Gandolfo.»

«Allora ti dico io come sono andate le cose. Tu eri l'amante di Franca e il suo pappone. Andavi a trovarla perfino nelle case di tolleranza dove lavorava e avevi strappato il permesso di salire in camera fuori orario perché eri considerato il fidanzato. Un giorno lei decide che non vuole più dare a te tutti i soldi che guadagna e ti scarica. Tu la minacci a tal punto che la poveraccia decide di abbandonare di corsa la casa di via degli Avignonesi. Il giorno dopo arrivi, non la trovi, fai una scenata davanti a tutti, la maîtresse minaccia di chiamare la polizia e solo allora, finalmente, te ne vai. Scopri dov'è andata ad abitare. Sali da lei, cerchi di convincerla a tornare, lei rifiuta, tu l'ammazzi. È un classico, Tiberi, tu ancora non lo sai ma hai recitato un copione. Sai quante ce ne sono di puttane ammazzate da quelli come te? Per le stesse ragioni? Decine ce ne sono. Tiberi, altro che quattro schiaffi! Mi sa che questa volta ti fucilano...»

«Sei un sadico. Va bene, vuoi che sia fucilato, allora sbrigati e smettila di tormentarmi, commissario.»

«Controllati, Tiberi, per favore. Non tollero gli insulti.»

«Te li sei meritati.»

«Basta. Un'altra parola e ti faccio sbattere in isolamento duro.»

Sentì il bisogno di alzarsi. Provava nei confronti di quell'uomo un odio irragionevole, come se si trattasse di una faccenda personale e non, in definitiva, di una pratica d'ufficio. Si allontanò dal pancaccio al quale s'era appoggiato, arrivò fino alla finestra chiusa da una rete e da sbarre pesanti.

«Tu devi essere pazzo» disse volgendo le spalle all'uomo.

Udì Tiberi muoversi, ne udì la voce che chiedeva:

«E adesso convincerai i giornalisti a scrivere certi articoli per togliermi di mezzo più facilmente, vero?».

«Non c'è bisogno di convincere nessuno, non credi?»

«Che vuol dire?»

Flaminio provava ancora il bisogno di ferirlo.

«Basta la tua fedina, Tiberi. I cronisti vanno a nozze con precedenti come i tuoi.»

Si volse, vide negli occhi dell'uomo una tale sofferenza che l'ira nei suoi confronti gli sbollì di colpo, sostituita da un deplorevole desiderio di confortarlo.

«Allora dimmelo tu come sono andate le cose. Vediamo che inventi.»

«Non invento niente, ragiona: se ero il pappone di Franca e lei mi dava tutti quei soldi, perché avrei continuato a lavorare in quello schifo di posto a vuotare pitali pieni di merda dalla mattina alla sera? Questo non te lo sei chiesto. Mi avresti trovato a via Veneto a bere l'aperitivo, non in una corsia del Policlinico.»

«Non siamo mica scemi, Tiberi, potrebbe essere il tuo alibi.»

«Durato anni? Perché io lavoro lì da anni e non sono mai mancato.»

«Vuol dire che sei furbo, che sai prevedere le circostanze.»

«I furbi stanno nelle ville di Fregene a scopare le mogli dei gerarchi.»

«Lascia perdere la propaganda sovversiva, Tiberi, con me non attacca. Restiamo alla Gandolfo. Spiegami allora come faceva un disgraziato come te a pagarsi il casino degli Avignonesi che è il più caro di Roma.»

Tiberi questa volta abbassò il capo. Erano seduti l'uno di fronte all'altro, Flaminio sul bordo del pancaccio, Tiberi su uno sgabello. Per la prima volta non rispondeva a una contestazione. Flaminio decise d'insistere.

«È vero o no che sei andato agli Avignonesi e quando hai scoperto che Franca non c'era hai fatto una scenata davanti a tutti, tanto che la padrona ha minacciato di chiamare la polizia?»

Nemmeno questa volta Tiberi rispose. Seguitava a starsene seduto sullo sgabello, col capo abbassato, le braccia poggiate pesantemente sulle ginocchia, in una posizione che denotava un completo abbandono. Un atteggiamento del genere in corte d'assise sarebbe stato l'equivalente di una piena confessione. Era il momento d'insistere, di metterlo al tappeto.

«Sai quando è stata uccisa la Gandolfo?» Tiberi non reagì. «Te lo dico io, un po' prima del bombardamento.» Finalmente quello rialzò il capo.

«Lunedì mattina ero di servizio in corsia.»

Era il suo alibi, ma l'aveva detto in modo rassegnato, con la voce di uno sconfitto. E in un certo modo era caduto nella trappola che Flaminio gli aveva preparato. Tirò fuori dalla tasca il ruolino di servizio che il capo del personale gli aveva fatto avere, lo dispiegò davanti al viso di Tiberi.

«Lo so che lunedì mattina eri di servizio. Qui c'è anche scritto che hai cominciato il tuo turno alle sei. Solo che Franca Gandolfo, quando io l'ho vista, stava diventando tutta blu perché era morta da parecchie ore. A me non importa niente della mattina, mi devi raccontare dove hai passato la notte, Tiberi.»

«A casa, a letto.»

«Da solo, immagino. O c'è un'altra puttana che può testimoniare?»

«Non sono stato io.»

Da un uomo come quello, da uno che fino a poco prima lo stava sfidando, uno che aveva reagito ai colpi del brigadiere tentando di restituirli, una frase così proprio non se l'aspettava. Quelle erano le parole dei vinti, parole da urlare dalla gabbia degli imputati un attimo prima che la giuria si ritiri a deliberare la sentenza, parole che non dicevano niente a nessuno, che non servivano a niente, nemmeno a ispirare pietà, ammesso che uno come Tiberi, socialista e sfruttatore di prostitute, volesse ancora ispirare pietà.

«Ti stai rovinando con le tue mani, Tiberi. Lascia perdere.»

Flaminio Prati adesso poteva perfino permettersi un tono amichevole e condiscendente. Non era più troppo scontento di sé. Dopo l'infelice colloquio nel corridoio del Policlinico aveva affrontato quell'interrogatorio pieno d'incertezze e invece, con poche domande ben piazzate, era riuscito a ribaltare completamente la situazione. Il rapporto per la procura del Re sarebbe stato piuttosto brillante. E non aveva finito. C'era un'ultima cosa da mostrare a Tiberi Luigi, detto Gino. Poche righe di una lettera, molto probabilmente di sua mano. Gliela fece balenare sotto gli occhi prima di leggerla, chinandosi verso di lui fin quasi a raggiungere il suo orecchio.

«Tu non sai quanto ti voglio bene e forse non lo saprai mai perché io cancellerò la tua vita e la mia dopo averti stretto al cuore per l'ultima volta, amore mio... Allora, Tiberi?»

«Allora che?»

«Le hai scritte tu queste parole? Non mentire perché non vale la pena: la perizia calligrafica ti smentirebbe subito.»

«Lasciatemi solo.»

Il "voi" improvviso col quale gli si era rivolto faceva capire che il colloquio per lui era finito. Doveva decidere velocemente. Lasciarlo solo voleva dire dargli il tempo di riprendersi, di organizzare nuovamente le risposte, un nuovo alibi.

«Per favore, lasciatemi solo» ripeté l'indiziato.

Di fronte al tono spaventoso di quella voce, al sintomo di tracollo che denunciava, Flaminio Prati decise d'istinto, e contro il suo interesse, di dargli ascolto. Si alzò senza dire una parola, chiuse personalmente a doppia mandata la porta della camera di sicurezza augurandosi di non aver sbagliato.

4

Non erano poche le ville costruite negli ultimi anni all'interno della pineta di Fregene, ma Flaminio Prati poté ugualmente individuare quella del vicecapo della polizia Arminio Policano, perché poco lontano dal cancello, come gli avevano indicato al momento della convocazione, stazionava discretamente un furgone della Pubblica Sicurezza. Gli uomini di guardia gli fecero un cenno distratto di saluto, un cameriere somalo in giacca bianca, dalle lunghe mani eleganti, lo fece accomodare in uno studiolo arredato interamente con mobili e rivestimenti di bambù. Sulla parete principale, opposta all'ampia vetrata che dava sul giardino, trionfava una panoplia di zagaglie, scudi e coltelli da caccia dalle lame rugginose. Un povero metallo e l'umidità marina, sicuramente.

Alcune stanze più in là, qualcuno stava cercando d'intonare al pianoforte il motivo di una canzone molto popolare: "C'è una casetta, amor, nascosta in mezzo ai fior". Invariabilmente, arrivato alla fine del primo verso, sbagliava nota e ogni volta un'allegra risata femminile accompagnava l'errore. Flaminio aspettava in piedi, leggermente inquieto, fissando lo scaffale d'una libreria che si trovava giusto all'altezza dei suoi occhi. La copertina azzurra del romanzo *Regina di amori* di Carola Prosperi, appena uscito, una elaborata boccetta di profumo dal nome conturbante, Orchidea nera, di cui poteva avvertire l'aroma dolciastro anche a quella distanza. La bottiglietta era accanto a una bella cornice d'argento lavorato dalla quale sorrideva una giovane donna: carnagione luminosa, occhi neri molto belli. Il fotografo l'aveva ritratta leggermente di tre quarti mettendo in risalto, nel gioco delle ombre e delle luci, un misterioso sorriso che divideva nettamente la bocca come nell'intaglio di un cammeo. L'arco sottile delle sopracciglia, gli zigomi leggermente pronunciati davano un'enfasi vagamente nordica a quei lineamenti per il resto così mediterranei.

Sua eccellenza Policano entrò con aria energica e indaffarata, la pelle tesa dall'aria marina e dalla pinguedine, gioviale, cameratesco, così abbronzato che la dentatura risultava, per contrasto, esageratamente candida. L'osso frontale, di cui l'incipiente calvizie cominciava a rivelare la forma bombata, conferiva al suo cranio l'aspetto di un ariete.

«Bravo, Prati. Ho letto il vostro rapporto alla procura. Magnifica indagine. Circostanze difficili. Gradite qualcosa da bere?»

«No, eccellenza, grazie.»

«Noi combattevamo questi sovversivi nel '22, dobbiamo continuare a combatterli dopo più di vent'anni. Sedete, mettiamoci comodi, ditemi com'è andata.»

Flaminio ripeté le circostanze della scoperta, i primi sospetti, l'interrogatorio del Tiberi, le prove indiziarie e le testimonianze che le confermavano.

«D'altronde è tutto elencato nel rapporto che ho trasmesso al giudice.»

«Ho visto, ho visto e il giudice m'ha confermato che entro oggi il fermo di polizia sarà tramutato in arresto con l'imputazione di omicidio premeditato, aggravato dai motivi abbietti e dai precedenti specifici del soggetto.»

Entrò il cameriere con un inchino.

«È arrivato il camion con i rinfreschi, eccellenza.»

«Scusatemi solo un attimo.»

Con agilità insospettata data la breve statura e la mole, sua eccellenza balzò dalla poltrona tripolina in pelle e seguì il cameriere somalo. La boccetta di Orchidea nera dal lungo tappo di cristallo e la foto della bella donna dalle sopracciglia sottili tornarono nel suo campo visivo. Fuori della vetrata era apparsa la parte posteriore di un camion dal quale alcuni uomini in uniforme della Milizia stavano scaricando casse di cibi e di bevande, e strumenti musicali.

Dai movimenti delle mani s'intuiva che Policano dava disposizioni su come e dove sistemare quei rifornimenti. Accanto a lui c'era adesso una donna giovane, molto bella, avvolta in un accappatoio bianco lungo fin quasi alle caviglie, stretto in vita da un'alta cintura color rosso fiamma. La stessa della foto che ornava lo scaffale. La donna fissava la scena con aria indifferente, gli occhi socchiusi e lontani, passandosi di tanto in tanto la mano tra i lunghi capelli e lasciandoli fluttuare. Siccome nessuno stava più suonando il piano, era possibile che fosse lei la pianista dilettante che sbagliava ogni volta la nota nel passaggio tra "casetta, amor" e "nascosta in mezzo". Ma se era lei la pianista allora era molto probabile che sempre lei fosse quella che accompagnava con una bella risata la ripetizione dell'errore. Aiuta certamente a vivere, pensava Flaminio, prendere con una tale allegria i propri sbagli. Con questo pensiero gli tornò in mente d'improvviso una frase detta da Gino Tiberi durante l'interrogatorio: i furbi stanno nelle ville di Fregene a scopare le mogli dei gerarchi. Chissà se quella bella donna che sembrava una diva di Cinecittà, e probabilmente lo era, era davvero la moglie del gerarca Policano. Più probabilmente ne era solo l'amante, anche se Policano furbo lo era di sicuro. Essendo stato il braccio destro e vice del vecchio capo della polizia, era riuscito a restare nella stessa posizione anche col nuovo capo, dopo il cambio della guardia ordinato dal Duce in aprile. Lo chiamavano "l'Inaffondabile".

«Dov'eravamo rimasti? Ah, sì: com'è la situazione nel quartiere?»

«L'opera di ricovero delle famiglie colpite è stata organizzata con sollecitudine e profondo spirito...»

Policano schioccò le dita interrompendolo con un improvviso moto d'irritazione.

«Prati, voglio la situazione vera.»

Flaminio restò interdetto. Policano, in quel momento il poliziotto più potente d'Italia, voleva davvero sentirsi raccontare da lui la situazione? Non la conosceva da solo? Non aveva sul tavolo ogni mattina il rapporto dell'Ovra che riferiva anche la minima scritta apparsa sui muri durante la notte? Perché quell'intimazione? Voleva sondare la sua disponibilità o tendergli un tranello, magari per allontanarlo dall'incarico? Perché la situazione del quartiere, a volerla riferire nei suoi termini reali dopo un bombardamento del genere, era quella che era e a Roma la conoscevano anche i sassi.

«La situazione è quella che potete immaginare, eccellenza. C'è parecchio dolore in giro, scontento...»

«Quelle grida ostili durante la visita del Re, quel lancio di materiali, che estensione hanno avuto, come li giudicate?»

«Espressione del malcontento popolare, eccellenza. D'altra parte, dopo un'incursione di quell'intensità...»

«Estesi?»

«Hanno coinvolto direi una ventina di persone, due o tre le più accese.»

«Vi invito a essere più esplicito, Prati. Fino alla brutalità, se occorre. Esigo da voi un resoconto dettagliato dei fatti. Commissario, mi sono spiegato? Avanti!»

«Sua Maestà è arrivato a Porta Maggiore a bordo di una berlina del Quirinale, scortato dal suo aiutante di campo. Alcuni agenti in borghese seguivano su un'altra vettura...»

Per la seconda volta Policano ebbe un moto d'impazienza.

«La gente!»

«Non appena Sua Maestà è sceso dalla vettura ed è stato riconosciuto, alcune decine di persone si sono avvicinate, forse nella speranza di qualche elargizione. Ma da quello stesso capannello si sono anche levate grida ostili contro il sovrano, contro il regime, c'è stato un attimo di sbandamento...»

«Ci sono state anche grida contro Mussolini?»

«Anche, eccellenza. A quel punto però il capannello si è disciolto, forse nel timore di qualche reazione da parte della scorta anche perché, nel frattempo, contro la vettura reale erano stati scagliati alcuni oggetti, mattoni e pezzi di calcinaccio che avevano colpito la fiancata. Le quattro o cinque persone più agitate, tra le quali sicuramente due donne, sono avanzate con aria ostile. La scorta ha fatto salire il sovrano a bordo...»

«Le grida di che tipo erano?»

«Traditori, vigliacchi, basta, ci avete rovinato, e simili.»

«Reazioni da parte degli altri presenti?»

«La maggior parte di loro non ha reagito, anzi ripeto che al primo manifestarsi delle ostilità la maggior parte delle persone si è ritratta limitandosi ad assistere indifferente, senza approvare né disapprovare.»

Policano si protese leggermente verso di lui.

«Avete avuto delazioni? Anonimi? I nomi dei facinorosi sono stati riportati ai vostri informatori?»

«No, eccellenza.»

«E questo che vi dice, Prati? Questo vi dice che quelle persone sembravano indifferenti ma non lo erano. In realtà, dentro di loro, avrebbero gridato le stesse parole, lanciato gli stessi oggetti, se solo ne avessero avuto il coraggio.»

«Mi avete chiesto i fatti, eccellenza, non la loro interpretazione.»

Policano fissò Prati con aria interrogativa, scrutandolo, forse chiedendosi chi fosse in realtà quel piccolo funzionario di polizia che aveva di fronte.

«Non ci capiamo, commissario. D'altra parte condivido la vostra prudenza e l'apprezzo. Avete svolto un'indagine magnifica, trovato velocemente un colpevole, nessuno avrebbe fatto meglio. Domani o dopo quel, come si chiama, Tiberi, potrà esserci molto utile. La gente ha fame di giustizia e ha ragione. Mi occuperò personalmente dei rapporti con la stampa.» Prevenne una possibile obiezione di Prati: «Nessuna preoccupazione, i vostri meriti saranno riconosciuti ampiamente. Non mi ringraziate, è un dovere. Adesso però mi serve un altro dato. Lasciamo da parte la morte di quella puttana e la vicenda del suo assassino. Voglio che rispondiate con esattezza a questa domanda: se nei prossimi giorni dovesse avvenire un profondo cambiamento istituzionale, credete voi che ci sarebbero manifestazioni ostili? atti di ribellione? gesti di sfida? Quale sarebbe la reazione prevedibile in un quartiere popolare come San Lorenzo?».

«Dipende dal tipo di cambiamento, eccellenza.»

Fu la sola risposta interlocutoria che su due piedi gli riuscì di trovare e, forse, anche la più giusta. In fin dei conti se Policano voleva che si parlasse apertamente, doveva cominciare lui a farlo.

«Ammettiamo che il Re assuma il comando delle Forze Armate.»

«E il Duce, eccellenza?»

«Il Duce, come sapete, agisce in base a una delega che il Sovrano gli ha rilasciato il 10 giugno del '40, il giorno dell'entrata in guerra. Sua Maestà non farebbe altro che ritirare quella delega e riprendersi la sua carica di comandante in capo delle Forze Armate. Ripeto la domanda: di fronte a un cambiamento di questo tipo, secondo voi che reazioni popolari si avrebbero nella zona di vostra competenza?»

«Desiderate una risposta scritta, eccellenza?»

Lo sguardo di Policano s'era incupito, tamburellava con le unghie piuttosto lunghe sul sottile bracciolo di legno della tripolina ricavandone un rumore osseo.

«Parlate, Prati» si limitò a dire seccamente.

«Credo che non ci sarebbe nessuna reazione. Credo che la gente non capirebbe bene che vuol dire questa faccenda della delega, ma anche che vedrebbe con favore un ridimensionamento dei poteri di Mussolini. La voce popolare lo indica talvolta come responsabile dell'andamento della guerra.»

«Come fate ad affermare una cosa del genere?»

«È una sensazione basata su alcuni episodi precisi. Qualche giorno fa sono comparse in via dei Volsci e a piazza dei Sanniti delle scritte a vernice bianca e a grandi lettere che dicevano "Morte al Duce" e "Mussolini rovina d'Italia". Gli uomini che hanno pattugliato i luoghi in attesa che venissero gli imbianchini a cancellare, hanno raccolto commenti favorevoli o divertiti dei passanti, nessuna protesta.»

Arminio Policano balzò in piedi e prese a misurare lo spazio dello studiolo africano. Percorse la stanza due o tre volte prima di fermarsi davanti a Prati.

«Le vostre informazioni coincidono con quelle provenienti da altre fonti. Se mettiamo insieme tutte queste notizie ne viene fuori, ve ne rendete conto, un quadro allarmante.»

«Convengo, eccellenza.»

«D'altra parte la situazione militare è peggiorata, anche questo è allarmante.»

«L'arma segreta tedesca potrebbe ribaltare le sorti della guerra da un momento all'altro.»

Policano lo fissò brevemente scuotendo con lentezza il capo.

«Commissario Prati, lasciate perdere l'arma segreta. La situazione dal punto di vista militare precipita. Non esistono riserve né di uomini, né di aerei, né di navi. E nell'alto comando non c'è nessuna volontà di battersi.»

«È ancora possibile fermare gli americani sullo Stretto di Messina?»

«Nessuno fermerà gli americani, né sullo Stretto né altrove.»

Con uno dei suoi gesti repentini e pieni di selvaggia energia, Policano accostò la poltrona tripolina a quella su cui sedeva Flaminio Prati. S'accomodò, sporgendosi in avanti sul busto breve.

«I generali sono tutti traditori. Hanno tradito quando hanno esaltato una preparazione militare che in realtà mancava, tradiscono oggi l'alleato e tradiscono Mussolini nascondendogli la verità.»

Flaminio Prati aveva un senso di vertigine. Non aveva mai inteso nessuno parlare in quel modo e colui che pronunciava quelle frasi da tribunale speciale era il vicecapo della polizia. Sentiva le mani bagnate di sudore e la gola stretta dall'arsura, avrebbe bevuto volentieri un bicchiere d'acqua se glielo avessero offerto. Nella stanza accanto qualcuno aveva ripreso a suonare il piano. Non era più la mano esitante della donna di prima, era stata sostituita da un professionista che suonava bei ritmi allegri e sconosciuti accompagnato da una batteria e forse da un sassofono. Sembra, pensò Flaminio Prati, di essere già in America. Lo turbavano non soltanto i giudizi che aveva appena udito, ma il fatto che dopo tanto discutere non aveva ancora capito se il vicecapo della polizia Arminio Policano stava denunciando una situazione oppure la condivideva o, addirittura, se ne era in qualche modo uno degli artefici. Ancor meno aveva capito quale ruolo, eventualmente, ci si aspettasse da lui.

Policano accompagnò di persona Flaminio fino a un cancello in legno che dava su una stradina laterale dal fondo sabbioso. Li aveva raggiunti la donna che Flaminio aveva visto poco prima dalla portafinestra. S'era cambiata e indossava un abito di seta blu con delle guarnizioni bianche che arrivava poco al di sotto del ginocchio. La gonna, piuttosto ampia, si muoveva assieme a lei a ogni passo aderendo al suo corpo e facendola sembrare nuda; tra i capelli aveva infilato, un po' di lato, un grande fiore bianco di organdis. Gli strinse la mano e sorrise con molta simpatia, con le belle labbra dipinte di rosso.

«Doris Romani, il commissario Prati» li presentò Policano.

Era la celebre Doris Romani, diva di Cinecittà, acclamata protagonista di *Un amore a Tripoli.* Com'era diverso, al naturale, il suo volto.

«Piacere, commissario. Arminio,» proseguì la donna «perché non preghi il commissario Prati di restare.» Quindi rivolta a lui direttamente: «Tra poco ci raggiungerà qualche amico per fare insieme quattro salti». Lo fissò con un lampo d'intensa allegria nello sguardo e aggiunse: «Prima di fare quello definitivo». Rise divertita, schiudendo le sue belle labbra rosse. Arminio bestemmiò a mezza bocca, Flaminio non si era accorto che fosse già ubriaca. La donna s'allontanò rapidamente verso il cancello principale dal quale stavano entrando i primi ospiti. Arminio Policano, l'astuto inaffondabile Policano, chiaramente non sapeva che cosa fare.

«Col vostro permesso, eccellenza» disse Flaminio per toglierlo d'imbarazzo e fece per avviarsi alla porta.

«Ma no, ma no, restate, mi fa piacere» sussurrò l'altro, allargando però le braccia come se volesse inconsciamente sottolineare la sua impotenza.

Davanti al cancello principale si fermavano lunghe macchine nere dalle quali scendevano uomini dalla capigliatura impeccabile odorosi di brillantina e belle donne, alte sulle scarpe dalle suole di sughero che le facevano sembrare più slanciate, più belle e, in definitiva, agli occhi di Flaminio Prati, degne tutte di figurare accanto a Doris Romani in una pellicola girata a Cinecittà. Alcuni degli uomini indossavano smoking bianchi o la giacca bianca della sahariana, le donne avevano i capelli molto ondulati, grandi boccoli sulla fronte o ai lati della testa, i loro abiti erano così ampiamente scollati che l'apertura in molte di loro arrivava a sfiorare, sulla schiena, l'inarcatura delle reni. Quando la luce del sole diminuì e l'orchestrina attaccò a suonare ritmi più lenti, la luce azzurra della piscina sembrò così intensa e invitante che in qualche modo le coppie dei ballerini ne furono investite e quelle che volteggiavano più vicine all'acqua, scivolando avvinte sulle maioliche lucide, parevano a loro volta tinte da ombre azzurre sul volto, sulle palpebre socchiuse, sulle braccia.

Flaminio attraversò il giardino diagonalmente: non sapeva bene fino a che ora sarebbe dovuto restare e aveva una certa premura di tornare a Roma prima di mezzanotte perché d'improvviso aveva sentito il bisogno d'incontrare una persona. Era un momento di pausa dell'orchestra. I camerieri giravano tra i tavoli sorreggendo sul braccio alzato al di sopra della folla vassoi carichi di bevande. A parte il maggiordomo somalo, la maggior parte di loro aveva l'aspetto di poliziotti che indossavano per la prima volta una giacca bianca.

Le luci della villa, rispetto alla semioscurità del giardino, sembravano ancora più forti. Flaminio se ne sentì attratto. Due uomini, in piedi al riparo di un folto cespuglio d'oleandro, sorseggiavano lentamente dai loro calici.

Uno dei due indossava l'uniforme estiva della Milizia, l'altro aveva un aspetto di vecchio energico, pochissimi capelli bianchi rasati a zero sul cranio lucido e abbronzato, il profilo da rapace e stringeva il bicchiere come se dovesse spezzarlo.

«Qui ormai tutti congiurano: monarchici, militari, cattolici, massoni, fascisti moderati e antifascisti» disse il vecchio.

L'ufficiale della Milizia rispose con una grande risata, poi commentò:

«L'ora dei tradimenti. Speriamo almeno che serva a chiarire le cose».

«Mi sembrano già chiare, Augusto, più chiare di così...»

«Proprio per questo: prendi atto che il mio ordine del giorno vuole superare la tua comprensibile e umana esitazione.»

Zittirono entrambi vedendo passare Flaminio, nei loro sguardi era possibile leggere l'inquieta domanda di chi fosse quell'ospite sconosciuto. Flaminio stava solo cercando la porta d'un bagno e credette d'averla trovata, ma quando l'aprì si rese conto che dentro, nella mezza luce di un abat-jour verde, c'era già qualcuno.

«Chiedo scusa» balbettò.

«Ma che dice, nessuna scusa, s'accomodi, commissario.»

Solo in quel momento si rese conto che si trattava di Doris. Era appoggiata al marmo nero di un lavabo e gli faceva cenno d'entrare, d'accomodarsi, di mettersi pure a suo agio.

«Si diverte?»

«Bellissima festa, complimenti.»

«La sa la famosa storia del *Titanic*? Andiamo, commissario, la sanno proprio tutti.»

Flaminio cercò di cavarsela con un sorriso, gli sfuggiva il senso di quel riferimento al *Titanic* qualunque cosa volesse dire. Doris si girò e accese una forte luce centrale, si chinò, barcollando lievemente, fin quasi a sfiorare col viso la mensola di marmo nero che sorreggeva il lavabo.

Soffiò sul marmo e quindi, per maggiore sicurezza, vi passò sopra velocemente la mano due o tre volte per spazzare via ogni cosa.

«Meglio non lasciare tracce,» disse rivolta a Flaminio con una buffa smorfia del viso «con tutti i poliziotti che ci sono in giro. Venga, la porto con me a ballare.»

Flaminio Prati non aveva mai partecipato di persona a un ricevimento di quel tipo, in genere li aveva visti al cinema, anche se c'era stato un precedente nella sua vita. Uscire dalla villa dando il braccio a Doris, con addosso lo stesso abito stazzonato col quale aveva iniziato la giornata al commissariato di San Lorenzo, gli dette un senso di profondo disagio. Non si sentiva molto dissimile dai camerieri che continuavano a girare servendo una scorta apparentemente inesauribile di bevande e di tartine. Una volta Flaminio era stato sposato, un matrimonio difficile, deludente e breve, e dopo le nozze era partito per un viaggio che credeva bellissimo.

A Venezia, una sera, era capitato assieme a sua moglie in un albergo molto lussuoso che si affacciava sul Canal Grande. C'era una festa per il cinematografo e i saloni erano pieni di luce, di attrici e di gerarchi dalle uniformi impeccabili, i capelli come nere calotte brillanti, le guance profumate di acqua di colonia. Quando farò carriera, aveva detto a sua moglie stringendole il braccio sotto il suo, avremo anche noi una vita così, sarà la nostra vita di tutti i giorni e tu avrai un abito bello come quello. Aveva indicato a caso una donna che indossava un lungo abito bianco pieno di ricami, molto scollato e con un'orchidea nera appuntata sul seno, proprio in mezzo alla scollatura. Non sapeva nemmeno lui se quelle parole volevano essere serie o se volesse solo prendere un po' in giro le loro ingenue aspettative. Sua moglie l'aveva guardato quasi spaventata: non sono certa, aveva sussurrato, che mi piacerebbe. Certe cose meglio vederle al cinema. Lei poi era morta assieme al figlio che aveva invano cercato di mettere al mondo e adesso, dieci anni dopo quel momento, per la prima volta Flaminio desiderò con tutta la sua forza che lei fosse lì per poterle chiedere se era ancora dello stesso parere. Non l'aveva mai veramente rimpianta, ricordava appena i suoi lineamenti, eppure con una piccola contrazione dolorosa sentì che in quella lontana serata a Venezia tra di loro s'era creata un'intesa totale e che se la loro vita fosse continuata in quel modo forse lei non sarebbe nemmeno morta. Era assurdo stabilire certi nessi, eppure, in certi momenti, non poteva non farlo. L'intimità raggiunta con Lisa, al confronto, non ne era che l'ombra. O forse era la presenza di Doris a turbarlo in quel modo. Avvertiva sotto la mano destra il nastrino del suo reggiseno e poteva vederne il viso da una distanza così ravvicinata da distinguere nettamente la minuscola sbaffatura di polvere bianca che le era rimasta sul labbro superiore. Si muoveva agilmente seguendo il ritmo, docile e pronta alla sua guida. Il calore della sua pelle filtrava attraverso la seta leggera dell'abito. Fu un attimo: durante una giravolta le passò il dito sul labbro cancellando l'ombra bianca che vi era rimasta, ripetendo la frase che lei stessa aveva pronunciato poco prima, al momento di lasciare il bagno.

«Meglio non lasciare tracce, troppi poliziotti.»

Doris lo fissò stupita, ma un attimo dopo capì e rise di cuore rovesciando un po' indietro la testa. Quando la musica finì e tutti applaudirono l'orchestra, gli rivolse nuovamente la parola. Quel gesto aveva creato tra loro una curiosa familiarità.

«Sediamoci un attimo, sento che sto per avere una crisi.»

Flaminio ebbe la netta sensazione di star esagerando e che da un momento all'altro Arminio Policano lo avrebbe fatto mettere alla porta.

«Domani devo girare l'ultima scena del mio nuovo film. Chissà se vedrà mai la luce.»

«Come s'intitola?»

«*Una lira di felicità*. Una di quelle pellicole fatte apposta per tenere un po' su la gente.»

Erano seduti su una panchina di legno che l'aria marina aveva leggermente inumidito, all'interno di una specie di gazebo fatto di rampicanti. Doris aveva le mani in grembo, un atteggiamento quasi mortificato, e guardava fissa davanti a sé come se aspettasse una sua domanda. Flaminio pensò che gli sarebbe piaciuto che quella donna fosse sua moglie. Non era la banale attrazione per una diva del cinema che forse, ballando, s'era stretta a lui più del necessario. Non era nemmeno l'ambigua seduzione che dava il suo stato di mantenuta di Policano, quasi una femmina da harem, era invece la semplicità con la quale sedeva in quel momento al suo fianco e alcune frasi che aveva detto durante la serata dalle quali Flaminio credeva di capire che, tra tutte le persone riunite in quel giardino, Doris era forse una delle poche che sentisse dentro di sé la tragica intensità del momento, la straordinaria circostanza che tutte le loro vite sarebbero state rivolte verso una direzione sconosciuta. Immaginò che dovesse essere una donna di origini modeste, che aveva incontrato il cinematografo sulla sua strada quasi senza cercarlo e che era diventata l'amante viziosa di un gerarca solo perché da sola non avrebbe saputo reggere alla tensione di quella vita.

L'orchestrina stava suonando un ritmo sincopato molto veloce e le azzurre silhouettes sul bordo della piscina si agitavano freneticamente a tempo, un'alta risata femminile si levò dal gruppo dei ballerini, gli altri risposero con un divertito battimani.

«Quella ragazza» disse lentamente Doris. «Quella che hanno ammazzato. Come si chiamava?»

Valeva o non valeva il segreto istruttorio nei confronti della moglie, o dell'amante, del vicecapo della polizia?

«Franca Gandolfo.»

Rimase un attimo sovrappensiero.

«Com'è stata uccisa?»

«Arma da fuoco, calibro nove. Due colpi.»

«Sparati dove?»

«Al viso. Tra zigomo e occipite, per l'esattezza.»

«Ha avuto l'impressione che chi l'ha fatto volesse sfigurarla?»

«Mio dio, no. Non ci ho pensato. Perché me lo chiede?»

Doris alzò le spalle senza rispondere.

«Era bella?»

«In quelle circostanze non era molto facile giudicare. Perché mi fa queste domande?»

«Non lo so nemmeno io, curiosità immagino.»

«Era una bella ragazza, sicuramente. Tra un mese sarebbe stato il suo compleanno...»

Doris non replicò immediatamente.

«Quel Tiberi» disse dopo un breve silenzio. «Pensa che lo fucileranno?»

«È possibile, per dare un esempio se non altro.»

Fino a quel momento la donna aveva parlato continuando a fissare davanti a sé, adesso invece si girò dalla sua parte.

«Perché ha deciso di proseguire questa indagine? In fondo se non avesse fatto niente sarebbe stato lo stesso. Con tutti i morti che ci sono stati quel giorno a San Lorenzo, sembra quasi un'ingiustizia, un privilegio...»

Poteva rispondere la verità? Che cioè s'era trovato in mezzo a quella storia e nel ricevimento a casa di Policano e perfino nel dialogo che ora si stava svolgendo tra di loro senza aver nulla premeditato, anzi avendo spesso desiderato che accadesse l'esatto contrario? Non poteva dare una risposta del genere, esistono circostanze che rimangono comunque inspiegabili.

«Anche se il cadavere era sparito,» disse a bassa voce «c'erano troppe coincidenze, troppi testimoni. In nessun caso avrei potuto lasciar lì la cosa come se niente fosse. Se non altro per sfida.»

«E anche per prudenza, diciamo» concluse Doris con un mezzo sorriso. «Comunque la ringrazio di non aver detto che la giustizia doveva fare il suo corso, che la gente ha fame di giustizia e cose del genere. Lo sa anche lei che non è così, vero?»

Chissà se era un caso che dicendo "fame di giustizia" Doris avesse ripetuto le stesse parole che Policano aveva usato poco prima. La donna si alzò di scatto con un brivido, passando in fretta le mani sulla seta della gonna.

«Questo maledetto posto è umido. Bisognerebbe suggerire agli americani di buttarci sopra qualche bomba, per asciugarlo un po'.»

Il volto di Doris tornava ad apparire davanti agli occhi di Flaminio. Non quello reale, curiosamente, bensì quello levigato, sospeso tra ombra e luce, fissato per sempre nella sua espressione volutamente fatale dal ritrattista fotografo delle dive. Tra le tante espressioni che aveva visto assumere a Doris nel corso della serata, il volto muto e fermo circondato dalla cornice d'argento era quello che Flaminio conservava con più intensità nella memoria.

Appena chiusa la porta della stanza, Lisa s'era tolta di colpo il poco che aveva indosso. Era bastato sganciare il fermaglio sulla spalla e quel po' di tulle dorato e di garza che era il suo costume di lavoro era caduto tutto insieme ai suoi piedi.

«Non devi fare niente. Sei stanco, sdraiati, faccio io.»

China sopra di lui, Lisa si muoveva lentamente variando con sapienza il ritmo perché la cosa durasse il più a lungo possibile. Anche Flaminio si trovava, come Luigi Tiberi, in una situazione irregolare perché a quell'ora la casa di via degli Avignonesi come tutte le altre era chiusa e la guardiana alla porta aveva dovuto chiedere a Maria Rosa il permesso di farlo entrare. Violando il regolamento di polizia, la maîtresse aveva acconsentito acquisendo altro credito nei suoi confronti. Vedeva il seno di Lisa ondeggiare sopra di lui con indolenza e con grazia seguendo il movimento delle membra, ma non riusciva a vederne gli occhi. Vedeva il corpo leggermente accaldato di lei fino al punto in cui si univa al proprio, il seno e l'estremità d'un nastro colorato che quel giorno la ragazza aveva tra i capelli, ma il volto di Lisa, i suoi occhi, rimanevano al di là del suo sguardo.

«Sarai stanca anche tu. Mi dispiace, volevo solo parlare con te» riuscì a dire Flaminio.

«Sono abituata, non ti preoccupare. Poi ieri è arrivata una negretta nuova, si chiama Musciarà, vogliono andare tutti con lei e noi finalmente ci riposiamo.»

Mentre parlava, Lisa non aveva accennato a interrompersi. Anzi, appoggiando le mani sulle sue spalle e flettendosi improvvisamente, impresse una spinta più profonda e rapida che lo fece gemere.

«Ti piace?» domandò con voce un po' ansimante.

Era seducente Lisa, in quella posizione sembrava che la sua vita diventasse più sottile e il busto ancora più fiorente. Ma a Flaminio bastava socchiudere gli occhi perché l'immagine della donna che si muoveva sopra di lui fosse sostituita dal volto della foto di Doris, il freddo sorriso lontano della sua bocca a cuore, i suoi occhi neri che il ritrattista aveva voluto fissi verso un punto indeterminato al di là dell'obiettivo.

La volta precedente Lisa gli aveva riferito il dialogo con Maria Rosa colto il giorno in cui una ragazza nuova era arrivata nella casa. Spettava a Lisa accompagnarla nella sua stanza.

«Io non posso» aveva detto lei svincolandosi.

«Non puoi che?»

«Non posso fare l'amore con uno che non conosco.»

La luce si posava dolcemente sui suoi capelli. Maria Rosa l'aveva guardata con aria materna.

«S'impara, disse. Cosa vuoi che ti dica? S'impara. Tutto s'impara. Le guerre sono sempre uguali. Gli uomini diventano ladri, ammazzano, e le donne...»

Giacquero ancora, come la volta precedente, l'uno accanto all'altra con le teste sullo stesso cuscino e la mano di Flaminio appoggiata con indolenza sul seno madido di lei. Lisa aveva acceso una sigaretta, fumava indirizzando il fumo verso la debole luce sul comodino coperta da un abat-jour rosso.

«Sai, quando sono arrivato ho avuto paura che tu non ci fossi.»

«Ah, sì?»

«Sì. Ho pensato che potevi essere uscita in permesso. Che sarei entrato qui e avrei trovato solo Maria Rosa.»

«E allora che avresti fatto?»

Lisa s'era alzata, fingeva di guardare fuori della finestra sbirciando tra le stecche della persiana.

«Non lo so.»

«Io sì. Ne avresti trovata un'altra.»

Tacquero, Lisa continuava a fumare e sembrava divertirsi a cacciare il fumo fuori della finestra.

«Non vuoi tornare a cena assieme alle altre?» chiese Flaminio.

La donna alzò le spalle e dette un'ultima boccata alla sigaretta.

«Non avevo nemmeno tanta fame stasera.»

«Ti annoi a stare qui con me?»

Non sapeva nemmeno lui perché aveva fatto quella domanda così stupida. Forse perché era lui ad annoiarsi. Si erano riprodotte come per incanto le circostanze alle quali aveva tanto pensato negli ultimi due giorni, eppure tutto sembrava assai diverso dalla volta precedente e le parole che li avevano avvicinati non erano più tornate. Lisa era stata abile e fredda, un amore lungo e sapiente, ma quella strana vibrazione che aveva reso così particolare il loro primo incontro questa volta non c'era stata. Lisa non aveva più avuto quel fremito senza finzione che le aveva quasi tolto il respiro e la più acuta consapevolezza di Flaminio era di essere sdraiato sullo stesso letto sul quale, nel corso della giornata, s'erano alternati decine di clienti come lui.

Il lontano sorriso di Doris, la serata a Fregene e ciò che aveva visto e ascoltato di lei, come per un presagio che gliene fosse rimasto, avevano cambiato tutta intera la sua percezione del momento che stava vivendo dal giorno in cui aveva scoperto il corpo martoriato di Franca Gandolfo.

Lo prese una strana impazienza di andarsene, di essere altrove. Cercò d'immaginare una frase di congedo che non risultasse offensiva. Volse il viso verso Lisa e la colse mentre cercava di soffocare dietro la mano uno sbadiglio.

5

Il cielo sopra Roma era bianco d'afa e nel parlatorio del carcere di Regina Coeli, dietro le spesse mura, faceva ancora più caldo che all'esterno. Il titolo a tutta pagina del giornale diceva: "Le truppe dell'Asse impegnate in aspra lotta sul fronte siciliano – L'aumentata pressione nemica rende necessario un nuovo schieramento". Le perifrasi giornalistiche non riuscivano più a nascondere ciò che peraltro tutti sapevano: in Sicilia il fronte continuava a cedere. Erano semmai i tedeschi a tentare di resistere, gli italiani si consegnavano sorridendo agli Alleati, felici di gettare via i fucili per poter alzare le mani più liberamente e più in alto possibile. Quanto ancora sarebbe durato?

Durante la notte, poco prima dell'alba, era avvenuto un curioso episodio. Sulle pendici di Monte Mario s'erano visti balenare dei fasci di luce errabondi che a qualcuno erano sembrati segnali in codice per i ricognitori alleati, anche se non si poteva escludere che fosse solo una burla. Flaminio, per caso, aveva assistito all'intera scena. Si trovava nella stanza grande, quella dove sua madre aveva vissuto gli ultimi giorni. Dopo la sua morte era stata completamente svuotata da ogni arredo e così da allora era rimasta, grande e vuota, con i profili dei mobili e dei quadri stampati sul parato. Dalla finestra di quella stanza le balze di Monte Mario e la cupoletta argentata dell'osservatorio sembravano addirittura a portata di mano. Quegli improvvisi bagliori intermittenti, qualunque cosa fossero, assumevano un significato sinistro. Aveva avvertito con pena lo strano contrasto tra il vuoto assoluto di quella stanza e il piccolo spazio gremito della soffitta sopra la sua testa dove volle salire, attratto forse proprio da quel pieno rispetto al lugubre vuoto della camera.

Seduto su quella che poteva essere stata la cassetta reggimentale appartenuta a suo padre, Flaminio aveva fatto appello a ogni sua energia per cercare di mettere ordine nei fatti degli ultimi giorni. Sentimenti, emozioni, le lezioni che ne aveva tratto, l'incontro con il vicecapo della polizia Policano che lo aveva convocato, più o meno, per sapere da lui se era prudente far fuori Mussolini. Dovevano essere diventati pazzi di paura se avevano bisogno di ricavare informazioni anche da un piccolo commissario di zona. E le due donne che lo avevano turbato, Lisa e Doris. Lisa con la sua sfrontata impudicizia. Doris che gli aveva concesso una simpatia misteriosa, inaspettata e senza ragioni. Per la prima volta dopo mesi, Flaminio aveva sentito l'impatto devastante di una donna che suscitava in lui un desiderio immediato, una sorta di nudità vestita. Ma anche un'attrazione diversa, nata dalla coincidenza di reazioni, di argomenti, di silenzi perfino, che non conosceva o non ricordava più. Da ragazzo aveva pensato spesso che ci fosse proprio questo alla radice di ogni amore e a poco a poco gli sembrò chiaro, se qualcosa poteva sembrare chiaro nel buio totale in cui si sentiva immerso, che la sua vita aveva qualche pericolosa somiglianza con la vicenda generale del Paese. Una situazione di equilibrio così instabile che ogni minimo movimento era in grado di spingere le cose verso le direzioni più inaspettate. Ormai incapace di tenere a bada il flusso dei ricordi, Flaminio si era abbandonato. Brutte immagini della sua infanzia gli annebbiavano la vista, le piccole violenze infantili che aveva subìto, tutte le preghiere che non erano state esaudite. Il suo breve matrimonio, la deludente visione della loro vita in comune: l'amicizia che non c'era più, l'amore che non facevano quasi più, i ristoranti dove vedevano chiacchierare persone felici, i fiori morti nel vaso, i frutti che marcivano sulla credenza, la polvere spessa sul tavolo da pranzo e loro che si fissavano muti senza più nemmeno fingere di voler avviare una conversazione.

Luigi Tiberi entrò e già non sembrava più lui. Non si radeva da giorni, gli avevano tolto cintura, cravatta e stringhe, doveva camminare sorreggendo i pantaloni per non farli cadere.

«Sedetevi» intimò Flaminio. L'uomo obbedì stancamente.

Il secondino s'era fermato in piedi accanto alla porta della stanzetta.

«Si tratta di un interrogatorio di polizia giudiziaria» disse Flaminio. «Quando sarà finito vi chiamerò. Potete andare.»

Gino Tiberi sedeva sul bordo della sedia. Adesso che non doveva più badare ai calzoni, aveva appoggiato gli avambracci sul legno scheggiato del tavolino incrociando le dita. Fissava la parete davanti a sé, senza curiosità, senza fretta.

«Stavolta t'hanno incastrato, Tiberi.»

«M'avete incastrato voi. Il giudice ha scritto quello che gli avete suggerito voi. Adesso vi danno la medaglia.»

«Piantala di fare lo stronzo. Quand'è che l'hai ammazzata? dove l'hai nascosta la pistola? Vediamo se ti fai aiutare.»

L'uomo sembrò affondare ancora più profondamente il mento nel petto.

«Non sono stato io, l'ho già detto.»

«Questo gioco l'abbiamo già fatto, Tiberi. Va bene, non sei stato tu. Ma la pistola dove l'hai messa? Il possesso di un'arma coi tempi che corrono ti può portare dritto al muro, lo capisci o no?»

«Io a Franca gli volevo bene.»

«Non saresti il primo che ammazza una donna per amore, l'hanno già fatto in pareccchi.»

«Franca i soldi che guadagnava li metteva da parte.»

«Nelle tue tasche?»

«In un libretto di risparmio.»

«Su quale banca, intestato a chi?»

«Non lo so.»

«Non puoi continuare così, te ne rendi conto?»

«È la verità, lo giuro.»

S'era alzato in piedi bruscamente e nel movimento i pantaloni erano scivolati a terra. Tiberi non indossava biancheria, si trovava in piedi al centro della stanzetta, col sesso che dondolava rosato tra le gambe come un grosso dito in mezzo al nero folto del pube.

«Copriti. Se entra un secondino chissà che penserà di noi.»

L'uomo si rese conto, sedette nuovamente.

«Non volevo che Franca pensasse che la cercavo per i soldi, non ho mai voluto sapere niente di quel libretto. So che c'era perché lei ogni tanto mi diceva d'averci aggiunto qualcosa. Credo che sia intestato a lei perché una volta mi disse che aveva paura di perderlo o che al casino qualcuno glielo rubasse, così pensava che era più sicuro se lo metteva a suo nome.»

«E il bambino?»

«Quale?»

«Quello che sta in campagna, a Tagliacozzo. È figlio tuo?»

Gino Tiberi scosse il capo in un cenno di diniego.

«S'è rovinata per quel bambino.»

«Stai facendo qualche progresso.»

«Voi li state facendo.»

«Ti sbagli, non conviene nemmeno a te una versione che non sta in piedi.»

«Non sono stato io, commissario.»

«Ascoltami bene: a questo punto sappiamo che Franca ti confidava i suoi risparmi, che ci facevi l'amore senza pagare, che salivi da lei in camera quando volevi, che hai fatto una scena terribile quando lei è andata via, sapevi del bambino. Ti rendi conto che dire non sono stato io serve a niente? Racconta il resto.»

Grosse gocce di sudore scendevano dal viso di Luigi Tiberi nell'afa immobile della piccola stanza surriscaldata, i rumori della città giungevano attutiti dallo spessore delle mura. Quel bambino, disse Luigi, era all'origine di tutto perché quando si trovava ancora a casa sua, in provincia di Verona, ed era poco più d'una ragazza e frequentava le magistrali, Franca era stata violentata da un gruppo di contadini ed era rimasta incinta. Poteva riferire i dettagli di quell'episodio perché Franca glieli aveva raccontati: erano in cinque e l'avevano costretta in una capanna di carbonai legandola a una branda per le braccia e le caviglie. Poi avevano stabilito ai dadi l'ordine in cui l'avrebbero posseduta. Franca era ancora vergine. Avevano abusato a turno di lei, alcuni per due volte. Poi l'avevano sciolta lasciandola mezza svenuta.

Era arrivata a Roma prima che si vedesse la pancia, cercando di guadagnare qualche soldo. Per un po' aveva pensato di farcela, era riuscita ad arrivare ai margini del bel mondo. Ma era durato poco: era finita in un brutto giro di puttane, il peggiore. Un bordello semiclandestino dalle parti della Cecchignola che lavorava soprattutto per i soldati. Questo accadeva all'inizio della guerra, nell'autunno del '40, quando tutti pensavano, compreso Mussolini, che la guerra sarebbe stata vinta in pochi mesi e i soldati erano pieni d'entusiasmo e quel bordello faceva affari d'oro. Per Franca voleva dire decine di marchette al giorno, peggio di una schiava, dalla mattina a notte fonda. Un giorno che aveva di libertà, aveva incontrato Maria Rosa che s'era innamorata di lei e siccome amministrava varie case l'aveva aiutata dopo il parto a trasferirsi in un postribolo del centro. Rispetto al casino da una lira della Cecchignola era il paradiso. Da lì, sola con le sue forze, lavorando come una giumenta, era arrivata fino a via degli Avignonesi che era il massimo per Roma, un posto di ingegneri e di gerarchi, dove qualche volta andava perfino il segretario del Fascio.

«Qual è la tua parte in questa storia?»

«Io l'ho conosciuta quando è stata al Policlinico a partorire.»

«E l'hai puntata.»

«Ci siamo innamorati.»

Aveva fatto quell'ammissione con uno strano pudore e con voce appena udibile, presagendo che non era facile crederlo, che i fatti accertati gli erano contro e le sue parole inutili.

«Voi non ci crederete» aggiunse.

«Lascialo dire a me, tu va' avanti a raccontare.»

«Volevo tirarla fuori dal giro dei casini, volevo sposarla e prendere anche il bambino.»

«E lei?»

«Lei ha detto che non voleva venire a vivere con me così da subito perché guadagnavo poco e aveva paura che, passati i primi tempi, ci saremmo stancati e avremmo cominciato a litigare e poi magari sarebbe arrivato un altro figlio e allora...»

«E allora?»

«Allora, prima di accettare, voleva mettere da parte più soldi possibile perché voleva che suo figlio venisse su bene, non come lei. O come me, questo non l'ha mai detto ma lo capivo lo stesso. Se pensava che suo figlio doveva fare il portantino preferiva restare in casino a vita. Agli Avignonesi guadagnava bene e quando faceva cose più difficili i clienti le davano delle belle mance che erano tutte per lei perché su quelle la casa non prendeva percentuale. Era una donna sola, lavorava e basta, e c'erano clienti che volevano solo lei perché non si tirava indietro di fronte a niente e questo per la casa era già un vantaggio.»

«Anche per te, o no?»

«Io pure ho lavorato come un cane. Dal ruolino degli straordinari si vede che sono quello che negli ultimi anni ha fatto più turni. Però quello che io prendevo in una notte di corsia, Franca lo guadagnava in dieci minuti e a me sembrava di fare ogni giorno la solita scala da un'eternità senza arrivare da nessuna parte perché continuavo a camminare a camminare, ma i gradini invece di farmi salire mi portavano sempre più giù.»

«Che hai fatto con i soldi che hai guadagnato?»

«Li ho messi anch'io su un libretto, al Banco di Roma.»

«Il libretto dove sta?»

«A casa, nascosto.»

«E Franca alla fine te l'ha data la risposta?»

Tiberi grondava letteralmente sudore e la camicia che aveva addosso ne era fradicia. Accennò a rispondere, ma prima che potesse farlo Flaminio lo fermò.

«Aspetta. Ti rendi conto da solo che questa storia, ammesso che sia vera, non ti aiuta nemmeno un po'. Le possibili premesse di un omicidio in quello che hai detto, ci sono lo stesso. Ti sei levato sì e no l'aggravante dei motivi abbietti.»

«Ho detto la verità.»

«Però ti sei fermato a un certo punto. Adesso racconta il finale.»

«Posso avere un bicchiere d'acqua?»

Il secondino portò una bottiglia piena d'acqua tiepida che sapeva di ferro e due bicchieri, uscì lasciando per pietà la porta socchiusa. Dallo spiraglio arrivava un refolo d'aria: sembrava che fuori non ci fosse più alcun rumore e il volto di Luigi era scavato dalla tensione.

«Il finale, Gino» ripeté Flaminio.

«Circa un mese fa sono andato a trovare Franca per parlare. Lei aveva il permesso di Maria Rosa di farmi salire in camera anche se non pagavo.»

«Questo lo sapevo già. Quel giorno però non l'hai trovata.»

«Era andata via, senza nemmeno riscuotere le ultime marchette, all'improvviso, come una pazza, portandosi solo i soldi delle mance che teneva nascosti in camera. L'ho cercata dappertutto e alla fine sono riuscito a scoprire che era andata ad abitare a San Lorenzo, nella casa che avete visto.»

L'uomo bevve nuovamente, si asciugò la bocca col dorso della mano. «Sono salito da lei. Non per ammazzarla come avete detto, solo per capire che cosa era successo.»

Flaminio aveva in mente un possibile commento a quella precisazione, ma se ne astenne. Dalla voce di Tiberi traspariva una tensione estrema.

«Mi fece entrare, m'abbracciò, sembrava contenta di vedermi, eppure, pensandoci dopo, dovevo sapere che c'era qualcosa che non andava. Per la prima volta da quando ci conoscevamo stava come in guardia. Non mi dette troppe spiegazioni sulla sua fuga. Disse solo che d'improvviso s'era sentita come prigioniera e che ogni mattina alzandosi vomitava al pensiero di dover passare un'altra giornata come quella del giorno prima e che l'idea di avere tutti quegli uomini addosso la faceva diventare pazza e che non lo poteva più sopportare e che era strano perché lei quella cosa lì l'aveva sempre fatta senza nemmeno pensarci, come un lavoro qualunque, invece adesso era cambiato tutto.»

«Le hai parlato di matrimonio?»

Luigi Tiberi non rispose subito. Batté le palpebre stropicciando lentamente le mani sudate come se tentasse d'asciugarle.

«Allora?» insisté Flaminio.

«Sì, ho detto: sposiamoci subito a questo punto. I soldi sono abbastanza e appena finisce la guerra trovo un altro lavoro pagato meglio.»

«E lei?»

«Ha risposto che ci voleva pensare ancora un po'.»

Tiberi alzò gli occhi verso Flaminio che era rimasto in piedi, appoggiato di schiena al muro della stanza dal quale traspirava una certa frescura. La sua espressione sembrava implorante.

«Sto dicendo la verità. Mi sono arrabbiato con lei e ho detto che avevamo aspettato abbastanza e mentre dicevo queste cose e Franca non rispondeva, ho preso a muovermi per la casa che come avete visto era piccola, avevo alzato la voce, volevo bere un po' d'acqua, ho aperto una porta ma era il gabinetto. Stavo per richiudere ma sulla mensola, sotto lo specchio, ho visto un pennello da barba e un rasoio.»

Anche Tiberi si alzò in piedi, agitato, rimase fermo al centro della stanza in una posizione grottesca, pallido, sudato fradicio, sorreggendo con una mano i pantaloni. Flaminio stava pensando che nel volgere di quella ricostruzione il delitto aveva cambiato già tre volte il possibile movente. Adesso sembrava diventato un omicidio per gelosia, quasi un fatto d'onore, ammesso che in quelle circostanze si potesse parlare di onore.

«Ho afferrato rasoio e pennello e sono tornato nella stanza dove avevamo parlato. Prima che aprissi bocca, lei m'ha detto: lo so che vuoi dire, non chiedere niente. Sì, è possibile che ci sia un altro. Ancora non lo posso dire, non so niente, voglio soltanto stare sola qualche giorno, posso avere qualche giorno per me? Ti scongiuro, posso? Ti prego, Gino, ti scongiuro. Alzava la voce parlando e le ultime parole le disse quasi urlando. Poi scivolò o si buttò a terra e cominciò a piangere...»

«E tu che hai fatto?»

«Ero disperato. Ho pensato che tutti quegli anni avevo lavorato come una bestia per niente, poi era arrivato un altro e me l'aveva portata via.»

«L'hai picchiata?»

«Nemmeno un capello, lo giuro. Ho gettato a terra il rasoio e il pennello e sono andato via. L'ho lasciata come ho detto, buttata per terra a piangere. Da allora non l'ho più vista.»

Che cosa curiosa, stava pensando Flaminio: se quell'uomo diceva la verità era possibile che l'ultima immagine di Franca Gandolfo, piangente a terra, coincidesse con quella che lui stesso aveva della ragazza: stesa a terra anche nel suo caso. Senza più lacrime, però.

«Hai scoperto chi poteva essere quest'altro amante?»

«Uno importante. Il nome non lo so, ma dev'essere uno importante.»

«Come fai a dirlo?»

«Il capofabbricato m'ha detto che una notte che era di ronda l'ha visto arrivare su un'auto nera con i fari dell'oscuramento e che al volante c'era uno in divisa, e che per tutto il tempo che quello è stato su, la macchina ha aspettato vicino al portone e poi quando quello è sceso ha messo in moto e se l'è riportato via.»

«Sei sicuro che l'abbia detto il capofabbricato? Quello che si chiama Luciano Salustri?»

«Come si chiama non lo so. Ma di capofabbricato

c'era solo lui, è uno anziano che fa la spia per voi e lo conoscete di sicuro.»

«È strano quello che dici, Gino. Perché col Salustri ho parlato anch'io e qualcosa di te m'ha detto, ma di questa personalità non ha fatto parola.»

«Potrebbe essere uno del partito, uno in alto.»

«Era lui a pagare la casa di Franca, secondo te?»

«È possibile, Franca però aveva parecchi soldi da parte.»

Nessuno dei due aggiunse altro. Rimasero per una avvertibile frazione di tempo in silenzio. Il pensiero di Flaminio era che Tiberi aveva ogni interesse ad aggiungere la novità di un secondo uomo misterioso e potente perché era difficilmente verificabile e spostava molto in alto il bersaglio. Aveva poco da perdere, ormai, e probabilmente pensava di puntare tutto quel poco sull'insufficienza di prove.

«Non ti dimenticare che hai qualche precedente specifico. Sei stato diffidato come sfruttatore.»

«È stata la vendetta di un figlio di puttana.»

Flaminio tagliò corto con la mano.

«Adesso non c'è tempo per la tua biografia, Tiberi. Comunque, se questo è tutto, la condanna ce l'hai e te la tieni.»

«Lo so da me. Ma ho detto la verità.»

Per il momento non c'era nient'altro da aggiungere.

«Guardia!» gridò Flaminio. «Riportate in cella il detenuto.»

Lungo la fossa di via della Lungara non si muoveva un filo d'aria e perfino i cubetti della pavimentazione riverberavano a ondate il calore. Attraversò il fiume sul ponte Mazzini. Un equipaggio risaliva veloce la corrente, un agile scafo, sottile come un ago, con quattro uomini alla voga. Ogni volta che si chinavano in perfetto sincrono sui remi inarcando i dorsi muscolosi, l'imbarcazione aveva un lungo guizzo prima che la corrente la rallentasse. Nel momento in cui i vogatori sparirono sotto l'arcata del ponte Flaminio si sentì chiamare.

«Salve, Prati. Sono Edo Livori del quotidiano "La Fiamma", ricordate?»

Ricordava solo vagamente. "La Fiamma" era un bel giornale, per anni l'aveva letto tutti i giorni: rappresentava il volto battagliero e puro del fascismo, un foglio che s'era battuto per primo per l'intervento in Spagna e in Africa, che aveva appoggiato il Patto d'acciaio con la Germania di Hitler e che l'11 giugno del 1940, il giorno dopo l'entrata in guerra, aveva titolato in prima a caratteri di scatola: "Ora, finalmente, a noi!". Si diceva che Mussolini fosse solo in parte contento di tanto zelo. In un paio d'occasioni aveva rabbuffato benevolmente in pubblico il direttore del quotidiano. Non c'è dubbio che "La Fiamma" abbia grande simpatia per me, aveva detto. Preferirei che ne avesse un po' di meno. Tutti avevano riso, ma tutti avevano capito che quell'eccesso di zelo in fondo non gli dispiaceva.

«Ho saputo della vostra magnifica inchiesta sull'omicidio di San Lorenzo. Avete individuato il colpevole in poche ore» disse Livori.

«C'erano elementi sufficienti per poterlo fare.»

Flaminio Prati diffidava dei cronisti per istinto e per convincimento. Sapeva per esperienza personale che ognuno di loro, pur di aggiungere una parola all'articolo, era disposto a scrivere non importa che cosa.

«Ero sul filobus quando vi ho visto sbucare da via della Lungara. Ho immaginato che eravate andato a Regina Coeli a parlare con l'imputato, il Tùberi.»

«Tiberi» corresse Flaminio, pentendosi subito dopo per l'involontaria confidenza accordata.

«Abbiamo intenzione di lanciare la notizia domani con rilievo, anche per non stare sempre a piangere sui bombardamenti. Avremo la storia in esclusiva. C'è grande bisogno di qualche notizia positiva e un delitto risolto in pochi giorni è la medicina giusta.»

«Indubbiamente, anche se del delitto finora nessuno sa niente.»

«Daremo la notizia assieme alla soluzione del giallo, la cosa migliore.»

Al termine del ponte, Flaminio accennò ad attraversare il Lungotevere in direzione di via Giulia.

«Ho saputo che questo Tiberi era un diffidato socialista con mesi di confino sulle spalle e una condanna per sfruttamento di prostitute, era scritto che dovesse chiudere con un assassinio. Hanno affidato l'istruzione del caso al giudice Schinea, camerata della prima ora. Mi ha detto che in base alle prove raccolte questo Tiberi è come se fosse già davanti al plotone d'esecuzione.»

Edo Livori continuava a parlare e sembrava non dovesse più staccarsi da lui. Ciò che Flaminio non poteva dirgli era che al contrario del giudice Schinea lui non era più così sicuro che Gino Tiberi fosse davvero l'assassino di Franca Gandolfo. L'interrogatorio dell'imputato lo aveva scosso, anche perché credeva di poterlo in qualche modo collegare alle parole dette, la sera precedente, da Doris Romani.

Flaminio s'arrestò sul marciapiede sul lato opposto del Lungotevere. Di tanto in tanto passava, con un veloce fruscìo di pneumatici, un'automobile, la luce meridiana aveva toccato una luminosità quasi insostenibile e per sua sfortuna aveva dimenticato ancora una volta gli occhiali da sole. I pezzi di cielo che s'intravedevano sopra la cima dei platani parevano scintillare argentei come una superficie d'acqua vista da sotto in su. Era la seconda volta in pochi giorni che Flaminio Prati aveva la sensazione di camminare sul fondo d'uno specchio d'acqua. La prima era stata la mattina del bombardamento quando aveva visto le sagome lucenti delle Fortezze Volanti scivolare altissime, chiuse nella geometria della formazione di volo, al di sopra di tutto, in un silenzio totale prima che il rombo delle esplosioni lo squarciasse.

Sfilò sul Lungotevere una breve colonna di camion gremiti di bambini. Indossavano tutti un'identica maglietta bianca con una grande "M" al centro del petto e cantavano gridando con le vocine esili, stonate per lo sforzo di superare il rombo affannato dei motori.

«È il primo scaglione di bambini per le colonie permanenti dei sinistrati» disse Livori indicandoli.

I bambini scambiarono quel gesto per un saluto e interruppero il canto per rispondere con un concitato urlìo da voliera che le maestre, sballottate dal movimento, cercarono invano di reprimere.

Flaminio ricordava vagamente di aver incontrato Edo Livori in due o tre occasioni precedenti. Davanti al Palazzo di Giustizia, forse. O nell'anticamera del governatore di Roma. Per una ragione che non gli veniva alla mente, credeva di poter collegare quell'uomo a una concezione estremistica del fascismo forse perché una volta l'aveva sentito criticare ad alta voce l'ostilità del conte Ciano nei confronti degli alleati germanici. Adesso comunque non aveva in pratica nulla da dirgli ed era molto tentato di congedarsi bruscamente, annoiato dalla sua parlantina e dal caldo. Stava per farlo quando gli venne in mente che una cosa da chiedere forse poteva esserci. All'inizio del loro colloquio, il giornalista aveva detto che "La Fiamma", all'indomani, avrebbe riportato in esclusiva la notizia dell'assassinio di Franca e dell'arresto di Tiberi. Una notizia data in esclusiva presuppone una fonte privilegiata.

«Quando avete saputo dell'arresto di Tiberi?» domandò con indifferenza.

«Stamattina presto, ci siamo mossi immediatamente per le verifiche.»

«Come mai? Non avete ritenuto attendibile la vostra fonte?»

«Chi, sua eccellenza Policano? Figuriamoci. Però i controlli bisogna farli comunque.»

La sera precedente, Arminio Policano aveva detto che avrebbe comunicato i risultati dell'inchiesta nel corso di una conferenza stampa, cioè a tutti i giornali. Per quale ragione, se Livori non aveva mentito, aveva cambiato idea? Perché Policano intendeva favorire quel quotidiano in particolare? "La Fiamma" era un giornale che proprio per il suo zelo s'era trovato più d'una volta al centro di polemiche. Usato un giorno per lanciare dei ballons d'essai, smentito il giorno successivo...

«Faremo un bel botto, Prati.»

«Pensate davvero che la morte di una povera puttana e l'arresto del suo presunto assassino possano creare un tale scalpore in un momento come questo? Con tanti bambini costretti a lasciare le loro case? e tante case che non ci sono più?»

«Che fate, Prati, il disfattista? In questa storia ci sono tutti gli elementi che contano: il sangue, il sesso, il mistero iniziale e lo scioglimento con una giusta connotazione politica. Nemmeno a farlo apposta, guardate.»

«Se non ci fossero di mezzo altre cose, forse.»

Livori lo fissava con aperta curiosità, un mezzo sorriso incerto.

«Pensate al bombardamento? A un popolo in guerra interessa solo comprendere il motivo dell'attacco. Pressioni di sette protestanti? Un'opinione pubblica ottusa e feroce? Assalto portato, una volta di più, alla resistenza morale degli italiani? Sapremo rispondere, statene certo.»

Flaminio sentiva d'aver sbagliato ancora una volta. Aveva indotto risposte che sapevano di propaganda e invece avrebbe dovuto restare sul delitto, rifiutarsi a qualunque giudizio, concentrarsi sugli elementi che il mestiere gli forniva, quasi che il mestiere in un momento come quello fosse il solo elemento di certezza di cui poteva disporre.

Livori appariva soddisfatto della propria risposta, sull'onda di quella soddisfazione tirò fuori una copia del suo giornale e la ripiegò opportunamente indicando a Flaminio l'attacco di un articolo.

«Avete letto il discorso di Mussolini al direttorio del partito?»

«Non ancora.»

«Sono parole che non danno scelta, leggetele. Vi saluto. Complimenti.»

S'allontanò rapido come era arrivato. Camminava con un passo leggermente saltellante, i capelli piuttosto lunghi sulla nuca ne scandivano, con i loro sobbalzi, il ritmo. Flaminio abbassò riluttante lo sguardo sul giornale che quello gli aveva lasciato in mano. Il Duce parlando ai dirigenti del Pnf aveva detto: "Questa guerra è una guerra che non ammette che una strada: continuare fino alla vittoria. O si vince, come io credo fermissimamente, insieme coi camerati dell'Asse e del Tripartito, o altrimenti l'Italia avrà la pace del disonore...".

Chissà se aveva ancora ragione come una volta, o se erano diventate le parole di un pazzo divorato dall'ulcera, che andava avanti rimasticando a memoria pezzi di discorsi già fatti, parole che le circostanze rendevano grottesche, dette in circostanze tutte diverse, quando la fortuna sembrava essere dalla sua parte. Fino all'ottobre dell'anno prima, la guerra poteva ancora apparire un'avventura destinata a finir bene. In quell'estate di euforia a molti sembrò superato l'avvilimento per l'incerta campagna d'Albania, lo sbigottimento per la perdita dell'Etiopia, che era stato grande. Ma adesso francamente, con gli americani in Sicilia e la capitale senza difesa, com'era possibile continuare a credere?

Mentre saliva sul tram azzurro che lo avrebbe portato a Cinecittà, Flaminio provava quasi un sentimento d'invidia per quelli come Edo Livori, capaci di continuare a credere fino in fondo e fino all'ultimo momento. Lui, anche se non lo avrebbe mai confessato, non se ne sentiva più capace e gli pareva che tanti come lui non osassero più farsi troppe domande sul futuro o sperare in qualche cosa. Era difficile, davanti ad avvenimenti di quella gravità, immaginare una più inerte apatia della nazione.

Ciò che più lo aveva turbato, più ancora del racconto di Gino Tiberi, erano state un paio di allusioni velate che aveva creduto di cogliere in ciò che sia Arminio Policano che la sua amante avevano detto la sera precedente. Quando aveva parlato, la donna era forse sotto l'effetto della cocaina, nonostante questo le sue frasi avevano avuto un suono curiosamente autentico, come se provenissero da una strana profondità.

Adesso Doris sedeva in mezzo a un divano bianco vestita con un grande abito da sera, bianco anch'esso e lungo fino alle caviglie. Aveva sul volto un'espressione che denotava sorpresa ma anche una certa contrarietà, secondo le istruzioni che il regista gridava a voce altissima senza che ce ne fosse bisogno, dato che si trovavano tutti nel cerchio di pochi metri. In piedi, al centro di quello spazio, c'era Romeo Gloria, in uniforme da capitano di aviazione. Un uomo alto, molto bello, estremamente snello, quasi troppo magro, con un incarnato intenso che il trucco rendeva ancora più scuro. L'unica cosa brutta era l'espressione dei suoi occhi: uno sguardo ipocrita e vile che contrastava con tutto il resto: l'uniforme, la luminosità della scena, la radiosa bellezza di Doris.

«Azione!» tuonò il regista dentro un megafono di latta.

Doris accentuò l'espressione meravigliata e di leggera contrarietà mentre il bel capitano avanzava di un passo verso di lei.

«Mi avevi detto che partivi per un'azione di guerra» disse Doris con un piccolo moto di stizza, fermandolo.

«È la verità, Elisa.»

«Come mai allora sei qui? Ancora sospetti? Ancora gelosia?»

Romeo Gloria non rispose. Mentre Doris accennava quasi a volgergli le spalle, avanzò ancora di un passo verso il divano bianco. In mano adesso aveva un casco di cuoio da pilota.

«Vedi questo?»

Doris girò la testa di quel poco che bastava e fece una piccola smorfia di sufficienza come se le importasse poco di quel dono.

«È il casco del pilota americano che ho abbattuto. L'ho preso per te.»

Questa volta Doris si girò completamente verso il suo interlocutore. Afferrò dalle mani di lui il casco, lo accarezzò lievemente scrutandolo, quasi non credesse ai suoi occhi.

«Tutto...» disse con una voce che simulava una profonda emozione. «Tutto è stato davvero così rapido?»

«L'ho fatto pensando a te.»

Lasciando cadere il casco sul divano, Doris balzò in piedi: adesso aveva un'intensa espressione sul volto che, avvicinandosi a lui, andava sollevando all'altezza della sua bocca...

Nel silenzio totale dello studio si udiva solo il ronzio della cinepresa e il respiro, leggermente asmatico, dell'anziano regista. D'improvviso Doris mutò atteggiamento ed espressione. Qualcuno era entrato nello studio, qualcuno che non avrebbe dovuto essere lì in quel momento e lei se n'era resa conto nonostante fosse concentrata nella scena che stava interpretando. Interruppe il movimento previsto dal copione e con un'espressione completamente mutata si volse alla macchina da presa agitando una mano verso l'operatore.

«Alt!» gridò il regista a sua volta molto sorpreso. «Fermate tutto! Che altro succede, Doris?»

La donna non rispose, fissava l'uomo che era appena entrato nello studio rivestito da un'uniforme da chauffeur, e subito dopo si mosse verso di lui.

«Silvio, è successo qualcosa?»

L'uomo entrò nel campo di ripresa per bisbigliare all'orecchio di lei. Nessuno capì l'esatta successione dei movimenti. Doris impallidì visibilmente, s'allontanò dalla scena seguita dalla truccatrice e dalla sarta che s'erano mosse d'istinto, senza rendersi conto di che cosa avesse provocato quell'improvviso turbamento.

Sulla porta del camerino, Doris le congedò entrambe.

«Grazie, care, grazie.»

Aveva gettato sulle spalle una giacca leggera di lino per coprire almeno in parte il costume di scena. Era ancora più pallida sotto il trucco e le sue pupille sembravano diventate più grandi e più scure. S'avvicinò al regista.

«Alberto, dev'essere successo qualcosa di grave a casa. Devo correre.»

«Posso?...»

«No, non puoi. Grazie. Scusami, Alberto, scusami tu con tutti.»

Gli mandò un bacio distratto sulla punta delle dita. Silvio era già pronto alla porta dello studio. Volgendosi per uscire, Doris si avvide della presenza di Flaminio Prati.

«Lei è qui? Stavo pensando di telefonarle, mi accompagni, la prego. È terribile, è successo qualcosa ad Arminio.»

6

Era successo più di qualcosa. Arminio Policano sedeva, in pigiama, con la testa rovesciata in avanti sulla poltrona di vimini nello studiolo coloniale della sua villa. Sul retro del capo, spostato di qualche centimetro rispetto al centro della nuca, era visibile il foro d'una pallottola. A terra, a perpendicolo sotto la mano destra, inerte e già rigida, stava una grossa pistola da guerra. Il sangue era stato per la maggior parte assorbito dal colletto e dalla parte superiore del pigiama. Quello eccedente aveva formato ai piedi del cadavere una macchia di modeste dimensioni e di colore nerastro che intrideva la stuoia di cocco.

Durante tutto il tragitto fino a Fregene Doris non aveva detto una parola. Quando erano arrivati alla villa, un uomo in borghese aveva tentato d'impedirle di entrare nella stanza. Lei lo aveva scansato con un gesto così deciso che quello non aveva avuto il coraggio d'insistere. In un angolo del corridoio, accoccolato sui talloni, seminascosto da un mobile portatelefono, c'era il maggiordomo somalo. Indossava la giacca di rigatino delle faccende domestiche e teneva lo sguardo fisso davanti a sé salmodiando in modo quasi impercettibile una piccola nenia ostinata, un rigido sorriso idiota sul volto, le dita delle mani che parevano diventate lunghissime.

Doris era rimasta immobile sulla porta dello studio, i pugni davanti alla bocca, scuotendo leggermente il capo. La giacca di lino era scivolata a terra senza che se ne accorgesse. Il suo atteggiamento era molto intenso: nonostante il costume di scena non c'era in esso niente di consapevole o di teatrale. I due uomini che si trovavano nella stanza, intenti a frugare sugli scaffali e tra le carte della scrivania, avevano rallentato il loro lavoro ma senza interromperlo del tutto, né Doris pensò di protestare. Dopo la lunga corsa silenziosa da Cinecittà, sembrava incapace di pensieri.

Già sul cancello c'erano gli uomini dei servizi di sicurezza, quasi certamente il reparto speciale dell'Ovra. Si muovevano con una certa cautela, dando l'impressione di non voler dare troppo nell'occhio e di voler coordinare i rispettivi movimenti. Flaminio accompagnò Doris fino al limite della stanza e rimase immobile alle sue spalle. Riusciva a scorgere il volto reclino del cadavere, giallastro, irrigidito in un'espressione di terribile stupore. Le dita semiflesse della mano destra sembravano puntare la grossa arma sul pavimento. Qualcuno gli chiese con un cenno di seguirlo.

«Il commissario Prati?»

Annuì. «E voi chi siete?»

«Curti, dei servizi speciali. A che titolo vi trovate qui?»

A che titolo si trovava lì? Ecco un'altra domanda alla quale non era semplice rispondere.

«Sono un amico della signora Romani.»

«Tenetevi fuori da questa storia. Non sapete niente, non avete visto niente. Dato che siete un amico, consolate la vedova.»

Forse nelle ultime parole di quel Curti era addirittura affiorato un mezzo tono sarcastico. Chiunque fosse, si comportava come se l'avessero inviato direttamente da Palazzo Venezia.

«Chi l'ha ucciso?» chiese Flaminio.

«Si è ucciso da solo, non lo vedete?»

«Col foro d'entrata quasi all'altezza della nuca?»

«Vedete forse un'altra possibilità?» domandò di rimando Curti.

Doris era stata accompagnata in camera da letto. Era possibile che lei e Policano non dormissero abitualmente insieme. Era una bella stanza, non grandissima, arredata con dei mobili chiari, che dava verso il lato interno del giardino e prendeva luce da una portafinestra grande quando l'intera parete. Il letto però non sarebbe certo stato sufficiente per due persone e gli oggetti sparsi tutt'intorno parevano appartenere solo a Doris.

«Entri pure, Prati» disse vedendolo sostare incerto sulla soglia.

«Mi dispiace sinceramente, Doris.»

La donna accennò un blando gesto di ringraziamento, tirò fuori una sigaretta e attese che Flaminio gliela accendesse. Fumava semireclina sul letto col bel costume di scena che s'allargava sotto di lei come l'abito di una bambola. Non c'era però nulla d'infantile o di fatuo nella sua espressione. Aveva gli occhi semichiusi, forse per difenderli dal fumo, sembrava fissare la parete di fronte.

«Sa perché l'hanno ucciso?» domandò improvvisamente.

«Quel Curti veramente parla di suicidio.»

«Balle. L'hanno ammazzato. La notte scorsa non ho dormito qui. Questa mattina dovevamo cominciare presto a girare e ieri sera sono rimasta a dormire da una mia amica che ha una villa a Porta Latina. Questa mattina Arminio mi ha chiamato alle sette e mezzo, prima che uscissi. Al telefono era molto tranquillo e stava completando il programma della giornata.»

Dette due o tre boccate rapide e velenose alla sigaretta, poi immerse il mozzicone nella terra di un piccolo vaso di camelie.

«Quei due beccamorti di là nello studio stanno cercando i diari. Nei suoi diari c'è scritto tutto, era l'unica cosa che lo preoccupava adesso che i nodi stanno venendo al pettine. Quando ho visto entrare Silvio, l'autista, ho capito immediatamente che era successo qualcosa. E che era successo a causa dei diari.»

Ancora una volta tirò fuori il pacchetto delle Turmac e fece cenno a Flaminio di accenderle la sigaretta. Sedette accanto a lei sul bordo del letto e mentre accostava la fiamma riparandola con le mani ebbe modo di sussurrare:

«L'altra sera Arminio mi ha accennato a quel progetto. Mi ha chiesto di farne parte».

Doris gli strinse il braccio, anche la sua voce era un sussurro.

«L'hanno ammazzato per quello.»

Si disfece della sigaretta appena accesa seppellendola come la precedente sotto le camelie.

«Usciamo in giardino, mi sembra d'impazzire.»

Solo mentre passava davanti al grande specchio dell'armadio si rese conto di avere ancora indosso quel sontuoso costume bianco diventato grottesco. Senza dire una parola aprì il gancetto che lo chiudeva all'altezza delle scapole e lo fece scivolare a terra. Sotto era praticamente nuda, le membra elastiche – il contorno lievemente smangiato dal controluce – sembravano perfette e la sua pelle chiara, nell'attimo in cui fu visibile prima che lo sportello dell'armadio la nascondesse, somigliava a qualcosa immaginato in un sogno. Doris afferrò uno chemisier chiuso sul davanti da una fila di grandi bottoni a forma di margherite e lo indossò in fretta.

Fuori, il caldo era aumentato e le cicale facevano un chiasso assordante. Doris indicò una specie di piccolo gazebo con due panchine in pietra al riparo di una siepe di pitosforo.

«Mussolini è diventato col tempo talmente ingombrante, un enorme corpaccio nel cuore della nazione, come la regina delle termiti, cinquemila volte più grande delle sue suddite.»

«Questo pensava Policano?»

«Pensava che il fascismo è finito e che ciò che ne resta si regge solo su un coacervo d'interessi e di compromessi, un intricato alveare di vantaggi, favori, privilegi, interessi legittimi e illegittimi.»

Doris parlava a voce bassissima, con calore, senza guardarlo, sfiorandogli forse senza volere le mani. Le sue parole arrivavano a Flaminio solo per metà. L'immagine fuggevole di lei continuava a essere più forte di qualunque parola, una sensazione che sentiva premere contro la gola.

«Non faccia l'errore di mettere questo omicidio in relazione con l'altro, quello della ragazza di San Lorenzo, anche se un punto di contatto esiste. Come avrà già capito, Arminio faceva parte di un gruppo lealista per abbattere Mussolini e restituire al Re il comando delle Forze Armate. Sono un po' tutti d'accordo e forse piacerebbe anche a Mussolini che ormai è il primo a non credere più nella guerra ed è un rottame divorato dall'ulcera. I problemi sono due. Il primo è il Re, che sa tutto ma non si decide mai. Il secondo è il capo della Milizia, Attilio Zanna. Starebbe radunando più di mille gerarchi pronti alla morte per schierarli a Palazzo Venezia. Potrebbe diventare un bagno di sangue. Arminio stava lavorando per evitarlo.»

Flaminio ascoltava quelle parole incerto se giudicarle la confessione di una pazza. Uno degli uomini in borghese attraversò il retro del giardino diretto verso il cancello. Sotto il braccio aveva un fascio di carte racchiuse in una serie di cartelline gialle.

«Crede che abbiano trovato ciò che cercavano?» chiese indicandolo.

«Non troveranno niente. Il diario non è lì.»

Non era il caso di chiedere altro sull'argomento.

«Lei che farà adesso?»

«Non lo so. Credo che mi farò portare dall'autista a casa della mia amica. Qui non posso più restare.»

Il piccolo momento di isterismo affiorato poco prima nei suoi movimenti sembrava completamente passato. La donna parlava ora con una determinazione fredda, contraddetta solo dallo scintillio dello sguardo.

«Perché ha detto che esiste un punto di contatto tra la morte di Arminio e quella di Franca Gandolfo?»

Anche se voleva rispondere, Doris non ne ebbe la possibilità. Curti, l'uomo che apparentemente comandava l'operazione, s'avvicinò e sedette senza essere invitato accanto a loro.

«Il medico legale» disse entrando brutalmente in argomento «ha convalidato l'ipotesi del suicidio. Ma poiché molto in alto si vuole che sua eccellenza abbia funerali di Stato degni del rango, la versione ufficiale sarà di infarto del miocardio dovuto al superlavoro di questi ultimi tempi.»

Doris stava fumando e Curti si ritenne autorizzato a fare altrettanto. Accese con calma una sigaretta riparando la fiamma e il viso dietro le mani a coppa con un gesto un po' cinematografico, da gangster.

«Signora Romani, è nell'interesse di tutti che nulla trapeli di quanto è accaduto anche perché eventuali dicerie potrebbero coinvolgere altre persone oltre sua eccellenza e voi vi rendete conto che l'estendersi di simili chiacchiere non gioverebbe a nessuno...»

Flaminio aveva intuito l'intento ricattatorio fin dalle prime parole.

Del resto era credibile che quelli disponessero di informazioni che potevano danneggiare la reputazione di Doris.

«Quanto a voi, dottor Prati, considerate la faccenda come un segreto professionale.»

Gli uomini di Curti stavano finendo di caricare le carte e altri oggetti che avevano prelevato su un furgoncino nero. Si udirono sbattere degli sportelli, una voce che indirizzava un'auto nella manovra di retromarcia.

«Sarebbe bene che per un po' non restaste nella villa, signora. Abbiamo affidato la custodia a Mohammad. Un nostro uomo resterà di guardia assieme a lui.»

«Andrò via tra poco.»

«Sapete già dove?»

«Non so, devo decidere.»

«Sarebbe bene che comunicaste la nuova residenza.»

«Ve la farò sapere.»

Era una reticenza ingenua da parte di Doris, avrebbero scoperto l'indirizzo comunque e sicuramente sarebbe stata seguita e controllata. Non prima di sera, si augurò Flaminio. Sia lui che Doris erano consapevoli che le frasi che erano state scambiate, le piccole astuzie, non erano certo un atto di coraggio eccezionale. Si erano limitati a un sussurro disperato, forse una promessa per il futuro.

«Per quanto riguarda la vostra indagine, questo incidente è stato del tutto inutile» disse Curti congedandosi, con un'improvvisa cortesia che Flaminio non s'aspettava. «Spero che non ve la prendiate. Non è facile per noi e nemmeno tanto piacevole. Non vi fate distrarre troppo. Continuate il vostro lavoro così meritorio.»

A quanto pareva tutti sapevano meglio di lui che cosa sarebbe stato bene fare e in quale direzione muoversi. Invece, quando fece ritorno al commissariato, gli parve ancora più evidente il vicolo cieco nel quale si trovavano le indagini. Da una parte le accuse vaghe e non provate di Gino Tiberi, dall'altra le oscure allusioni di Doris a un possibile punto di contatto tra quelle due morti così distanti. Sia l'uno che l'altra avevano un interesse preciso a sostenere le rispettive versioni e questo ovviamente complicava ancora di più la situazione. Una sola verifica poteva tentare di fare, subito.

Nel sole ancora accecante di metà pomeriggio, i lavori, a San Lorenzo, proseguivano col ritmo di sempre anche se ormai non c'era più nessuno da tirar fuori vivo da sotto le macerie. A furia di badili e picconi si era riusciti a scavare dei sentieri tra le montagne di calcinacci che più o meno ricalcavano il tracciato delle strade cancellate dalle bombe. Al di sotto delle macerie, negli anfratti e nelle cavità che le case avevano casualmente creato rovinando su se stesse, il popolo degli scampati stava edificando una città fantasma fatta di ricoveri di fortuna, teli da tenda, coperte e pezzi di lamiera a fare da tetto o da paratia verso l'esterno, bidoni di benzina come depositi di acqua e fornelli, rottami di mobili come arredi o giacigli. Altri ricoveri erano stati ricavati dagli autobus sventrati dalle bombe, dai carri merci e dai vagoni dello scalo merci che le esplosioni avevano in tutto o in parte risparmiato. All'ombra di quei teli, al riparo di quegli improvvisati abituri, un popolo famelico lasciava bruciare nei bidoni vuoti della benzina e della conserva di pomodoro le panchine dei parchi pubblici fatte a pezzi, gli alberi segati dai piazzali e dai viali, anche lo sterco di cavallo essiccato, nel tentativo di cuocere tutto ciò che chiunque riusciva a trovare o a rubare.

Flaminio percorse quei viottoli tracciati tra le macerie come il fondo di un canyon. Strade di polvere in cui tutti, uomini e donne, parevano sprofondati nell'incredibile rassegnazione di un ordine improvvisato. Sentiva sotto le scarpe le diseguaglianze del terreno e addosso il peso degli sguardi che lo raggiungevano dalle oscure cavità illuminate dai bagliori irregolari dei fornelli. Nell'aria era ancora avvertibile l'odore pungente dell'esplosivo. Anche chi riconosceva in Flaminio un poliziotto, sapeva di non avere niente da temere. Dal momento che si era potuto prendere impunemente a sassate il Re, tutti erano consapevoli che ogni idea o parvenza di legge era al momento sospesa. In Sicilia i soldati italiani continuavano bene o male a combattere, ma il Paese, nel nome del quale alcuni di loro morivano, nei fatti non esisteva più.

I suoi passi lo avevano portato in modo semiconsapevole in via dei Reti, come se avesse voluto verificare di non essersi sbagliato, come per controllare, dopo lo sbalordimento delle prime ore, se l'edificio e la stanza dove Franca aveva vissuto i suoi ultimi mesi non fossero per caso ritornati al posto dove si trovavano quando l'aveva visitata la mattina di lunedì.

Non c'era più nessuna casa, ovviamente. Ma dove sorgeva il piano terreno di quell'edificio, più o meno in corrispondenza del posto in cui aveva incontrato il capofabbricato, era sorto da un giorno all'altro un accampamento di sinistrati. Le grandi tende militari erano state piantate direttamente sulle macerie spianate alla meglio. Tra l'una e l'altra erano state tirate delle funi sulle quali erano stesi ad asciugare tutti i possibili capi di biancheria e grandi teli di seta giallastra nei quali si riconoscevano calotte di paracadute fatte a pezzi. Tra quelle tende, sotto quelle funi stracariche, si muoveva una folla di donne discinte, grossi seni ondeggianti sotto i leggeri abiti estivi e le sottovesti, uomini dall'aria famelica in canottiera. Poiché nel muoversi tutti dovevano continuamente aggirare o sollevare i panni stesi, quell'andirivieni diventava per metà visibile e per metà no, a seconda dei movimenti degli uni e degli altri, in un specie di balletto ininterrotto e sinistro.

«Avete visto Salustri da queste parti?»

«Salustri chi?»

«Luciano, il capofabbricato.»

Flaminio seguitava a chiedere a chi capitava, ma nessuno sembrava in grado di rispondere. A mano a mano che si addentrava nella tendopoli il fetore dolciastro degli escrementi che fermentavano al sole diventava più forte.

«Salustri chi?»

«Il capofabbricato di via dei Reti, 35. Il palazzo che stava proprio qui dove state voi adesso.»

«Veniamo da Frascati, hanno bombardato pure ieri» rispondevano. Oppure: «Noi siamo sfollati del Prenestino, abbiamo la casa mitragliata e aspettiamo il sussidio».

«Salustri chi? quello secco che ha sempre freddo?»

Un vecchio aveva finalmente risposto alla sua domanda. Era seduto su di un blocco di calcinaccio e tirava fuori con le mani qualche cosa che sembrava pasta da una specie di cartoccio fatto con carta di giornale.

«Il capofabbricato di via dei Reti.»

«Stavamo assieme al fascio, Salustri e io.»

«Sapete dove si trova adesso?»

«Quando l'ho incontrato m'ha detto che aveva trovato da dormire in un vagone allo scalo assieme ai pensionati delle ferrovie.»

Il vecchio sembrava disposto alla collaborazione o al sarcasmo. Tirò fuori dal cartoccio un'altra manciata di quella sua pasta, la sollevò per aria e, prima di portarla alla bocca, chiese con aria stranamente allegra: «Volete favorire, commissario?».

Era stato il gesto di un pazzo? O un modo come un altro per allontanare la disperazione? Quel cartoccio di pasta era forse tutto ciò di cui al momento quel vecchio disponesse. Roma, e con Roma l'Italia intera, sembrava un luogo al quale fosse stato tolto non solo il piacere di vivere, ma ogni credito, la fiducia in se stessa e ogni capacità d'immaginare che la vita associata e le forme della convivenza avessero ancora un senso e fossero dirette a uno scopo. In quei giorni pieni di caldo e di lutti, gli italiani non sapevano più quale conto fare dei loro sforzi, sospiri, pensieri, sacrifici e speranze. Le opinioni erano diventate casuali e nessuno si sentiva più in grado di fare o di non fare qualcosa perché pareva abolita ogni possibile regola. Le parole d'ordine che ancora s'intravedevano sui muri smozzicati delle case erano diventate esortazioni assolutamente astratte dal momento che pochissimi avrebbero saputo a chi credere o obbedire e per che cosa combattere.

Molti, quasi tutti, pensavano che la colpa fosse del fascismo e accusavano il regime in cui erano costretti a vivere, benché per vent'anni ci avessero vissuto abbastanza volentieri; oppure si gettavano con il coraggio di chi non ha niente da perdere su ogni idea che facesse balenare un cambiamento. Sapendo comunque, e gli uni e gli altri, che sia l'insofferenza che l'odio avrebbero potuto ben poco contro la forza delle cose.

Allo scalo la situazione era più o meno uguale a quella del resto del quartiere salvo il frastuono assordante provocato dai tentativi di rimuovere i binari che le bombe avevano contorto o spezzato. Le grandi verghe d'acciaio venivano sezionate con la fiamma ossidrica, una gru semovente e qualche coppia di buoi aggiogati cercavano di farsi largo in mezzo al disastro. I poveri animali avevano le froge dilatate e gli occhi sbarrati per il terrore. Nessuno s'illudeva che lo scalo potesse riprendere a funzionare, probabilmente nessuno lo voleva davvero, nel timore di un nuovo bombardamento. Si stava solo cercando di riattivare alla meno peggio un binario per evitare la paralisi completa del traffico.

Salustri divideva con altri due sinistrati lo scompartimento centrale di un vagone di seconda classe. Dormivano a turno: due sui divani e il terzo sulla reticella dei bagagli. In teoria ci sarebbe stato spazio anche per una quarta persona sulla reticella opposta, ma erano riusciti a conservare il piccolo privilegio di quel posto in più trasformandolo in una specie di armadio o dispensa.

«Mi avevate assicurato di essere a disposizione» esordì Flaminio.

Luciano Salustri annuì. Aveva sempre indosso lo stesso abito di lana pesante col distintivo del partito all'occhiello. Con un coltellino stava tagliando in due una sigaretta. Terminò l'operazione, ne ripose una metà in un astuccio vuoto di pasticche per la tosse, accese meticolosamente l'altra metà riuscendo a non bruciarsi il naso. Lo scompartimento in quel momento era vuoto e il caldo era soffocante nonostante i finestrini dell'intero vagone fossero aperti. Per la prima volta i gesti dell'uomo sembravano rivelare stanchezza, quanto meno la perdita dell'entusiasmo abituale.

«Allora possiamo parlare, Salustri?»

«Facciamoci due passi, commissario, ché qui si muore di caldo.»

Percorsero il marciapiede della stazione che costeggiava il muraglione posteriore del Verano. Anche quello era stato sbrecciato in più punti. Le bombe avevano scavato tra le tombe facendo saltare tutto in aria in una raccapricciante mescolanza di lapidi, sarcofagi, ossame, marmi, fiori, lampade. Da ogni squarcio del muro s'apriva l'infilata di un tratto di terreno arato dove i resti degli antichi morti e i loro sepolcri si mescolavano ai morti di pochi giorni prima. Salustri sapeva dove andare. Alla fine del marciapiede, incuneata in un fascio di binari, sorgeva una minuscola costruzione che i ferrovieri avevano ricoperto di rampicanti. Tutt'intorno, in quel minimo spazio di terra sottratto alla massicciata, erano stati piantati vari ortaggi che venivano annaffiati con la manichetta di rifornimento delle vaporiere.

«Vedete, commissario?»

Salustri strappò una piantina di lattuga da terra e la portò verso il viso quasi si fosse trattato di un fiore.

«Ormai l'insalata sta a 3 lire e 10 al chilo, quando si trova. Le cipolle a 2,65 e le bietole da costa a 1,70. Noi qui abbiamo tutto gratis.»

Non era facile giudicare se l'uomo stesse cercando di farsi coraggio o lo prendesse semplicemente in giro. Comunque gli offrì la pianta di lattuga.

«Portatela a casa, per i vostri figli.»

«Non ho figli» rispose Flaminio, forse troppo bruscamente. «Mi dispiace che abbiate perduto la casa» aggiunse subito dopo per compensare.

«Siamo in guerra, no?»

«Finché dura.»

«La guerra è brutta per tutti. L'altro giorno c'è stata una rivolta di negri a Detroit. Per l'intera giornata case prese d'assalto, negozi devastati, tram rovesciati e incendiati. Gli americani non hanno i bombardamenti, ma anche lì succedono più o meno le stesse cose che da noi.»

Chissà dove le leggeva quelle notizie Salustri, se credeva davvero a ciò che aveva detto. Si erano seduti nell'ombra frastagliata di luce di quel pergolato, l'uno a fianco dell'altro su una panca di pietra. Il rumore dello scalo giungeva attutito, la sensazione più viva sui lavori che laggiù proseguivano la dava semmai lo scintillio azzurro delle fiamme ossidriche con le quali tagliavano i binari.

«Salustri, perché mi avete mentito?» chiese d'improvviso Flaminio.

L'altro non ebbe alcuna reazione diretta. Si limitò a scagliare la piantina di lattuga, che finì in pezzi sulle traversine davanti a loro.

«Prima avete quasi negato di conoscere Luigi Tiberi. Poi avete escluso che nell'appartamento di Franca salissero altri uomini. Non è così, lo sapete bene, e adesso lo so anch'io. O mi dite tutto o vi faccio arrestare.»

«Così almeno non dormirei più in un vagone.»

Flaminio non raccolse la battuta, sentiva che l'uomo era turbato e stava cercando di calcolare velocemente la sua convenienza.

«Forza, Salustri.»

«Volevo difendere la memoria di quella povera ragazza, commissario.»

«Basta sciocchezze, Luciano. La povera ragazza era

una puttana di casino, non c'è molto da difendere, mi pare.»

«Non è vero.» Salustri s'interruppe, poi riprese: «Voglio dire, sì, è vero, faceva la puttana ma era una donna eccezionale, mi dovete credere. La più gentile, la più buona, fascista nel cuore, sempre pronta ad aiutare gli altri e sempre col pensiero di quel povero bambino bello e malato, povero figlio».

«L'avete conosciuto? l'avete visto?»

«Sì, una volta l'ho visto perché da Tagliacozzo l'hanno portato a Roma. Poi Franca m'ha raccontato la storia e il destino di quella creatura...»

«Salustri, lasciamo perdere. Mi dispiace per quel bambino malato ma noi siamo qui per parlare d'altro.»

«Gino Tiberi l'avrò visto sì e no due volte. Ma soprattutto l'ho sentito. Il mio appartamento stava sotto quello di Franca. Attraverso i muri si sentiva tutto. Quella volta che litigarono di notte l'ho sentito chiaramente mentre diceva: t'ammazzo, t'ammazzo con le mie mani.»

Se c'era bisogno di una testimonianza definitiva per incastrare Tiberi, era arrivata. All'ombra incerta di quel pergolato di fortuna, il capofabbricato Salustri aveva messo la parola conclusiva a una possibile sentenza di condanna per assassinio volontario nei confronti di Tiberi Luigi.

«T'ammazzo con le mie mani, questo gridava? E perché non me l'avete detto subito?»

«Perché non fa piacere a nessuno mandare una persona al muro.»

Poteva essere la ragione vera e poteva anche non esserlo. Salustri stava facendo i suoi calcoli, ma anche Flaminio Prati cercava di valutare quali potevano essere i motivi che avevano indotto il capofabbricato a cambiare la versione dei fatti.

«A parte quello che avete udito attraverso i muri, avete mai avuto occasione di parlare con questo Gino?»

«Una volta o due, mi pare.»

«E che vi siete detti?»

«Le solite cose, buongiorno buonasera.»

Dopo quell'esplosione di confidenza, Salustri sembrava diventato di nuovo reticente. Aveva tirato fuori la scatoletta delle pasticche per la tosse, preso la mezza sigaretta e si stava preparando con una certa cautela ad accenderla. Tutto quello che cercava era di prendere abbastanza tempo per la risposta.

«Ripeto la domanda: ricordate che cosa vi siete detti?»

L'uomo aspirò profondamente la prima boccata, assaporandola. Con un movimento improvviso, Flaminio lo colpì sulla mano facendo volare lontano la mezza sigaretta in uno sfavillio di scintille.

«Ma che cazzo...»

«Adesso basta, Salustri» lo interruppe.

S'era alzato in piedi afferrandolo bruscamente per i baveri di quella logora giacca di lana pesantissima.

«Lo so già che cosa vi siete detti» strinse i baveri scuotendo contemporaneamente l'uomo. «Una notte che eravate di ronda avete visto arrivare una macchina nera con i fari dell'oscuramento e l'avete raccontato a Tiberi. Con quella macchina è arrivato un uomo che è salito da Franca mentre l'autista, uno in divisa, rimaneva al volante. Per tutto il tempo che quello è stato su, la macchina ha aspettato vicino al portone. Quando quello è sceso, ha messo subito in moto e se l'è riportato via. È così? Chi era quell'uomo?» Di nuovo scosse rudemente l'anziano capofabbricato tenendolo saldo per i baveri. «Chi era? Voglio il nome!»

Tre ferrovieri che camminavano lungo i binari s'erano fermati a pochi passi da loro a guardare la scena. Sembravano divertiti.

«Andate via, voi. Polizia, sparite!» gridò Flaminio.

I tre alzarono le spalle sogghignando e ripresero la loro strada saltellando allegri sulle traversine in direzione dello scalo.

«Allora, Salustri. O parlate subito o vi porto con me, mettiamo tutto a verbale e vi lascio nelle mani del giudice.»

«Non lo so, giuro. Non lo conosco, non l'ho nemmeno visto. Era notte. Ho visto il viso dell'autista perché a un certo momento s'è acceso una sigaretta. Ma l'altro, quello che è salito, non potrei nemmeno dire se era giovane o vecchio. Era un uomo non tanto alto, camminava deciso e mentre camminava si teneva le mani strette sulla pancia.»

«Sulla pancia o un po' più giù?»

«Non so, come se avesse freddo. Non so altro.»

«Avete almeno sentito la sua voce? Ha parlato, detto qualcosa?»

«No, non mi pare, credo di no.»

«Perché non mi avete detto subito queste cose, disgraziato? Ho perso giorni interi per riuscire a scoprire quello che voi sapevate già. Perché, Salustri, non ci si può più fidare nemmeno di quelli come voi?»

Flaminio aveva mollato la presa e s'era di nuovo seduto sulla panca di pietra. La brutalità delle domande l'aveva affaticato, ansimava leggermente e almeno in parte la sua delusione era sincera. Luciano Salustri sembrava sull'orlo del pianto. Rimasero in silenzio. I tre ferrovieri s'erano di nuovo fermati a guardarli, più lontani. Stettero un po' immobili, proprio in mezzo ai binari, rivolti verso di loro, gesticolando un po', sfottenti, poi si allontanarono definitivamente facendo ruotare allegri le borse di tela del pranzo. La risposta di Salustri giunse inaspettata, Flaminio non ci sperava nemmeno più.

«Perché è vero che quell'uomo non lo conosco. Però so che era un alto dirigente del partito. È salito da Franca ed è rimasto quasi tutta la notte. Quando è andato via, stava per spuntare l'alba.»

«L'avete più visto?»

«No. Però so che è tornato altre volte.»

«Come fate a dirlo?»

«Ho il sonno leggero. Riconoscevo il rumore dell'automobile, non è difficile di notte. E poi...»

«E poi? forza...»

«E poi Franca gridava, quando faceva l'amore con lui.»

Di nuovo il silenzio s'insinuò tra di loro nel più grande silenzio che era sceso sullo scalo merci perché a quell'ora ogni attività era cessata.

«Avete notato quest'uomo il giorno in cui Franca è stata uccisa, o la notte precedente?»

«No, altrimenti ve lo direi.»

La strategia di Salustri cominciava a essere chiara. Aveva accusato Tiberi per proteggere l'altro. E aveva nascosto o continuava a nascondere l'altro...

«Perché non avete parlato prima, Salustri? Questa è l'inchiesta per un omicidio.»

«Il partito è una delle poche cose che ci sono rimaste. Se casca anche quello, non resta più niente in piedi. Invece non si cerca altro che di poterlo attaccare, parlarne male, fare scandali.»

«Per questo vi siete inventato che quell'altro, Tiberi, s'è messo a urlare: t'ammazzo, t'ammazzo?»

«No, è vero. Tiberi ha urlato così, l'ho sentito io. Non mi sono inventato niente e adesso sapete le stesse cose che so io.»

«Avete detto di non conoscere quell'uomo. Se però io vi mostrassi qualcuno dal vero, magari di notte, potreste dire se è lui o no?»

«Non lo so, giuro. Sì, è possibile.»

Flaminio non si sentiva tanto in grado di mettere ordine nelle ipotesi che la confessione di Salustri aveva aperto. Aveva avuto tra le mani un indiziato, adesso rischiava di averne addirittura due. Uno con un nome e un volto e uno senza, a meno che... Un pensiero assurdo, niente più che un barlume. Salustri aveva detto di poter forse riconoscere l'autista. Anche lui aveva conosciuto un autista, Silvio, l'uomo che guidava la macchina di Arminio Policano e di Doris...

«Lo so che stanno cercando di far fuori il Duce, ma se va via lui, noi che facciamo?»

Sembrava che Salustri parlasse da solo. Non chiedeva una risposta e nemmeno d'essere ascoltato. Sembrava dire quelle parole solo a se stesso, col peso di una dolorosa profezia.

7

Pochi metri prima di Porta Latina sorgeva un tempietto esagonale eretto nel luogo dove, secondo la leggenda, molti secoli prima un qualche santo era stato bollito vivo nell'olio. Flaminio si addossò alla porta di legno e rimase immobile cercando di dissimulare la sua presenza nell'oscurità della notte e di quel ricovero improvvisato. La sua meta era un cancello di ferro a qualche decina di metri di distanza, praticamente a ridosso delle mura romane. Prima di cercare di aprirlo voleva esser certo di che cosa o di chi si muovesse lì intorno. La notte era silenziosa. Al di là del maestoso arco della porta sormontato da merli, s'intravedevano le luci sparse delle poche abitazioni. Dal lato opposto, in direzione delle Terme di Caracalla, poteva scorgere il profilo di un campanile romanico ma soprattutto il nero intenso della vegetazione che da ogni lato fiancheggiava la strada. Quando si sentì ragionevolmente certo che la zona non era sorvegliata, si mosse con rapidità. Non ci fu bisogno di forzare la serratura del cancello. Una catena attraversava le sbarre ma il lucchetto vi era semplicemente appoggiato. Aprì senza difficoltà, s'inoltrò a passi rapidi nel viale in terra battuta.

Sul lato sinistro era riparato dalle mura che il viale fiancheggiava. Sul lato opposto una rete metallica qua e là ricoperta di vegetazione lo separava dal giardino pubblico di Villa Scipioni. Nemmeno per un attimo pensò di essere un commissario di Pubblica Sicurezza e che lo scopo ultimo dei suoi movimenti era di assicurare un assassino alla giustizia. Sentiva solo il peso della situazione paradossale che lo costringeva ad agire come un ladro, gli sembrava che tutti i momenti decisivi della sua vita fossero stati accompagnati da un'analoga impressione di stupore e di riluttanza, in fondo di solitudine. Ma era forse paura quella che ancora una volta lo opprimeva? Non sapeva interpretare bene il suo sentimento, lo sentiva soltanto come un profondo disagio. Chissà se, a orientare in quel modo le cose, avevano contribuito di più le bombe o la penuria del cibo e i prezzi esorbitanti per comprare un uovo o un chilo d'insalata come Salustri, poche ore prima, gli aveva ricordato. Finché un regime distribuisce prosperità, sia pure con un forte tasso di malgoverno, è difficile rovesciarlo. Poi, di colpo, può accadere che tutto, anche le ipotesi più temerarie e lontane, diventino realizzabili.

La casa era totalmente immersa nel buio, circondata da una corona di alti pini e da una siepe di vegetazione più bassa. Si avvicinò con cautela, attraversando le aiuole per attutire il rumore dei passi. All'improvviso si udì lo squillo di un telefono, innaturalmente forte e stridulo nel silenzio notturno; quasi nello stesso istante venne accesa una luce al piano terreno. Flaminio si immobilizzò accanto a un folto cespuglio di nocciolo. Una figura femminile attraversò un ampio salotto con la sbadataggine di chi si crede solo a casa propria, non osservato. Non era Doris, ma un'altra donna, meno giovane, meno bella, dal profilo altero e la fisionomia corrucciata. Gli squilli s'interruppero, la donna doveva aver sollevato il ricevitore. Anche Doris apparve sulla soglia del salotto. Indossava una veste da camera, teneva le braccia incrociate sul petto e l'espressione del suo viso, pallidissimo, rimandava una muta domanda. Vide la donna che aveva risposto muovere concitata le labbra, scuotere il telefono come se volesse allontanarlo da sé... Flaminio superò la breve distanza che lo separava dalla villa, la sua decisione ormai era presa. Bussò ai vetri d'una portafinestra, Doris sobbalzò, fu tentata di ritirarsi, subito dopo lo riconobbe.

«È lei, entri. Ha scelto un modo molto romantico per arrivare. Bianca Maleotti, la mia amica.»

Doris sembrava la sola ad aver voglia di scherzare.

L'altra donna, Bianca, fissava Flaminio con una curiosità vagamente ostile, immobile col ricevitore ancora in mano, non era escluso che Doris le avesse già parlato di lui.

«Siamo perseguitate da queste chiamate. Il telefono squilla e dall'altra parte non risponde nessuno.»

«Siete sole in casa?»

Doris annuì. Non c'era più niente nel suo volto e nella figura, i cui contorni erano come cancellati dalla veste da camera, che ricordasse la sua gloria di attrice del cinema, la forza di seduzione che i suoi personaggi sapevano esprimere. Flaminio aveva davanti a sé soltanto due donne spaventate in una residenza molto bella, ma che nelle circostanze attuali era diventata molto pericolosa.

«Non dovreste stare qui da sole, tanto per cominciare.»

«È la mia casa» obiettò Bianca. «Vivo sola qui da quando mio marito è stato abbattuto in Africa. Era l'aiutante di campo di Italo Balbo. Mi fa piacere ospitare Doris.»

«Mi rendo conto. La situazione però nelle ultime ore è molto cambiata e Doris potrebbe essere in pericolo. C'è personale di servizio in casa?»

«Non stasera, ho dato il permesso di uscire a tutt'e due le cameriere.»

Era stato un errore, ma non era il caso di sottolinearlo.

«Comunque nessuna di noi è in pericolo» proseguì Bianca. «Posso telefonare al Duce se questa persecuzione continuerà, chiedere a lui di intervenire personalmente per farla cessare.»

«Potrebbe non bastare, signora» obiettò Flaminio.

La padrona di casa lo guardò come se fosse diventato pazzo.

«Voglio dire che anche il Duce in questo particolare momento potrebbe avere qualche difficoltà.»

«Ma che dite, commissario, il Duce è il Duce.»

Con molto realismo, Doris interruppe quell'assurda conversazione.

«Bianca cara, il commissario è un amico ed è venuto, credo, a portarmi un messaggio. Torna pure di sopra, ti raggiungo tra un attimo e se il telefono suona ancora vorrà dire che questa volta non risponderò io.»

Si sforzò di sorridere, ma nessun altro la imitò. Bianca uscì, sembrava irritata e più dall'inattesa novità che dall'inquietudine di quelle misteriose chiamate a vuoto nella notte.

«Potrebbe essere un modo per tenervi sotto controllo» precisò Flaminio. «Per accertare se lei è sola in questa casa o no.»

Doris sedette di schianto sul grande divano rosa che arredava il salone.

«Che dovrei fare, secondo lei?»

«Poco o niente. Resti qui, faccia rispondere al telefono dalla sua amica o meglio dal personale di servizio, quando ci sarà. Più voci sentono meglio è. Oppure si trasferisca in un albergo. Possibilmente un grande albergo del centro.»

«Per quanto tempo?»

A quella domanda Flaminio non si sentiva di rispondere. Quanto tempo sarebbe durata la situazione d'incertezza nella quale ormai viveva l'intero Paese? E quando era cominciata? Con le bombe su Roma di qualche giorno prima? O già da settimane, da mesi? E la guerra, quanto sarebbe durata? Flaminio si limitò a eludere la domanda di Doris.

«C'è una cosa che volevo chiederle, una circostanza relativa alla morte di sua eccellenza Policano.»

«Se posso aiutarla...»

«Lei ha detto che forse, per un aspetto, questa morte e quella di Franca Gandolfo potrebbero essere legate. La domanda è: quale aspetto?»

Inaspettatamente Doris cominciò a piangere. Senza singhiozzare, senza quasi che la sua fisionomia cambiasse. Le lacrime rotolavano lungo le sue guance con regolarità quasi meccanica. Nascose il viso tra le mani per qualche istante, quando riprese a parlare la sua voce era ferma e del pianto improvviso di poco prima non c'era più traccia.

«In concreto quali prove ci sono contro quel Tiberi, commissario?»

«Parecchi indizi piuttosto pesanti. Tiberi era il suo amante ed è un uomo che ha anche precedenti specifici come sfruttatore di prostitute.»

«Era davvero il suo amante? Uno di quelli che le donne come Franca chiamano l'amico del cuore?»

«Sì. Almeno lui si considerava così. Perché me lo chiede?»

«Perché quella donna aveva probabilmente più di un amante. Non voglio dire gli uomini che la prendevano a pagamento. Dico proprio gli amici del cuore.»

Doris s'interruppe dando l'impressione che quelle parole dovessero bastare a capire tutto il resto, compreso il possibile legame tra le due morti.

«Mi perdoni, non capisco» obiettò Flaminio esagerando il suo stupore.

«Sa com'è cominciata la storia tra me e Arminio?»

Dopo quella domanda repentina e all'apparenza incongrua, Doris s'alzò in piedi, arrivò fino al grande pianoforte a coda posto al centro della sala. Seguitò a parlare riparandosi nell'incavo dello strumento.

«Stavo recitando alla Vides e il set era chiuso ai non autorizzati perché in quella breve scena recitavo quasi nuda, ero agli inizi e mi scritturavano per piccole parti di quel genere. Tutti i registi volevano imitare la scena famosa di Clara Calamai a seno nudo ne *La cena delle beffe.* Lui arrivò in visita e quando gli riferirono il tipo di scena che si stava girando volle essere ammesso nello studio nonostante il divieto. Nessuno osò dirgli di no. Lo vidi entrare, era in borghese, ma riconobbi ugualmente il pezzo grosso del partito dal modo ossequioso in cui i presenti si erano voltati a salutarlo. Restò immobile nella penombra, fumando in continuazione. La sua presenza m'imbarazzava eppure eseguii con scrupolo tutto ciò che la sceneggiatura prevedeva. Mi vide così, sotto le luci, piena di trucco, quasi nuda e, come mi confidò in seguito, decise in quel momento che sarei diventata la sua amante.»

Doris accese una sigaretta, gettò la prima boccata di fumo contro il cono di luce di una lampada di cristallo fermandosi a fissarne le volute.

«Non ci mettemmo insieme subito. A quel tempo frequentavo molta gente e la sera ero sempre invitata da qualche parte. Certe volte erano ricevimenti normali, altre invece si trattava di occasioni più movimentate dove girava parecchia cocaina e succedeva un po' di tutto. Come vede le sto parlando con molta franchezza, lei del resto sa a quali ambienti e a quali anni mi riferisco, gli anni in cui sembrava che ogni cosa fosse di colpo possibile e che l'Italia fosse una nazione benedetta dalla fortuna e dal suo capo invincibile, dove si poteva sfidare qualunque sorte e tentare qualsiasi impresa. Un Paese che per la prima volta sembrava diventato se stesso, restituito a un ordine nuovo e all'ammirazione del mondo.»

S'interruppe, fissò Flaminio.

«Pensa forse che stia esagerando?»

«No, probabilmente per qualche anno è stato proprio come lei dice.»

«Comunque, non è di questo che volevo parlarle. In una di quelle serate incontrai Franca Gandolfo, non ricordo bene in quale casa. Qualcuno deve avermela presentata, aveva anche lei l'aspetto di una piccola attrice, come la maggior parte di noi. Tra di noi ci riconoscevamo a fiuto, forse avevamo tutte la stessa aria famelica, chissà... Nessuno però avrebbe detto, vedendola, che veniva da una casa di tolleranza sia pure di lusso, e forse in quel periodo non era ancora entrata in quel giro e cercava come me la sua strada. Francamente non avrei mai pensato a una possibilità del genere anche perché ho sempre immaginato la vita in quelle case un po' come in una prigione o in un convento di clausura, senza possibilità di contatti con l'esterno. Solo in seguito sono venuta a sapere che a certi gerarchi era permesso far uscire temporaneamente le ragazze per portarle a casa o ad animare le loro serate particolari.»

Doris accese un'altra sigaretta dalla brace della precedente e si passò una mano tra i capelli con un gesto meccanico. Sembrava completamente immersa nella sua storia, invece si riscosse d'improvviso.

«Vuole che usciamo un po' in giardino? Preferisco i luoghi aperti e poi fa ancora un tale caldo.»

Non un alito d'aria muoveva la vegetazione, nera contro il nero della notte, la temperatura però era più sopportabile. Doris camminava in silenzio, assorta, con una certa indolenza, addentrandosi verso la parte più riparata del giardino sempre continuando a fumare.

«Non so nemmeno perché le racconto cose così pericolose» bisbigliò. «La sua richiesta mi ha turbato.»

«È stata lei a dirmi che poteva esserci un legame tra le due morti.»

«Lo so, ma quando l'ho detto non mi rendevo bene conto di ciò che avrei dovuto ricordare per cercare quel possibile punto di contatto. È la prima volta che faccio certe riflessioni ad alta voce.»

«Se vuole possiamo...»

Doris gli appoggiò una mano sul braccio fermandolo.

«Se mi stava per dire di interrompere il racconto, la risposta è no. È meglio che le dica tutto, ormai.»

«Quale potrebbe essere il legame tra questi episodi piuttosto lontani e gli avvenimenti degli ultimi giorni?»

«Io stessa lo sto cercando, è una sensazione sfuggente, per di più legata a momenti particolari, molto intimi. Parlo con la speranza che, ricostruendole davanti a lei, le cose diventino più chiare anche per me.»

Erano arrivati in un punto in cui la vegetazione si apriva a formare uno slargo al cui centro era stata sistemata una specie di fontana ricavata da un sarcofago romano. Sul fondo della vasca di marmo era rimasto solo un leggero strato di fanghiglia. Le cicale avevano attaccato il loro coro. Doris sedette sul bordo del sarcofago ripetendo il gesto di passare meccanicamente la mano tra i capelli.

«Arminio era sposato, per qualche mese la nostra storia andò avanti di nascosto. Tutti loro, tutti quelli arrivati in alto, imitavano il Duce anche in questo: ognuno aveva la sua piccola amante segreta e cercava di fare di lei un'attrice del cinema. Arminio arrivava da me alle ore più diverse, qualche volta senza nemmeno avvertire. Un paio di volte non mi trovò in casa e si arrabbiò moltissimo. Più d'una volta è arrivato a picchiarmi. Ma io ero pazza, della situazione più che altro. L'idea di essere arrivata così vicina al potere mi faceva sentire come non ero mai stata prima. Perfino le sue assurde scene di gelosia mi sembravano un privilegio. Solo col tempo mi resi conto che la sua non era nemmeno gelosia, ma l'applicazione della semplice idea che ero diventata un oggetto di sua proprietà, quindi dovevo essere a sua disposizione. Qualche cosa dovette cambiare nella sua vita privata, sua moglie scoprì la nostra tresca o fu lui a parlargliene. Diventò più sicuro di sé, veniva anche di giorno incurante di esser visto dai vicini. Un giorno mi telefonò dicendomi di preparare l'abito da sera perché saremmo usciti insieme. Era la prima volta che succedeva, per me significava il passaggio alla condizione di amante ufficiale di un uomo molto potente, perché intanto Arminio era riuscito a superare indenne, cioè senza essere silurato, quello che Mussolini ha chiamato il cambio della guardia. Tra l'altro proprio in quei giorni successe una cosa molto curiosa. Il funzionario di servizio al ministero della Cultura popolare ricevette una sera il comunicato dell'Agenzia Stefani che annunciava i cambiamenti e la lista dei nuovi incarichi. Non osava però trasmettere la notizia ai giornali e alla radio senza aver prima avvertito di persona le più importanti personalità coinvolte. Tra queste c'era Arminio e si trattava oltre tutto di dargli una buona notizia perché lui l'incarico di vicecapo della polizia era riuscito a mantenerlo. Però non si riusciva a sapere dove fosse. In ufficio non c'era, a casa non c'era. Loro sospettavano che stesse da me, ma telefonare a casa mia voleva dire commettere un'indiscrezione grave, sanzionare ciò che fino a quel momento era rimasto un pettegolezzo. Alla fine comunque si decisero e chiamarono. Fu forse anche questo a convincerlo che non valeva più la pena di fingere che la nostra fosse una relazione clandestina.

«In ogni caso, quella sera per la prima volta mi invitò a uscire insieme, cioè volle che arrivassimo insieme in un posto. Il ricevimento era in una villa dalle parti di via Sassoferrato, anche se non ricordo bene a casa di chi fosse. Lì ho incontrato Franca per la seconda volta.»

Ogni volta che Doris interrompeva il racconto, sembrava salire con maggiore invadenza, nel silenzio notturno, il coro stridulo delle cicale. Flaminio non osava fare domande, era sicuro che dopo quel lungo girare intorno all'argomento sarebbe arrivato l'episodio capace di collegare le due storie. Doris lo fissò e parve intuire il suo pensiero.

«Forse quello che sto per dire la interessa» soggiunse accennando un mezzo sorriso. «Anche Franca era in abito da sera e l'atmosfera del ricevimento era molto lontana da quella della prima volta che ci eravamo incontrate. Nelle settimane precedenti ero riuscita a fare un paio di parti abbastanza importanti che avevano rafforzato la mia posizione. Cominciavo a pensare di essere davvero un'attrice e anche gli altri lo pensavano.»

Doris rise brevemente di quella sua battuta autoironica.

«Fu Franca ad avvicinarmi, colse l'attimo favorevole, mi venne accanto e si complimentò con me per l'ultimo film che avevo interpretato e che aveva visto al Cinema Modernissimo. Non era una gran storia, ma sembrava che a lei fosse piaciuta sul serio. Stavamo parlando tra noi con la leggerezza che si crea tra donne in quelle circostanze quando si avvicinò uno degli invitati. Un bell'uomo dall'aria spavalda, non giovane, molto autorevole, uno dei più autorevoli, secondo alcuni il possibile successore di Mussolini. Dal modo in cui le parlò capii che era il suo amante...»

L'urlo arrivò fino a loro vivissimo, accompagnato o preceduto dal rumore di un vetro che andava in frantumi. Doris balzò in piedi con un gemito sordo, Flaminio senza più badarle prese a correre in direzione della casa.

La vetrata infranta era la stessa dalla quale egli stesso poco prima era passato per entrare, l'attraversò d'impeto cercando di capire da dove era arrivato l'urlo appena udito.

Bianca Maleotti era schiacciata contro la parete di fondo del salotto. Era in camicia da notte, a piedi nudi, sembrava terrorizzata e indicava verso l'esterno senza trovare la forza di parlare. Sopraggiunse anche Doris, attraversò velocemente la stanza. Incurante delle grosse schegge di cristallo disseminate sul pavimento, corse ad abbracciarla.

«Che è successo, Bianca?»

La donna non rispose subito, continuava a indicare verso l'esterno. Solo lentamente riprese coraggio.

«Avevo sentito dei rumori, sul principio nel dormiveglia ho pensato che foste voi, poi ho capito che stavano cercando di forzare la portafinestra e sono scesa. Quando sono arrivata in fondo alle scale, ho visto due ombre che s'agitavano nel patio cercando di aprire i vetri. Allora ho gridato e nello stesso momento c'è stato come un boato o un tintinnio, tutto molto confuso, assordante, e la finestra è venuta giù in pezzi.»

Quasi sotto il pianoforte Flaminio scovò lo strumento impiegato per infrangere il cristallo. Era uno dei cubetti di porfido che pavimentavano il patio. Ce n'erano alcuni sconnessi e non era stato difficile estrarne uno. Lo mostrò in silenzio alle due donne. L'arma usata diceva che s'era trattato di un gesto improvvisato che restava però un tipico atto intimidatorio. Quando si erano visti scoperti, prima di fuggire, i due avevano voluto lasciare quell'avvertimento.

«Avete potuto notare da che parte si sono allontanati, Bianca?»

La donna indicò la sinistra del giardino, in direzione della strada, cioè il lato dal quale lui stesso era arrivato. Uscì all'aperto. Non era armato, ma non se ne preoccupò. Conosceva quel tipo di attacchi: chiunque fossero, i due uomini erano sicuramente lontani, forse stavano già riferendo a chi di dovere che la loro missione in qualche modo era stata compiuta. Si trattava di decidere che suggerimento dare a Doris. Proseguendo nella direzione indicata da Bianca, trovò quasi subito il taglio nella rete. Tra l'altro si trovava nel punto che egli stesso avrebbe scelto se avesse voluto avvicinarsi non visto alla casa. Avevano tranciato un tratto della recinzione che separava il viale d'accesso alla villa dal parco pubblico degli Scipioni. Niente di difficile, chiunque avrebbe potuto farlo.

A Doris, nonostante tutto, suggerì di restare. Si sentiva ragionevolmente certo di escludere che per quella notte sarebbe successo altro. Bianca stava bevendo un infuso di valeriana: dall'atmosfera drammatica di poco prima si era passati a una strana e ingiustificata atmosfera quasi casalinga.

«Perché hanno fatto questo?» gli chiese Doris sottovoce per non farsi udire dalla sua amica.

«È un avvertimento.»

«Di che cosa volevano avvertirmi?»

«Di non parlare, di non dire niente di ciò che sa, dei sospetti che ha sulla morte di Policano. Sono certo che domani, leggendo i giornali, capiremo meglio.»

«Ho rinunciato a capire dai giornali quello che sta succedendo, ormai dicono solo bugie.»

«Certe volte, se uno conosce già i fatti, quello che manca fa capire la situazione meglio di quello che c'è.» Fece una pausa prima d'aggiungere: «Non abbiamo mai parlato di quello che è successo a Fregene».

«Non voglio parlarne, infatti» ribadì con durezza Doris.

«Le faccio solo una domanda: sa se i diari sono ancora al loro posto, dovunque sia?»

Doris lo fissò in silenzio ed era come se stesse chiedendosi fino a che punto poteva rispondere. Si limitò ad annuire lentamente.

«Quando siamo stati interrotti, mi stava dicendo di quell'uomo. Le dico io qualcosa prima che lei prosegua. Stasera ho sentito un altro testimone. Tra le circostanze che mi ha riferito ce n'è una simile a quella che lei stava ricordando. Un gerarca, forse un alto gerarca, andava a trovare Franca nell'alloggio dove poi è stata uccisa. Potrebbe trattarsi della stessa persona che lei ha incontrato quella sera nella villa di via Sassoferrato?»

«Sa qual è stato il mio timore?» rispose Doris apparentemente divagando. «Per qualche tempo ho sospettato che fosse Arminio l'amante di Franca. Per qualche giorno o settimana, non ricordo, ho temuto di essere diventata la favorita meno importante, la "pompadurella", come chiamano lei, quell'altra, la più importante di tutte. Poi sono riuscita a sapere che l'uomo da me incontrato quella sera in via Sassoferrato era davvero l'amico del cuore di quella donna.»

«Potrebbe essere lo stesso uomo al quale si riferiva il mio teste?»

Doris non rispose subito. Passò con quel suo gesto nervoso e inconsapevole le dita tra i capelli. Provò a sorridere, ma senza riuscirvi davvero.

«Se le dico quel nome, che cosa pensa di farne?»

«Non ne ho idea, Doris. Dipende dal nome e dai fatti che riuscirò a metterci intorno, se me ne daranno la possibilità.»

«Mi rendo conto, non dev'essere facile nemmeno per lei.»

Ci fu un attimo di silenzio. Doris stava fissando Flaminio con aria inquieta. Linee dure le si erano disegnate intorno alla bocca e davano al suo viso un'aria affaticata e patetica.

«Attilio Zanna, il capo della Milizia» disse alla fine, ma con voce così sottile che Flaminio fece fatica a udirla.

Zanna era uno dei gerarchi più potenti del regime, sotto certi aspetti il responsabile primo della sicurezza di Mussolini. Le sue fotografie comparivano spesso sulla prima pagina dei giornali: aveva a prima vista un aspetto energico e accattivante. Solo guardando con più attenzione si coglievano i difetti del suo volto. Al di sopra dei baffetti neri molto curati la faccia aveva un'aria risoluta e furba mentre, al di sotto, il mento sfuggente trasmetteva un'impressione di debolezza. Ci si chiedeva come avesse fatto un uomo così a raggiungere la posizione di potere che aveva. Nel complesso la sua fisionomia, talmente nota da essere diventata familiare, era piuttosto contraddittoria e anche un tantino assurda. Certo non era facile pensare che il possibile punto di contatto tra due storie apparentemente così lontane potesse essere un uomo di quel livello e con quell'incarico. Sollevò gli occhi interrogando Doris con lo sguardo, cercando una conferma.

8

I giornali del mattino dopo non davano all'arresto di Tiberi tutto lo spazio che Flaminio s'era aspettato e che lo stesso Edo Livori aveva lasciato intravedere. Flaminio li sfogliava nell'anticamera del procuratore del Re Iginio Salvatore Schinea a Palazzo di Giustizia, mentre aspettava di essere ricevuto e si chiedeva le ragioni dell'improvvisa convocazione e della lunga anticamera.

La notizia dell'arresto era relegata in poche righe nelle pagine interne, ma soprattutto era generico il riferimento al delitto del quale Luigi Tiberi veniva imputato. Si accennava ai suoi precedenti politici e alla condanna al confino in modo tale che il lettore distratto alla fine potesse anche ricavarne l'impressione che si trattava del solito socialista esaltato finito finalmente in galera. Perché la notizia veniva data in quel modo? Perché il quotidiano "La Fiamma" che, secondo Livori, aveva avuto in anteprima l'imbeccata aveva rinunciato a utilizzare la sua esclusiva?

Flaminio avvertiva oscuramente che la morte di Arminio Policano, alla quale si dava invece ampio spazio, avesse alterato equilibri delicati anche se non riusciva ad afferrare il senso e la direzione di quei mutamenti. In prima pagina i giornali pubblicavano il sommario essenziale della notizia e una bella fotografia di Policano in uniforme, la giubba attillata e marziale, l'espressione volitiva, un corto pugnale alla cintura. Nell'interno la scomparsa del vicecapo della polizia veniva trattata con ampiezza e alcuni quotidiani avevano addirittura in pagina due articoli sull'argomento: la biografia dello scomparso e una breve cronaca in cui si raccontava come il fedele servitore Mohammad avesse trovato il suo padrone ormai agonizzante, stroncato da un infarto mentre attendeva con la consueta tenacia al proprio lavoro. Niente pistole, niente Fregene, niente Doris.

Quella morte aveva ridotto al silenzio la fragile condizione di "pompadurella" della quale Doris aveva brevemente goduto.

Il procuratore Iginio Salvatore Schinea aveva occhiali così spessi che si faticava a distinguere le sue pupille. Questa menomazione lo costringeva a leggere i documenti chinandosi sulla carta fin quasi a sfiorarla. La sua voce in compenso era sottile e percussiva, straordinariamente penetrante, e il suo modo di argomentare concedeva poco alla retorica risultando alla fine implacabile. Fece cenno a Flaminio d'accomodarsi sulla scomoda sedia in pelle davanti alla sua scrivania. L'ufficio era situato al mezzanino del Palazzo di Giustizia, una di quelle stanze nelle quali la luce stenta a entrare per via dell'assurda collocazione delle finestre, dai vetri perennemente oscurati da un velo di polvere.

«Ho letto le vostre carte; complimenti, commissario.»

«Dovere, signor procuratore.»

«Non solo dovere. Dovere sarebbe stato indagare e magari risolvere l'indagine. Avete fatto di più: le prove contenute nel fascicolo risolvono in partenza il giudizio. Avete risparmiato ai giudici non solo la fatica, ma la pena stessa del decidere.»

Perché Schinea l'aveva fatto venire? Non certo per complimentarsi con lui. Quanto tempo avrebbe impiegato per aprire il gioco? O gli riservava la prima mossa? Decise di aspettare. Non fu lungo.

«Ho un solo dubbio» riprese Schinea senza guardarlo. «Riguarda l'alibi dell'imputato. Qui è scritto che la mattina del 19 luglio il Tiberi era regolarmente in servizio al Policlinico come attestato dalla firma sul foglio di presenza. Il ritrovamento del cadavere in quelle condizioni ci impedisce però di allegare agli atti la necessaria perizia medico-legale che renda possibile far risalire l'ora del decesso alla notte, momento per il quale l'imputato non ha alibi. Confermate?»

Flaminio sobbalzò perché non era certo di aver capito bene le contorte parole del procuratore.

«Avete detto ritrovamento del cadavere, dottor Schinea?»

«Perché, non lo sapevate?» Il procuratore frugò nel fascicolo, scrutò con attenzione uno dei documenti. «Infatti qui la vostra firma effettivamente non compare. Comunque, scavando tra le macerie sono stati ritrovati i resti della povera Gandolfo. Non completamente, in parte.»

La trappola era finalmente venuta alla luce e tutto diventava più chiaro, compreso lo scarso rilievo dato dai giornali alla notizia. Con approssimazione, forse con ingenuità, Flaminio aveva pensato che il suo dovere si fosse esaurito nel raccontare i fatti esattamente come s'erano svolti allegando le testimonianze relative. La previdenza, ma forse bisognava dire l'astuzia, di Schinea era stata invece di anticipare l'obiezione della corte: la mancanza del corpo di reato. A quanto pareva la lacuna era stata colmata e il giudice aveva parlato di resti ritrovati. Resti di chi? e ritrovati dove? nel carnaio di quelle macerie?

«Chi ha operato il riconoscimento, signor procuratore?»

Schinea levò il volto verso di lui, con ogni probabilità senza distinguere la fisionomia di chi aveva di fronte, un puro riflesso spontaneo di fronte a una richiesta inattesa. Rispose tuttavia con garbo.

«Una compagna di lavoro della sventurata ragazza.» Sfogliò ancora una volta il fascicolo affondandovi il volto: «Tale Vincenzi Palmina, fu Angiolina, nata a Capua il 23 marzo '919».

«Compagna di lavoro, ha detto?»

«Lavorava nella stessa casa di piacere della defunta. Il nome di battaglia è Lisa.»

Schinea s'interruppe lasciando intendere che rimaneva in attesa di una risposta alla sua precedente richiesta.

«L'alibi, dottor Prati» ribadì poco dopo di fronte al silenzio di Flaminio.

«Non capisco in che modo potrei...»

«Dottor Prati, abbiamo bisogno di alcuni elementi che risultino oggettivamente probanti, voi capite.»

«Ma non so bene quali potrebbero essere...»

«Dottore, avete esaminato il cadavere? Direi di sì. Nel vostro rapporto descrivete i fori dei proiettili, il modo in cui il corpo si presentava, perfino il sommario abbigliamento, compreso un possibile compiacimento su certi dettagli. Voi non siete un medico legale. Se però riuscite ad aggiungere elementi di descrizione e riferimenti dai quali un medico legale possa dedurre con facilità, obiettivamente, come se fosse sul posto, l'ora dell'avvenuto decesso, ecco gli elementi oggettivi che potrebbero completare il fascicolo e il processo.»

Aveva capito, come chiunque si fosse trovato su quella sedia al suo posto. Aveva capito che Tiberi doveva essere fucilato però senza fare troppo rumore, il minimo indispensabile per arrivare a una sentenza. Perché dopo la morte di Policano, che era stato probabilmente assassinato come sosteneva Doris, in ogni caso con i retroscena che lui in parte era venuto a sapere, il colpo propagandistico progettato in un primo tempo sull'assassinio della Gandolfo era diventato rischioso. Luigi Tiberi sarebbe finito rapidamente contro un muro, Doris avrebbe tenuto la bocca chiusa e a lui, con la sua testimonianza oggettiva, spettava il compito di mettere la chiave di volta all'intera costruzione. Qualche giorno prima, qualche ora prima, sarebbe forse stato disposto a farlo, probabilmente gli era già accaduto di farlo in passato, anche se su episodi meno gravi. Adesso non più.

«Dottor Schinea, non so se dispongo di sufficienti dati oggettivi sulle condizioni del cadavere. Anche perché nel frattempo ho scoperto altri elementi sulla morte di quella donna che mi inducono a cambiare le mie convinzioni.»

«Che cosa significa cambiare, commissario?»

«Che sono venuto a sapere di un'altra possibile presenza sul luogo del delitto e questo mette in discussione la colpevolezza del Tiberi. Quanto meno richiede che venga chiarita.»

«Sul luogo del delitto e nel momento del delitto?»

«È possibile che questa presenza abbia coinciso col momento del delitto. O immediatamente prima.»

«Se è stato prima è molto diverso, vi rendete conto.»

«Proprio per questo la circostanza va approfondita.»

Schinea si tirò indietro appoggiandosi al rigido schienale della poltrona. Guardava nella sua direzione, vedendo il poco che le orribili lenti dei suoi occhiali gli consentivano.

«Siete consapevole dell'enormità della vostra affermazione? Tanto più a questo punto dell'istruttoria, con il fascicolo pronto per la corte?»

«Mi rendo conto, ma i fatti restano quelli che ho detto.»

«In poche parole, che intendete fare?»

«Completare le indagini, signor procuratore.»

Schinea non replicò limitandosi a indicare, con un gesto indolente, la porta.

Nella calura del primo pomeriggio, con l'asfalto ammollito dal sole le strade, dopo l'uscita degli ultimi impiegati dai ministeri, s'erano svuotate. La stessa immagine seguitava a tornare nella mente di Flaminio mentre saliva la ripida rampa di scale. In una piazza Barberini vuota, picchiata dal sole, due cani gialli s'accoppiavano, gli occhi vitrei, la lingua pendula, i movimenti vacui e sfiniti nell'oscenità inconsapevole della loro specie, un'aria come di disperazione, come se chiedessero aiuto per far loro cessare l'atto al quale una forza incoercibile li aveva sospinti.

La ruffiana l'aveva fatto accomodare nel salottino dalle logore tappezzerie rosse, Lisa entrò assonnata, senza troppo cercare di nascondere il fastidio che il momento della visita e la probabile natura del colloquio le provocava. La casa a quell'ora era chiusa ai normali clienti. Lisa indossava una vestaglietta stinta, la stessa che avrebbe messo d'abitudine se un giorno fosse riuscita a diventare la donna di casa che segretamente sognava di essere. Sedette di fronte a Flaminio, accese una sigaretta.

Bisognava cominciare chiedendo spiegazioni? rimproverandola? stupendosi? appellandosi al momento d'intimità autentica che era passato un giorno tra loro? Lisa fumava in silenzio, senza guardarlo, approfittando della pausa per finire di svegliarsi. Flaminio attaccò con una frase che richiamò ancora una volta l'immagine che l'aveva accompagnato.

«La città a quest'ora sembra vuota, non c'è un cane in giro.»

Era stato all'istituto di medicina legale, voleva vedere con i suoi occhi i resti di Franca Gandolfo, giudicare da quelli la richiesta di "elementi oggettivi" che il procuratore Schinea gli aveva fatto. Tutto ciò che si poteva vedere era racchiuso in una specie di cassetto di zinco infilato in un'immensa ghiacciaia; in un angolo l'inserviente vi teneva in fresco un fiasco di vino bianco.

«Sarebbe questa» aveva detto sollevando un lembo di cerata grigia.

L'uomo doveva essere meno vecchio di quanto a prima vista dimostrava e indossava uno spolverino che sembrava di ghisa. Non c'era granché da riconoscere nel cassetto, allo stesso modo in cui l'occhio del profano ignora a quale parte di bestia corrispondano, sul banco del macellaio, gli informi blocchi rossastri con le volute dei muscoli che ricordano quelle d'un tronco, le sbavature pallide del grasso e dei tendini, l'intera esposizione di brandelli ridotti a pura astrazione alimentare senza più appartenenza né traccia di vita, perché se una sola traccia restasse, in quelle anatomie smozzicate, i clienti fuggirebbero urlando.

All'interno del cassetto, il rosso era diventato grigio, qua e là maculato di nero, fosse in conseguenza di ustioni o della cancrena, prima che l'azione del ghiaccio ne arrestasse l'avanzata. Si poteva riconoscere a stento un arto, parte del tronco...

L'inserviente era rimasto immobile accanto a lui, le braccia conserte, l'aria paziente di chi è abituato ad aspettare che gli altri prendano le loro decisioni.

«Tutto qui?» aveva chiesto Flaminio.

L'uomo aveva risposto con un cenno d'assenso.

«Vi risulta che sia stato fatto un riconoscimento su questi resti?»

«Qualche giorno fa è venuta una donna, una giovane. Hanno messo tutto a verbale ma che ha detto non lo so.»

Anche se avesse avvicinato di più lo sguardo, anche se avesse immerso il viso nell'orrore di quelle carni grigie, non avrebbe potuto vedere di più di ciò che vedeva dalla sua posizione. La stessa che probabilmente era stata di Lisa.

«Il riconoscimento è avvenuto qui?»

L'uomo aveva annuito alzando appena le braccia per sottolineare la conferma.

«C'era anche il giudice durante l'ispezione?»

«Non lo so, è possibile. Comunque è tutto scritto nelle carte.»

«Il giudice è uno con gli occhiali spessi, quasi cieco.»

«Uno così c'era, la donna parlava con lui.»

«I resti sono stati reclamati da qualche parente?»

«No, mi pare proprio di no. Appena arriva il permesso della procura li seppelliamo.»

«Potete richiudere.»

Il cassetto era rientrato cigolando nella sua sede mettendo così al riparo dalle ventate torride che arrivavano dal finestrone il suo contenuto e il sottostante fiasco del vino. Che valore aveva un riconoscimento fatto in circostanze come quelle? Il procuratore gli aveva chiesto di fornire "elementi oggettivi" per completare l'inchiesta. Erano ben altri gli elementi che si sarebbero potuti aggiungere.

«Sei stata tu a riconoscere Franca all'obitorio?» domandò a Lisa.

La donna interruppe a metà il suo gesto: stava per

accendere un'altra sigaretta, invece spense il fiammifero con un unico soffio breve.

«Ho firmato il verbale, come ha detto il giudice.»

«Ma lo sai che c'era scritto in quel verbale? Te l'hanno detto? C'era scritto che tu dentro quel cassetto hai riconosciuto la tua amica Franca.»

La ragazza si strinse nelle spalle. Indugiava tenendo tra le dita la sigaretta che non aveva acceso. Dovevano aver aperto la casa perché adesso si udiva un leggero vocio arrivare dalla sala d'aspetto, il picchiettio di scarpe femminili su per le scale, qualche risata degli uomini. Chissà se Lisa era stata minacciata o, al contrario, se le avevano promesso qualcosa per indurla a firmare, non era difficile trovare buoni motivi per premere su di una ragazza come lei. Flaminio le si avvicinò e osò un gesto inaudito. Le afferrò il mento sollevando il volto della donna verso il suo.

«Lo sai, Lisa, che vogliono combinare alla tua amica, dopo morta?»

Aveva parlato a bassa voce, bisbigliando. La ragazza allontanò di scatto le sue dita e questa volta rispose fissandolo diritto negli occhi.

«Non lo so, non lo voglio sapere. Franca è morta, che vuoi che m'importi, nemmeno a lei ormai gliene importa più. Ho fatto quello che m'hanno chiesto. Tanto se non lo facevo i guai li passavo io. Se vuoi andare in camera, andiamoci subito e lasciami in pace pure tu.»

Non c'era quasi più niente di familiare nella sua voce. Flaminio aveva la sensazione di sentir parlare per la prima volta una donna mai conosciuta, e per la prima volta capì di quale durezza lei fosse capace. Manifestava una forza che scaturiva certo da una lunga abitudine a difendersi e tuttavia contraddiceva il suo aspetto, la sua apparente fragilità, il corpo che appariva così sottile chiuso in quella stinta vesticciola.

«Non sono venuto qui per andare in camera. Sto solo cercando di capire perché hanno ammazzato la tua amica, e chi è stato.»

Non rispose, tirò fuori un'altra sigaretta dal pacchetto. Quando avvicinò la fiamma, Flaminio vide che la sua mano tremava leggermente. Fumò per qualche istante in silenzio fissando ostentatamente il soffitto. La vita della casa era andata animandosi, le voci arrivavano numerose, più alte, a tratti così concitate da dare l'impressione che si fosse sull'orlo di un qualche tumulto. Invece si trattava probabilmente delle solite oscenità scherzose, lo sfoggio di quel tipo di umorismo che si pensava piacesse alle ragazze.

«Anche se lo scopri che ci fai, poveraccio.»

Lisa ruppe d'improvviso il silenzio. Le parole erano offensive, ma il tono con cui erano state pronunciate le smentiva e in quel tono, anzi, Flaminio credette di sentir tornare un'eco di quella confidenza che per una volta c'era stata tra loro.

«Che cosa vuoi dire, Lisa?»

«Voglio dire che io so chi era Franca, com'era fatta e quello che pensava. Nessuno qua dentro, né le altre ragazze né gli uomini che l'hanno scopata, nemmeno i suoi amanti, nessuno l'ha mai conosciuta davvero come me. Voglio dire che la verità su di lei non la saprà mai nessuno.»

Lo sguardo di Lisa s'era acceso, riversava su di lui quelle parole come fossero una sfida o una vendetta. Si esprimeva con una veemenza che faceva capire quale peso attribuisse a ciò che stava dicendo, quanto a lungo avesse pensato alla storia di Franca, così uguale e così lontana dalla sua.

«Franca qui dentro non parlava mai con nessuno. Era rimasta gelosa della sua vita in un posto come questo che è peggio di un ospedale perché nessuno riesce a nascondere niente e ogni sera si sa tutto di tutte e allora tanto vale dirle subito le cose, perché tanto poi se non le dici tu le dicono le altre e magari è peggio: quante marchette ha fatto ognuna di noi, se c'è stata qualche storia un po' speciale, un incidente, un litigio, un furto, un cliente che ha esagerato. Franca era l'unica alla quale nessuna ha mai rivolto queste domande. Qui dentro molte ragazze hanno un figlio da qualche parte e la sera, quando l'orario è finito e restiamo tra di noi, girano le fotografie di questi ragazzini che crescono in campagna affidati a qualche contadina che siccome sa in che modo la madre si guadagna la vita fa pagare tutto il doppio. Ho abortito tre volte, preferisco il raschiamento, non vorrei mai trovarmi in una situazione del genere e che mio figlio venisse allevato in campagna da quelle ladre. Sul figlio di Franca invece nessuno ha mai chiesto niente perché tanto si sapeva che lei non avebbe nemmeno detto come si chiama. Io lo so come ha avuto quel bambino che non sta bene, Franca con me parlava e sono l'unica qui dentro che ha visto la fotografia di Umbertino.»

Flaminio pensò d'interromperla, tanto grande era la contraddizione con il suo atteggiamento precedente e con ciò che di Franca aveva detto poco prima e con le sue ammissioni all'obitorio. Lisa però proseguiva infiammata dalle sue stesse parole, fumando senza sosta.

«Quando è arrivata a Roma, Franca era incinta e forse è venuta a Roma proprio perché l'avevano conciata in quel modo contro la sua volontà e al paese non poteva più stare. Ma era anche così bella che fino a quando riuscì a nascondere la pancia, lei che veniva dalla provincia e non conosceva nessuno, cominciò a frequentare il bel mondo e la sera andava a ballare al circolo ufficiali tutta elegante. S'era messa con un ufficiale, un capitano d'aviazione, che non s'era nemmeno accorto che lei aspettava un figlio e così andò avanti per qualche mese perché lui le aveva garantito che per una ragazza così bella non sarebbe stato difficile cominciare a fare qualche film e che lui poteva aiutarla. Quando si accorse che non poteva più nascondere la gravidanza, lasciò l'ufficiale che sapeva fare solo promesse e quasi non le dava una lira e si mise a fare qualche marchetta per pagare le spese della clinica perché voleva che il bambino nascesse nel posto più bello e con le cure migliori, non all'ospedale dei trovatelli. Fu in quel periodo che conobbe, in una serata un po' particolare piena di droga e di capricci, un grosso gerarca del fascismo per il quale ha perso la testa. Lei questo non me l'ha mai detto, l'ho capito da sola, date le cose che poi sono successe...»

«Quando dici che aveva perso la testa...»

«Dico che s'era innamorata come una ragazzina. Una vera cotta.»

Lisa non era certo consapevole d'aver sfiorato con quelle parole il punto più delicato dell'intera storia. In una notte di calura Flaminio aveva sentito il bisogno d'avvicinarsi alle chiome dei platani che lambivano la sua terrazza e ai rami di cui, sporgendo il braccio, arrivava a toccare la corteccia, liscia e fredda. Aveva spento la luce per non restare nel vano luminoso della porta e percorso la terrazza a passi lenti, godendo il fresco che sentiva nei capelli. Stava cercando di sistemare l'assassinio di una giovane donna all'interno di un teorema investigativo fatto di impulsi sessuali, interessi, sentimenti. Con la logica però si arriva difficilmente alla verità, un delitto non può "tornare" come tornano i conti perché nessuno conosce mai tutti i fattori necessari ma soltanto pochi elementi per lo più secondari. E a ciò che è casuale e incalcolabile resta comunque una parte troppo grande.

Poco dopo la mezzanotte aveva udito il passo cadenzato d'una pattuglia proveniente dalla vicina caserma della Milizia: diventava sonoro, culminava, tornava a svanire dalla parte opposta. L'oscurità immobile torreggiava sopra di lui, per molto tempo non aveva sentito che il caldo e rarefatto silenzio della notte di luglio. Verso le 3 la piazza era stata attraversata dall'ovattato scalpiccio di un gregge trasferito verso pascoli meno aridi. Di nuovo silenzio, il silenzio profondo d'una città abbandonata. Non c'è quasi mai niente che torni quando si mettono insieme indizi contraddittori. O sono sbagliate le premesse o il ragionamento fa acqua. La ragione è una menzogna, un balsamo che applichiamo fingendo, raccontando a noi stessi che se fossimo abbastanza intelligenti o determinati riusciremmo a dare un senso a ciò che ci sfugge. Al punto in cui le cose erano giunte, poteva solo andare avanti, anche se non sarebbe arrivato lontano continuando a brancolare a quel modo. Poi Doris aveva fatto il nome del capo della Milizia Attilio Zanna. E ora, d'improvviso, Lisa sembrava pronta a fargli compiere quel passo avanti decisivo nel quale aveva sperato. Se non si trattava di un inganno, se non era il nuovo angolo cieco di un interminabile dedalo.

9

Chissà quanto tempo era passato da quando Lisa aveva cominciato il suo racconto. Le vicissitudini di Franca, il suo bambino malato, gli amanti che aveva avuto, la vita nelle case di tolleranza in cui aveva lavorato. Flaminio aveva l'impressione che anche in quella ricostruzione si mescolassero elementi diversi, episodi della vita di Franca uniti a cose accadute ad altre ragazze, o forse alla stessa Lisa. Fino alla rivelazione dell'uomo di cui Franca s'era innamorata.

Nelle poche pause che Lisa lasciava tra le parole, si sentiva che adesso la casa stava andando a pieno regime. La porta del salottino s'apriva in cima alla rampa di scale che dall'ingresso sulla strada portava alla sala d'aspetto comune. Si udiva distintamente il trapestio e il rumore dei passi di quelli che entravano o uscivano. Una ragazza aveva cominciato a cantare accompagnata da un coretto di voci maschili con un curioso contrasto tra la voce aggraziata di lei e l'irridente volgarità, forse voluta, degli uomini. Lisa a un certo punto aprì uno stipo dissimulato nella tappezzeria e prese una bottiglia di cognac. Fece cenno a Flaminio se ne voleva e al diniego di lui si versò un'abbondante dose di liquore.

«Non so» proseguì «se Franca ha davvero creduto di poter diventare un giorno un'attrice del cinema. L'aiutava la sua bellezza e anche il suo modo di parlare, l'accento veneto che aveva conservato e suonava curioso in bocca a lei che invece era bruna e piaceva tanto perché sembrava proprio un tipo meridionale. Però ha cominciato nel modo sbagliato perché quell'ufficiale non conosceva nessuno e non sapeva nemmeno da che parte guardare. Poteva solo promettere cose che era incapace di mantenere. Ma la vera disgrazia di Franca è stata Umbertino, quel figlio che aveva tanto voluto non è mai stato bene. Il bambino aveva bisogno di cure costose e così lei non s'è più potuta permettere di aspettare una fortuna al cinema che forse sarebbe arrivata, ma chissà dopo quanto tempo. Subito dopo la nascita di Umbertino, ha dovuto continuare a guadagnare in fretta tutti i soldi che le servivano e questo poteva farlo solo riprendendo il giro di prima. Se avesse avuto più tempo e meno ansia, avrebbe potuto magari mettersi da sola e cercare di fare fortuna in un altro modo. Invece tempo non ne aveva e l'ansia era molto forte anche se lei faceva di tutto per non darlo a vedere. Un giorno dopo un altro, un uomo dopo un altro, è entrata nel giro delle case di tolleranza perché non è facile fare questo mestiere da sole e poteva andarle anche peggio, capitare in mano a qualche mascalzone, invece è venuta qui che in fondo è tra le prime case di Roma e se una sa come fare ci si può anche vivere bene e guadagnare parecchio.»

Lisa finì di bere il liquore che s'era versata e accese un'altra sigaretta. Sembrava aver esaurito almeno in parte la sua foga ed era esattamente ciò che Flaminio temeva che avvenisse.

«Hai detto che a un certo punto Franca conobbe un grosso gerarca del fascismo e che successe qualche cosa. Che cosa esattamente?»

A mano a mano che s'avvicinava al cuore della storia, Lisa sembrava più consapevole dei rischi che le sue parole potevano farle correre e del valore controverso che ogni ulteriore rivelazione poteva avere.

«Capitava che i clienti s'innamorassero di Franca. Capita a tutte, ma a lei capitava più spesso perché lei sapeva essere un'amante scatenata ma anche una ragazza molto tenera e affettuosa e la sua bravura era di capire gli uomini e, quando le andava, far pensare a ognuno che una donna così era proprio quella che aveva aspettato per tutta la vita. Uno studente, il figlio di un costruttore, ha speso una fortuna per convincerla a uscire da questa casa. Veniva qui tutti i giorni con un mazzo di rose e noi un po' eravamo invidiose un po' la prendevamo in giro. Franca però non gli ha mai dato retta e anzi negli ultimi tempi non voleva nemmeno più andare a letto con lui per togliergli quell'idea dalla testa.

«Franca aveva la storia con Tiberi che andava avanti da quando lui l'aveva aiutata in ospedale al momento del parto. Non credo che l'abbia mai amato. Era incerta, un po' lo temeva ma soprattutto aveva paura del tipo, capiva che mettersi con uno così era come ammettere con se stessa che ogni speranza era tramontata, che dal casino sarebbe uscita solo per diventare la moglie e la sguattera di un poveraccio. Forse prima di avere Umbertino l'avrebbe anche fatto. L'avrebbe fatto se si fosse trattato di una scelta sua. Invece anche Tiberi ha sbagliato insistendo troppo, facendola sentire come costretta.

«Una volta, forse un anno fa, un giorno in cui faceva molto caldo e c'era poca gente, è entrato qui, proprio in questo salottino, un alto gerarca. Ha parlato un po' con la padrona e la padrona ha pensato di mandargli due o tre di noi per fare bella figura. Quando Franca è entrata da quella porta, s'è capito che lui l'aveva già conosciuta. Sono rimasti in silenzio per un po', anche Maria Rosa che aveva intuito subito il pasticcio che aveva combinato. È stata Franca a parlare per prima, l'ha salutato con naturalezza come se niente fosse, allora l'uomo è salito in camera con lei. Di quello che si sono detti quel giorno Franca non mi ha mai parlato, ma io so che hanno fatto l'amore non come si fa qua dentro, l'hanno fatto sul serio come due che si ritrovano dopo tanto tempo e il capo del fascio è uscito sconvolto.»

Chissà quanto c'era di vero in ciò che Lisa stava raccontando e quanto invece era modificato dalla memoria e dalle fantasie romanzesche che sicuramente erano state fatte su quegli avvenimenti. Lisa stava raccontando la storia di Franca o forse anche lei stava dando corpo, prendendo spunto da quanto era accaduto, a un desiderio, al sogno della sua vita. Prima o poi, pensava Flaminio, sarebbe comunque arrivata a un episodio in cui il racconto avrebbe potuto essere verificato. La ragazza s'era versata ancora del liquore e aveva ripreso a raccontare come se il tempo si fosse fermato al di fuori di quella piccola stanza rossa impregnata di fumo.

«Nessuna di noi, nemmeno io, ha capito subito in che situazione Franca s'era venuta a trovare dopo quel giorno. Il gerarca tornò altre volte e rimase a lungo chiuso in camera con lei, anche un'intera serata. D'altra parte non faceva lo stupido come lo studente, pagava il dovuto e Maria Rosa non poteva dire niente, anche se sapevamo tutte che certe situazioni anormali alla fine portano solo guai a tutti, a cominciare da chi le vive. Poi lui cominciò a chiedere che Franca uscisse per incontrarla più comodamente fuori della casa. Questo sarebbe proibito per chiunque, ma non lo era per lui. Così è successo che a un certo punto non veniva nemmeno più a prenderla. All'ora convenuta mandava l'autista che fermava la macchina all'angolo del Tritone, Franca usciva tutta elegante e l'auto la portava in un albergo dei Castelli, a Rocca di Papa, oppure al mare, dalle parti di Ostia, e Franca tornava a notte fonda, oppure la mattina dopo, nervosa, stanca, eccitata, non sapendo che fare con quella storia così difficile.

«Intanto il Tiberi aveva cominciato a capire che qualche cosa era cambiato nella vita di quella che lui considerava la sua donna. Un uomo come Gino Tiberi sa che se si fidanza con una che sta in una casa come questa, la sua non potrà mai essere una vita normale perché un uomo normale non può pensare che la sua ragazza va a letto con trenta o quaranta uomini al giorno. Eppure anche in una vita come questa esiste una regolarità perché se uno si abitua all'idea, c'è poca differenza tra fare questo mestiere e fare l'operaia in una fabbrica o la commessa in un negozio. Devono passare quelle ore, devi fare quelle cose, e le fai pensando che la giornata sta per finire, la settimana sta per finire, che stai per avere il tuo giorno di riposo e che comunque tutto questo un giorno finirà per sempre e comincerà quella che tu consideri la tua vita vera e che degli anni passati qui dentro non resterà nemmeno il ricordo.

«Quando però dalla regolarità di una vita come questa, che è come stare in convento, cominci a uscire per passare le notti in albergo sempre con lo stesso uomo, le cose cambiano e Tiberi aveva capito che stava succedendo qualche cosa di insolito, che Franca aveva cambiato umore e cominciava a sospettare che forse, in mezzo a tanti, c'era un uomo diverso dagli altri anche se non capiva bene come fosse potuto succedere. Anche lui come l'altro restava chiuso a lungo in camera con Franca, con la differenza però che quello faceva l'amore come un toro e lui invece passava il tempo a cercare di capire che cosa stava succedendo, a fare progetti inutili oppure, peggio, a fare domande e a mangiarsi il fegato e a litigare con lei e noi li sentivamo gridare e qualche volta Franca piangeva. Franca era diventata come matta e non sapeva più come uscire da questa situazione anche perché un giorno l'autista del gerarca, invece di condurla in uno dei soliti alberghi fuori città, l'ha portata in una strada di San Lorenzo, le ha dato la chiave di un appartamento e le ha detto di salire. Era una sorpresa, l'appartamento era tutto arredato anche con i vestiti e la biancheria nell'armadio e sulla porta della camera da letto c'era il gerarca che ha detto a Franca: ecco, questa casa è tua per tutto il tempo che vorrai, devi lasciare via degli Avignonesi, la vita che fai, ti voglio solo per me. Se vuoi ti puoi sistemare anche subito, alle pratiche con la polizia e al resto ci penso io.

«Non era una proposta di fidanzamento o di matrimonio come quella di Tiberi, però era la prospettiva di una relazione stabile, la possibilità di cambiare vita, di pensare con meno affanno all'avvenire di suo figlio, la possibilità di farlo curare come si deve in un bel posto per bambini ricchi. Ma c'era di mezzo Gino Tiberi perché, pochi giorni prima di questa sorpresa dell'appartamento, s'era fatto vivo a modo suo, da disgraziato senza un soldo. Tiberi aveva detto a Franca di essere riuscito a mettere da parte abbastanza per affittare una casetta al Prenestino, che sembrava di stare in campagna perché c'erano anche due galline e l'orticello intorno, e che poteva comprare un po'di mobili per arredarla e che se lei accettava voleva sposarla regolarmente in chiesa, vestita di bianco con i fiori, i confetti e tutto. Così, per colpa della sua bellezza, Franca si trovava davanti a due possibilità. Un pezzo grosso del fascismo che voleva mantenerla e le dava la possibilità di vivere chissà quanto senza fare niente, chiusa in un appartamento solo per lui come la donna di un sultano. E un disgraziato pieno di passione e di dolore, un uomo buono, un po' lagnoso, con la testa calda e la fedina penale sporca, che voleva addirittura sposarla e farla diventare una donna come tante, però rispettata da tutti nel quartiere, una di quelle che la mattina fanno la spesa, poi lavano i piatti e la sera fanno l'amore col marito e sono sempre incinte. Io al posto suo avrei accettato perché mi piacerebbe una vita così, anche con pochi soldi e a non farmi mettere incinta – l'ho imparato sulla mia pelle – ci so pensare da sola.»

Queste ultime parole Lisa le aggiunse a voce più bassa, fissando Flaminio. Forse s'aspettava una sua reazione, ma distolse subito lo sguardo e continuò.

«Franca non sapeva come decidere. Rispose che ci avrebbe pensato, che voleva un po' di tempo. Poteva scegliere tra due possibilità, ma nessuna le piaceva. Non voglio diventare la mantenuta di uno che oggi farebbe qualunque pazzia per me, ma in ogni momento può cambiare idea e cacciarmi a calci, mi disse un giorno. Non voglio nemmeno diventare la moglie di un poveraccio e passare la vita a lavare i panni e a spaccare il centesimo in quattro per mettere a tavola qualcosa da mangiare.

«Non so se ho capito male io o se le cose stanno proprio così, ma questo ho sentito nelle parole che Franca diceva in quei giorni, torturandosi su quello che doveva fare e quale di questi due uomini doveva scegliere e doveva anche stare attenta perché tutti e due vedevano che lei era ridotta male, così nervosa e incerta, ma nessuno dei due doveva sapere dell'altro. Tante volte fino a notte fonda, fino all'alba, siamo rimaste a parlare di queste cose sdraiate nel suo letto o nel mio, fumando, parlando piano piano per non farci sentire, e qualche volta ci siamo addormentate così, abbracciate, mentre spuntava il giorno, e mi sembrava di dover decidere non per lei ma per me stessa.

«Quello che ho capito è che per Franca non era nemmeno questione di soldi, non voleva legarsi né all'uno né all'altro perché sapeva che la condizione di mantenuta e quella di moglie di un povero diavolo erano due brutte cose dalle quali avrebbe avuto molta infelicità e che allora tanto valeva restare ancora un po' di anni qua dentro a fare quello che facciamo aspettando di avere abbastanza soldi da parte per poter decidere da sole come vivere. Per lei i soldi non erano la cosa più importante. Franca mi diceva che o con l'uno o con l'altro non sarebbe mai stata per motivi diversi una donna libera. L'avevano violentata come un animale che non aveva nemmeno sedici anni, poi era stata costretta a fare marchette per mettere al mondo un figlio, era vissuta qua dentro che si sta come in una caserma e adesso o si metteva agli ordini di uno che l'avrebbe trattata come una bestiola, oppure avrebbe sposato uno spiantato che diceva di volerle tanto bene e che veniva qui a piangere mentre giurava d'amarla, ma si sa come vanno a finire certe cose quando manca tutto per vivere.»

Lisa, sempre seguitando a parlare, aveva praticamente finito il cognac della bottiglia e il suo sguardo s'era fatto incerto. Flaminio s'era trattenuto dall'interromperla temendo che un qualunque inciampo la distogliesse dal toccare il punto conclusivo di quel racconto, vero o no che fosse. C'erano molte domande che avrebbe voluto farle: davvero i due uomini non s'erano mai incontrati? Erano mai venuti a sapere l'uno dell'altro? Conoscevano i rispettivi nomi? Quale dei due avrebbe sentito il rifiuto di Franca in modo più offensivo? Quest'ultima domanda non poteva farla certo a lei, ma era forse quella che gli tornava con più insistenza in mente. Si poteva arrivare a credere che la risposta a quella domanda fosse sufficiente a individuare il possibile assassino. Quando Lisa riprese a parlare, la sua voce s'era abbassata e il ritmo sembrava più affaticato.

«Una notte Franca entrò nella mia stanza mentre tutte le ragazze dormivano. S'infilò svelta nel letto svegliandomi, si chinò al mio orecchio e mi sussurrò d'aver preso la decisione definitiva. Disse che avrebbe risposto di no a tutti e due e, siccome aveva accettato di prendere le chiavi dell'appartamento per un periodo di prova, avrebbe restituito le chiavi e chiuso per sempre la questione sia con l'uno che con l'altro. Io m'ero tirata su a sedere. Anche se sospettavo che avrebbe finito per decidere in quel modo, sentirglielo dire in maniera tanto spiccia mi fece male anche perché Franca quel giorno non stava bene e sembrava un po' ubriaca. Così fece. Come lo fece non lo so, ma vari segnali mi hanno fatto capire che mantenne il suo proposito. Sono sicura che Tiberi venne qui a fare la famosa scenata perché sapeva di averla perduta e in quanto all'altro, il pezzo grosso, mi sembra di vederla Franca mentre fa l'amore con lui come al solito dandosi tutta e poi con quella sua voce gentile, quell'accento così dolce, gli dice che quella era stata l'ultima volta, bada che è finita, eccoti le chiavi dell'appartamento, possiamo restare amici se vuoi, che è uno dei tanti modi per dire addio.»

Era verosimile che le cose si fossero svolte in quel modo. Ma una volta spogliato il racconto da ogni possibile somiglianza con un romanzetto sentimentale, restava irrisolto il dubbio su chi dei due avesse sentito l'abbandono da parte di Franca come un evento insopportabile. Se provava a calarsi nella psicologia dei due personaggi, Flaminio riusciva a immaginare che il gerarca poteva aver vissuto l'abbandono come un'onta, una mancanza di riguardo, un affronto, una cosa da liquidare con due schiaffi rabbiosi e un ultimo rotolo di banconote gettate con sprezzo sul comodino. Gino Tiberi invece come un immenso dolore, uno schianto che l'aveva sopraffatto, un gesto di tale inaudita gravità che perfino il processo e l'ergastolo diventavano un prezzo ragionevole, una possibile forma di riparazione. Di colpo, la prospettiva che aveva dato ai fatti sembrava nuovamente ribaltarsi. Alla luce di ciò che Lisa aveva raccontato, se davvero le cose erano andate in quel modo, sembrava più probabile che fosse stato Tiberi a uccidere.

Lisa si alzò, barcollando leggermente, dalla poltroncina.

«Adesso devo andare a lavorare» disse. «La casa è piena di clienti e Maria Rosa sarà furibonda.»

«Aspetta, Lisa, il nome del gerarca penso di saperlo. Tu non devi dire niente, lo dico io: si tratta di Attilio Zanna, vero?»

Lei non parlò, si fronteggiavano a pochi centimetri di distanza. Nello sguardo appannato di Lisa, nella sua mancanza di reazioni s'indovinava una sola possibile risposta.

«Non lo so» disse improvvisamente. «Non so chi dei due l'ha ammazzata. Forse Attilio, forse Gino. Me lo sono chiesta tutti questi giorni e non sono stata capace di trovare una risposta.»

Flaminio le si avvicinò ancora di più, osò accarezzarle il viso attratto dalla sensualità un po' malata che emanava da lei ma soprattutto dalla pietà che in quel momento gli ispirava.

«C'è una cosa che devi fare. Va' da quel giudice, si chiama Schinea, ritratta il riconoscimento. Ho visto anch'io i resti di quel corpo, so che si tratta di poveri brandelli irriconoscibili, appartenuti chissà a chi, non sarà difficile dire che sei stata vinta dall'emozione, dalla nausea. Se non ritratti è come se puntassi un dito contro Tiberi dicendo che è stato lui, che possono benissimo metterlo al muro e fucilarlo. Forse è stato lui ma se è vero quello che hai detto, tu non lo sai...»

Dall'ombra che vide nello sguardo di lei capì che quelle parole erano arrivate. Si avvicinò ancora di più, la strinse improvvisamente a sé turbato nel sentire che sotto la veste da camera era nuda. Era sul punto di baciarla e anche Lisa stava sollevando il viso verso di lui con gli occhi socchiusi dopo tutto quel cognac. Maria Rosa aprì la porta e colse come poteva la situazione: li vide abbracciati, la bottiglia rovesciata sul pavimento, fraintese. S'avvicinò di scatto a Lisa, l'afferrò per un braccio allontanandola con uno strattone prima ancora che Flaminio avesse modo di percepire la successione dei movimenti, la colpì due, tre volte senza sforzo apparente, quasi con tranquillità, col taglio della mano alla bocca dello stomaco, sul collo. Lisa si accasciò a terra mentre Flaminio, troppo tardi, la immobilizzava.

«Non ci provi, commissario» sibilò Maria Rosa appena affannata. «È più di mezz'ora che Lisa dovrebbe stare con le altre ragazze in sala d'aspetto e invece è qui a scopare con lei, ubriaca come una cagna. E intanto i clienti la chiedono e io non so che dire.»

S'era liberata dalla presa di Flaminio e di nuovo, senza preavviso, tornò a colpire la ragazza a terra. Dei calci violenti all'altezza delle reni. Lisa ebbe un profondo conato e cominciò a vomitare il cognac che aveva appena bevuto. Questa volta Flaminio la strinse senza riguardi, cercando di sospingerla verso la parete opposta anche se in quello spazio angusto non era facile e la mole compatta di lei costituiva da sola un ostacolo.

«La smetta immediatamente» ordinò.

«La smetta lei, commissario. Se comincio a urlare lei è fottuto.»

Lisa si stava tirando lentamente in piedi. Rassettò la vestaglia, ravviò i capelli, si passò il dorso della mano sulla bocca, strinse il nodo della cintura.

«Mettiti il costume e fila in sala che c'è gente che ha chiesto di te. Porta via quella bottiglia. Quella te la metto in conto.»

Lisa uscì senza nemmeno alzare gli occhi.

«Non è facile tenere la disciplina in un posto come questo. Lei fa parte di un corpo militare e mi può capire. In un casino non ci sono le camere di punizione, alle ragazze bisogna insegnare come si può.»

Diceva quelle cose non con l'aria di volersi scusare, anzi con un tono di obiettiva necessità. Flaminio avvertiva una leggera nausea per il puzzo acido che aveva invaso la stanza, per la scena alla quale aveva assistito, per il proprio comportamento. Si stava chiedendo se non avrebbe dovuto essere più deciso nei confronti di Maria Rosa, e che cosa Lisa poteva aver pensato della lentezza irresoluta con la quale aveva reagito vedendola cadere sotto i suoi occhi. C'era stato un momento, nel corso del lungo racconto di lei, in cui Flaminio aveva avuto netta l'impressione che Lisa stesse parlando di Franca per alludere a se stessa e che, attraverso le vicende dell'amica, gli stesse in realtà suggerendo che la stessa vicenda avrebbe potuto avere un esito molto diverso, se anche i protagonisti fossero stati diversi. La sua però rimaneva una falsa posizione e nella sua astuzia istintiva la maîtresse se n'era resa conto. Aveva colpito senza pietà per insegnare qualche cosa alla ragazza ma anche a lui. Flaminio continuava a svolgere un'indagine che nessuno voleva e che d'altronde nemmeno lui all'inizio intendeva fare. Una storia losca nella quale i medesimi fatti cambiavano di significato a seconda dell'angolo visuale dal quale li si guardava e dove, come in un sogno, si aveva la sensazione di muovere faticosamente le gambe senza tuttavia riuscire ad avanzare d'un solo passo.

«Perché è stato qui dentro con Lisa per tutto questo tempo? S'è innamorato? O è sempre per quella storia di Franca? Qualunque sia la risposta, è stato un errore. Non bisogna mai innamorarsi di una puttana, allo stesso modo in cui una puttana non deve mai innamorarsi di un cliente, è proibito ma prima ancora è stupido. Possono venirne solo guai. Qui si viene per scopare, non per fare gli innamorati. Anche se avete parlato di Franca è uno sbaglio. Franca è morta, nessuno ce la potrà ridare. Lasci perdere il suo assassino, ce ne sono tanti in giro, uno più uno meno non cambia niente.»

«È il mio mestiere, Maria Rosa, decido io che cosa devo fare.»

La donna ebbe un debole sorriso, forse di comprensione, o di scherno.

«In momenti normali potrà anche essere così, non adesso.»

Continuava a sorridere, guardandolo con aria allusiva, forse intuì ciò che Flaminio avrebbe voluto chiederle.

«Ieri sera è venuto uno molto importante. Abbiamo parlato in confidenza. M'ha detto che sabato ci sarà una riunione speciale, molto in alto, che potrebbe cambiare tutto, le sorti della guerra o quelle del regime, o entrambe.»

«Ne girano tante di voci in questi giorni.»

«Questa non è una voce, commissario, è una notizia. Mussolini ha convocato per sabato il Gran Consiglio del fascismo. Non si esponga troppo, dia retta a me; e adesso per piacere se ne vada che qui bisogna pulire e cambiare l'aria.»

Flaminio uscì dalla casa come da un consulto con la chiromante, incerto se dovesse o no credere alle oscure parole di quella donna.

10

La casa dove abitava Giovanni era forse la più misteriosa di Roma o almeno così appariva agli occhi di Flaminio. Comunque la più adatta, pensava ogni volta che vi metteva piede, a un delitto dai misteriosi risvolti. Accadeva invece che gli omicidi, non escluso quello di Franca, venissero in genere commessi nei grigi palazzi di periferia, povere abitazioni senza fascino e senza discrezione, prive di ombre che non fossero quelle delle misere esistenze e dei rancori o dei sordidi interessi che le animavano e che nemmeno la momentanea coloritura del sangue riusciva a sottrarre al loro anonimato. Il luogo dove abitava Giovanni era costituito da un insieme di edifici legati o divisi tra loro da una serie di giardinetti interni. Non però dei normali giardini, piuttosto una sequela di recinti disposti su vari livelli con delle piccole scale brevi che li fiancheggiavano e poi ancora dei ballatoi e al di sopra dei ballatoi, quasi a coronamento, dei balconi cinti da elaborate ringhiere e le stesse ringhiere adorne o deformate e in pratica nascoste dal viluppo di glicini che col tempo s'erano irrobustiti fino ad assumere forma, consistenza e sinuosità di giganteschi serpenti dall'opaco colorito uniforme. D'altronde non solo sulle ringhiere ma ovunque la vegetazione s'era confusa con le murature, le recinzioni, le mura di contenimento e ornamentali, s'era insinuata nelle ogive e nelle aperture alterandone irregolarmente i contorni e le dimensioni, occludendone alcune, velandone altre col filtro di un tenero verde che nel controluce assumeva la trasparenza aerea d'una filigrana. E poiché l'abbondanza delle piante, dei cespugli e degli arbusti, che nessuno aveva mai avuto il coraggio di togliere e nemmeno di alleggerire, aveva impedito che le parti in muratura venissero ridipinte e restaurate, col passare degli anni e dei decenni, poiché la casa era molto antica, i colori originari s'erano attenuati e alterati assumendo la patinatura di un vago rossastro che poteva essere ugualmente attribuita al progetto originale di imprimere a quei manufatti una calda tonalità pompeiana oppure alla pacata e uniforme ossidazione provocata dal tempo.

Giovanni Tenebra era uno storico dell'arte tra i migliori che vi fossero in Italia. Storico delle idee e delle immagini, cioè dell'estetica, ma anche profondo conoscitore delle tecniche e dei materiali, delle condizioni in cui gli artisti avevano operato, dei loro mezzi e delle loro risorse, perfino dei loro vizi e dei tic. I suoi giudizi risultavano un curioso impasto di riferimenti ideali e astratti, uniti a considerazioni di solida conoscenza biografica e artigianale sull'arte del dipingere tele e dell'affrescare muri. Passando dall'uno all'altro registro di questo doppio metro di giudizio, era in grado di spiazzare di continuo l'ascoltatore trascorrendo con uguale competenza dalla storia delle idee alla composizione chimica di un dato colore che spiegava, quasi da sola, le alterazioni di una figura o la caratteristica di uno stile. L'unico limite al suo talento, alla perspicuità dei suoi riferimenti, all'ampiezza dei collegamenti di cui era capace, stava nella sua indole pigra e schiva, nell'insofferenza e nella noia che il mondo, e in particolare l'eterno chiacchiericcio dei ciarlatani, gli causava. Un fastidio, un'insofferenza così forti che, non avendo neppure sessant'anni, s'era già allontanato da ogni incarico e, potendo godere di una piccola rendita che gli dava da vivere, s'era ritirato in quella casa misteriosamente accogliente addossata alle pendici del Pincio e sovrastata in parte dalla boscaglia che partendo dal fianco della collina arrivava a lambire la passeggiata del Valadier.

Flaminio Prati lo aveva conosciuto in occasione di un furto di opere d'arte. Per qualche giorno, prima e dopo il ritrovamento, avevano lavorato insieme, Flaminio alla parte investigativa, Giovanni alla catalogazione e all'esame delle tele una volta che erano state recuperate. Ne era nata un'amicizia particolare, una di quelle amicizie che sopravvivono anche a una scarsa frequentazione e che, fondate su una reciproca simpatia istintiva, si ravvivano spontaneamente a ogni nuovo incontro. Flaminio non sottovalutava la fortuna che il caso gli aveva riservato e sempre si recava a trovare quell'amico più anziano e tanto più autorevole quando una qualche circostanza fuori dell'ordinario rendeva necessari i suoi consigli.

Mentre entrava nel vasto androne, lo colpì come ogni volta, nonostante il grave turbamento che gli aveva provocato l'incontro appena ultimato e dal quale proveniva, la frescura che l'ampiezza della volta e lo spessore delle mura conservava a quei luoghi. Salì la rampa di scale con le pareti decorate da frammenti di marmi antichi, attraversò la misteriosa sequela dei piccoli giardini interni, salì una nuova rampa. La porta dell'appartamento era già stata aperta, Giovanni lo stava aspettando incuriosito da quella visita improvvisata, gli occhi mobili e vivi dietro le lenti al cui fondo balenava una continua piccola scintilla di dispettosa ironia. Volle sapere, impaziente, quali sviluppi aveva la situazione avendo appreso dalle scarne cronache dei giornali che Flaminio si stava occupando di un omicidio e per di più dell'omicidio di una giovane donna dalla vita molto infelice e tuttavia carica di sensualità. Flaminio riferì brevemente ciò che poteva. L'esitazione iniziale, lo strano modo in cui s'era trovato mescolato all'inchiesta, quasi in contrasto con la sua volontà. Lo sgomento di doversi occupare di quella morte nel quartiere devastato dal bombardamento, unica morte anomala rispetto a tante altre che un giorno sarebbero state consegnate in blocco alle sinistre statistiche della storia.

Poi venne al punto: l'arresto di Tiberi sulla base di indizi che parevano discutibili ma che il racconto di Lisa aveva reso più consistenti e la scoperta di quel secondo amante, personaggio potente di cui finse di non voler rivelare il nome fino a quando l'altro non riuscì a strappargielo. A quel punto, quando ebbe saputo che poteva trattarsi di Attilio Zanna, Giovanni reagì con un ampio gesto del braccio, come se avesse voluto dire: Zanna, ma certo, che ovvietà. E poiché egli era, tra le altre cose, un attento biografo orale, conoscitore di sterminate genealogie e di infiniti aneddoti, prese a colorirne la figura.

«Questo Zanna è un tanghero, un imbecille vanitoso» cominciò a dire. «Pensa che nel '35, quando Goebbels andò a Venezia al convegno per gli scambi culturali tra Italia e Germania, chiese che gli venissero inviate due cacciatorpediniere per portarlo in gita a Brioni. Ordinò al comandante di tenere a lungo la velocità massima perché si divertiva a vedere i baffi di spuma che, a trenta nodi, si sollevavano a poppa. Il risultato fu che le macchine andarono in avaria. Non mi stupirebbe che un uomo del genere fosse anche un assassino, sempre per vanità. Ma mi rendo anche conto che non si può condurre un'inchiesta di polizia con simili criteri.»

Rise di quella sua abituale risata secca, ma dovette subito smettere perché ridere gli provocava delle fitte penose al torace. Una volta Giovanni aveva detto d'avere l'impressione d'essere nato al momento giusto, illusione di grande importanza non importa quanto vera, che nel suo caso consisteva nel credersi il rappresentante d'una sparuta pattuglia e comunque uno dei pochi in grado di cogliere il nodo di ridicolo e finanche di fragilità che si nascondeva sotto le tonitruanti apparenze del fascismo. Non rinunciava a quella ironica fiducia perché non gli piaceva rinunciare a niente di cui fosse venuto in possesso. Nonostante questo, però, da qualche settimana gli accadeva di pensare d'essere stato travolto, e con gravi conseguenze, da ciò che sulle prime gli era parso più irreale di tutto: da uno stato d'animo tra romantico e presago nel quale ogni confine tra superstizione, magia e ragionevolezza illuministica era stato abolito.

Fin dal giugno del '40, pochi giorni dopo la dichiarazione di guerra, anche davanti ai primi effimeri successi, Giovanni aveva continuato a ripetere che il conflitto si sarebbe risolto in una catastrofe. "Ma non li vedi questi? pugnale alla cintura e pacchetto delle paste appeso al mignolo, non combineranno mai niente di buono" seguitava a dire con quella luce di dispetto negli occhi, ostentando il suo disprezzo. Se c'era un limite e una menda di cui Flaminio gli faceva carico, la sola che certe volte avesse voglia di rimproverargli, era proprio questo eterno rifiuto senza conseguenti decisioni, e non perché fosse ingiusto, ma perché il continuo rifiuto fine a se stesso apparentava il suo comportamento, per altri aspetti raro, all'apatia e all'assenteismo di buona parte dei letterati, degli scrittori e degli artisti italiani. Anch'essi, magari con minore intelligenza e minor sense of humour, sembravano capaci quasi soltanto di criticare o di deridere il regime fascista nelle varie salette dei caffè, tollerati quasi con benevolenza dalla stessa polizia politica che li sorvegliava discretamente. Sarebbe bastata questa benevolenza a render sospetto o futile lo sfavillio verbale, lo spreco di intelligenza, l'eleganza satirica di quella fronda. Non c'era aspetto della rozzezza di Mussolini, della grossolanità delle sue analisi, non c'era cerimoniale, rito, linguaggio, contraddizione, parola d'ordine che sfuggisse all'acido corrosivo di un ghigno, d'una battuta, di un'analisi o anche solo all'irridente ferocia d'una barzelletta. Tutto il potenziale dell'opposizione di sinistra si esauriva più o meno nell'esercizio d'una critica tanto lucida quanto sterile. Le uniche persone che tollero, aveva detto una volta Giovanni, sono quelle che senza parlare tanto sono finite davanti al Tribunale speciale e nemmeno lì hanno aperto bocca.

Se però Flaminio avesse trovato il modo di parlargli di questo preteso difetto della sua, chiamiamola pure, risoluta apatia, Giovanni con ogni probabilità avrebbe risposto che sì, poteva anche esser vero, e che tuttavia questo difetto, ammesso che ci fosse, ne annullava un altro: un certo spirito elitario che sapeva di nutrire. Sarò anche apatico, avrebbe detto, ma almeno nella mia apatia mi ricongiungo allo spirito del popolo, al sentimento generale di tutta la nazione, a quel diffuso sentimento collettivo che col passare degli anni e le sempre più terribili vicende della guerra è stato prima apatia e ora s'è trasformato in disperata indifferenza.

«L'ho detto fin dall'autunno scorso che il '43 sarebbe stato un anno tremendo. Non mi avete voluto dare retta, peggio per voi.»

Adesso non rideva più anche se la frase, ma non il pessimismo che conteneva, era stata detta con tono scherzoso.

«Il '43 doveva di necessità essere un anno orribile» ripeté Giovanni. E visto che Flaminio seguitava ad ascoltare senza domandargli il perché di quella profezia, continuò da solo: «La Pasqua è venuta altissima, alla data più tarda che l'Epatta consenta. Una Pasqua così capita due o tre volte in un secolo, temuta dagli stregoni e dai profeti, Pasqua che ricorre il giorno di San Marco, sicché la Pentecoste viene il giorno di Sant'Antonio, e il Corpus Domini il giorno di San Giovanni Battista. Sai a che cosa rimanda tutto questo?».

«No, Giovanni, non lo so» ammise senz'altro Flaminio mantenendosi serio per dargli la soddisfazione di poter rispondere da solo.

«Alla celebre quartina graffita sul muro di una chiesa presso Treviri che dice: "Quum divus Marcus paschabit / et Antonius pentacostabit / et Iohannes Corpus dabit / totus mundus lacrimabit". Mi segui? È basso latino un po' maccheronico, devo tradurre?»

«No, direi di no.»

Era poi vera l'iscrizione di Treviri? Poteva anche trattarsi di un'altra delle sue invenzioni estemporanee.

«E se vuoi una profezia, ne ho scovata una molto adatta pochi giorni fa: "L'atmosfera sarà appestata dalla presenza visibile dei demonî che si mostreranno sotto mille forme". Lo ha lasciato scritto un secolo e passa fa la venerabile Anna Maria Taigi prevedendo l'arrivo di quei demonî meccanici che lunedì scorso hanno bombardato Roma. Non si è trattato di un bombardamento come un altro, tu capisci. Per la prima volta dall'entrata dei Lanzi nel 1527, quattrocento e passa anni fa, l'Urbe è stata violata...»

Chissà se credeva lui stesso a ciò che diceva o se andava scovando quelle premonizioni sì e no adattabili all'attualità per nobilitare in qualche modo le angustie del presente, per accollare il tragico destino di una nazione non solo alla follia di un dittatore o alla credulità di un popolo, ma a un più vasto e nobile disegno planetario, una fatale avventura scritta da sempre nelle stelle.

Di una sola circostanza rilevante Flaminio tacque quella mattina, dell'incontro avuto poche ore prima proprio con Attilio Zanna nell'ufficio di questi a Palazzo Cimadori. Perché mentre si stava chiedendo se avrebbe dovuto avvicinare il potente capo della Milizia, in che modo e con quali forme, un motociclista incaricato da Zanna s'era presentato di buon'ora a casa sua dalle parti di via Asiago.

«Sua eccellenza Zanna avrebbe piacere di incontrarvi anche subito per comunicazioni» aveva detto l'uomo consegnandogli un biglietto.

Flaminio aveva reagito con sorpresa, piuttosto intimorito nonostante il tono del messo fosse molto cortese. Un'ora più tardi, un'automobile lo aveva accompagnato fino al palazzo dove aveva sede, nelle strette strade alle spalle di piazza Navona e quasi in vista di Palazzo Braschi, il quartier generale della Milizia. L'ufficio di Zanna arieggiava quello del Duce, una vasta sala dall'altissimo soffitto a cassettoni dorati, le pareti affrescate, quasi completamente spoglia, solo una scrivania e una rigida sedia rinascimentale poste sul fondo, sicché il visitatore, una volta ammesso, doveva attraversare l'intero salone che rimbombava vuoto prima di giungere a portata di voce, al cospetto di sua eccellenza. E mentre il visitatore copriva quel percorso leggermente obliquo, Zanna era libero di scegliere l'atteggiamento più adatto a stabilire le mute premesse dell'incontro. Fissare l'ospite con insistenza, le mani giunte a sorreggere la mascella sfuggente, oppure fingere di continuare a lavorare, il volto chino sulle carte e la penna che vergava qualche parola stridendo sul foglio.

Con Flaminio aveva scelto questa seconda possibilità. Flaminio aveva attraversato la sala, era giunto a qualche passo dalla scrivania dove s'era arrestato immobile, in una vaga posizione di attenti. Nel frattempo Zanna aveva continuato a scrivere su uno dei pesanti fogli di carta a mano appositamente ordinati per lui a una cartiera di Fabriano. Aveva terminato di scrivere, asciugato l'inchiostro, riletto, corretto, premuto il pulsante di un campanello e aveva ordinato all'usciere in uniforme che era accorso immediatamente di far copiare a macchina con la più grande urgenza quella missiva. Solo quando l'uomo era uscito chiudendosi la gigantesca porta alle spalle, aveva alzato gli occhi su Flaminio che per tutto quel tempo era rimasto in piedi davanti alla scrivania.

«Voi sareste?» aveva domandato con tono quasi irritato.

«Commissario Flaminio Prati, agli ordini.»

«Prati, certo.» Si era sistemato meglio sulla poltrona, adagiandovisi per quanto lo consentiva l'alto schienale, aveva scelto un mezzo toscano da una scatola di ebano che aveva a portata di mano, lo aveva acceso con cura.

«Prati, vi parlerò con franchezza. So che state conducendo un'inchiesta sulla morte di una prostituta. Vero?»

«Vero, si tratta dell'assassinio di Franca Gandolfo.»

«E che in quest'inchiesta, per circostanze che vorrete spiegarmi, sarebbe venuto fuori il mio nome. Vero?»

«Vero, eccellenza.»

«Quali sarebbero queste circostanze?»

Il tono era brusco e il cipiglio con il quale parlava severo fino alla teatralità.

«Qualche testimonianza e alcuni indizi, eccellenza, secondo i quali per voi, quella ragazza, insomma sarebbe stata una vostra conoscenza.»

«Indizi consistenti, Prati? Testimonianze interessate? Malevole?»

«Un uomo politico ha sempre molti nemici, eccellenza.»

Zanna lo aveva fissato con curiosità, come se stesse chiedendosi qual era il gioco di quel piccolo funzionario di polizia.

«Se è così possiamo trascurarle, direi» osservò con cautela.

«C'è anche dell'altro, una circostanza di diverso tipo.»

«Quale sarebbe?»

«Una testimonianza più precisa, eccellenza. Una persona in grado di riferire che tra voi e la ragazza assassinata poteva esistere un certo legame, a meno che non si tratti di una straordinaria rassomiglianza o di calunnia.»

Aveva offerto quella possibile via di fuga senza troppo pensarci, senza nemmeno la curiosità preventiva di chiedersi se l'uomo ne avrebbe approfittato o meno. Lo aveva visto impallidire, o almeno aveva avuto questa impressione. Poi Zanna aveva spento il sigaro pigiandolo nel portacenere con tale veemenza da mandarlo in pezzi. Si era alzato di scatto, aveva percorso alcuni metri assaporando, si sarebbe detto, il sordo rimbombo degli stivali sul marmo del pavimento.

«Avete steso un verbale?» aveva chiesto.

«No, eccellenza, non fino a questo momento.»

«Possiamo far convocare quella persona, stabilire un confronto, cercare d'accertare la verità, possiamo farla mandare a prendere anche subito da uno dei miei uomini.»

«Non so se sarei in grado di rintracciarla, così su due piedi...»

Zanna era rimasto qualche istante sovrappensiero, come incerto.

«Siete prudente» aveva aggiunto con un sorriso forzato. «Nel vostro mestiere può essere una virtù. Allora riassumetemi quella testimonianza» aveva intimato. «Riferite le parole esatte.»

Flaminio aveva obbedito raccontando concisamente le modalità dell'incontro così come Doris lo aveva ricostruito: la villa di via Sassoferrato, i personaggi, il loro abbigliamento, l'ambiente. Zanna continuava ad andare su e giù per il salone, le mani dietro la schiena, il busto leggermente flesso in avanti. S'era arrestato proprio davanti a Flaminio, aveva parlato fissandolo con durezza negli occhi, si era capito da questo che aveva deciso.

«Non si tratta di una rassomiglianza. Quell'uomo sono proprio io» aveva scandito. «E adesso che avete intenzione di fare?»

«Vi ringrazio, eccellenza.»

«E dopo i ringraziamenti? Per quel delitto non c'è già un imputato in carcere? e un'istruttoria pronta per il dibattimento in assise?»

«Mi sembrava giusto chiarire anche questo aspetto nell'eventualità...»

«Vi sembrava giusto, ma non era giusto. Ripeto: che intendete fare?»

«Acquisire agli atti ciò che riterrete opportuno dirmi.»

«Avreste intenzione di interrogarmi?»

«Potrei raccogliere, se lo riterrete, una dichiarazione spontanea.»

«Non potete farlo, non potete nemmeno proporlo, come è vero che mi chiamo Attilio Zanna. Sarebbe un gesto sovversivo, vi rendete conto.»

«Infatti lasciavo al vostro discernimento...»

«Il mio discernimento dice che un uomo nella mia posizione, in un momento tragico per la Patria, non può nemmeno essere sfiorato dal sospetto, ma che dico sospetto, nemmeno dall'ombra di un dubbio.»

«Mi avete rivolto una domanda, eccellenza. Affido la risposta e l'esito di questo incontro al vostro giudizio.»

«Dobbiamo perdere altro tempo, Prati? Avete provocato un ritardo a un'indagine che poteva già essere chiusa e definita. Vi siete perso dietro dettagli insignificanti. È questa la capacità professionale delle nuove leve investigative? Vi abbiamo addestrati noi a frugare nella vita privata? sotto le lenzuola? alla ricerca di che? particolari piccanti? curiosità scabrose?»

Mentre seguitava a parlare e a muoversi, il tono della voce s'era alzato facendosi acuto. Di colpo s'era arrestato nuovamente davanti a Flaminio per aggiungere con voce molto più bassa:

«O si tratta di altro, Prati. Per caso fate anche voi parte di una congiura? Sembra diventato lo sport nazionale, ormai. Voi da che parte state: quelli del Re? preti? massoneria? militari? Rispondete, Prati. O per caso siete un moralista in buonafede, uno di quelli che alla parola puttana, alla parola casino, vedono nero. O vedete rosso, per caso. Vedete anche voi rosso come quel Tiberi? Siete un comunista? Fate parte della congiura internazionalista?».

«Nessuna congiura, eccellenza. Cerco solo di fare il mio lavoro.»

Zanna aveva seguitato a guardarlo con un'aria di finta ammirazione, collerica e irridente insieme. Aveva cominciato a battere le mani, due o tre volte, lentamente, in modo sarcastico. Ogni battito spandeva come un'eco che la volta a ogiva del salone amplificava.

«Bravo, Prati. Se voi state solo facendo il vostro dovere, io chi sono? per caso colui che cerca di ostacolare la macchina della giustizia? Vi rendete conto dell'enormità implicita in ciò che state affermando?»

Si era seduto di schianto sul seggiolone, scuotendo il capo come se fosse sopraffatto dallo scoramento.

«Non vi faccio arrestare solo perché stiamo vivendo il momento che sapete.» Aveva alzato il capo, scrutandolo. «Siete consapevole del momento che la Patria sta vivendo? O siete così occupato con le vostre indagini da aver perso di vista lo stato del Paese?»

«Ne sono assolutamente consapevole, eccellenza. Dirigo il commissariato di San Lorenzo.»

«Allora aggiungerò un ulteriore elemento a questa consapevolezza. Sabato ci sarà una riunione speciale, molto in alto, che potrebbe cambiare tutto, le sorti della guerra o quelle del regime, o entrambe. Chi vi parla dovrà partecipare a quella riunione. M'intendete?»

Pur nella confusione nella quale quell'orribile colloquio l'aveva gettato, Flaminio prese mentalmente nota che con quelle parole Attilio Zanna aveva rafforzato gli indizi a proprio carico. Ora la bilancia dei sospetti pesava di nuovo dalla sua parte. Quella infatti era la stessa frase, parola per parola, che Maria Rosa gli aveva ripetuto al termine del loro ultimo incontro. E poiché la direttrice della casa di tolleranza aveva detto d'aver appreso la notizia da fonte molto autorevole, diventava plausibile che quella fonte fosse proprio lui, Attilio Zanna. E perché Zanna avrebbe dovuto avere un lungo colloquio confidenziale, in momenti di quella gravità, con la maîtresse d'un bordello, se non si fosse trattato di ragioni assai pressanti?

Non poteva dire una parola su quel lampo che gli aveva attraversato la mente, ma con ogni probabilità l'uomo che aveva di fronte aveva intuito qualche cosa, sospettato un'associazione a lui sfavorevole. Di colpo, il suo atteggiamento era cambiato.

«Vi confermo, Prati, d'aver conosciuto quella ragazza, l'ho frequentata per qualche tempo in un'epoca che non saprei precisare, senza peraltro rivelare la mia identità. Naturalmente dopo qualche incontro lei ha scoperto chi ero e quando ha saputo nome e cognome dell'uomo che talvolta aveva dormito e fatto l'amore con lei, mi ha rivolto una petizione per un certo bambino, probabilmente un suo piccolo bastardo. Ho segnalato il caso all'Opera per la Maternità e Infanzia. Non l'ho mai più rivista. Un uomo come me non può mettere a repentaglio il proprio altissimo incarico frequentando in modo scoperto una donna come quella. Preciso anche alla vostra memoria che cominciai a frequentare la donna avendola incontrata, come riferisce il vostro testimone, in un'occasione mondana che mi fece ritenere verosimile che ella fosse, come in effetti disse di essere, un'aspirante attrice del cinema. Vi ho chiesto notizie e ragguagli su quella testimonianza perché, nel caso aveste l'intenzione di citarla in qualche sede, sappiate che la ritengo una prova a mio favore, cioè un elemento a conforto della mia buona fede.»

La notizia della testimonianza gli era arrivata come una sorpresa eppure Zanna era riuscito a parare il colpo elaborando la sua linea di difesa: le stesse parole di Doris, viste così, si trasformavano in una prova a suo favore. Tuttavia era evidente che la faccenda lo preoccupava e chissà come sarebbe stata valutata una risposta come quella da un tribunale libero di decidere. Comunque tutto restava possibile e niente era ancora certo in quell'indagine nella quale il pendolo di una possibile colpevolezza continuava a oscillare dall'uno all'altro dei due uomini sospetti.

Al momento del saluto, Zanna era diventato quasi cordiale, arrivando ad accompagnare Flaminio fino alla porta dello studio attraversando assieme a lui l'immenso salone.

«Quelle parole» aveva bisbigliato ammiccandogli da pochi centimetri di distanza «vengono per caso da una donna? Da quella donna?» Aveva prevenuto di scatto una possibile risposta. «Ricordate che ogni donna può giocare un suo interesse particolare su un argomento come questo. E che comunque restano cose di uomini. Fatene buon uso, mi raccomando.»

Prima di congedare Flaminio con un saluto romano, battendo seccamente i tacchi, aveva scambiato con lui una vigorosa stretta di mano nonostante il segretario del partito avesse confermato, in una recente circolare, che il gesto rimaneva proibito.

Anche per questo Flaminio non accennò a Giovanni di aver avuto quell'incontro. Capiva che Zanna, come chiunque avrebbe fatto nelle stesse condizioni, aveva usato la tattica di alternare i modi bruschi e quelli accattivanti, ma voleva riflettere da solo sul peso da dare a quelle confidenze. Su troppi dettagli era stato reticente, a cominciare dall'appartamento di San Lorenzo. Sui fatti ai quali aveva accennato, d'altra parte, una certa forza di convincimento l'aveva avuta. Quanto alle patetiche parole finali, erano suonate, più che una minaccia, quasi una preghiera. Che però restava ambigua: aveva implorato il silenzio su una avventura scandalosa o su un omicidio?

«Comunque mi pare che siamo arrivati alla fine» esclamò Flaminio quando Giovanni ebbe finito di servire il caffè.

«A un prezzo spaventoso. A Padova un bombardamento notturno che doveva distruggere la linea ferroviaria ha mandato in briciole gli affreschi del Mantegna. Avrebbero potuto benissimo farla il giorno dopo quell'incursione, tanto la contraerea non esiste più come s'è visto anche a Roma. Ormai siamo qui, senza possibilità di reagire, alla mercé di chiunque.»

«Ho saputo da fonte di prima mano che sabato ci sarà una riunione ad alto livello che potrebbe cambiare tutto.»

«Che vuoi cambiare, amico mio. La Sicilia ormai è andata. La disciplina delle truppe è scomparsa. Un mio amico ufficiale m'ha raccontato che gli avieri di Ciampino, durante l'attacco dell'altro giorno, sono fuggiti arrivando fino a Velletri. Anche la storia della "Città Santa" è finita.»

«Un cambiamento possibile potrebbe essere proprio quello di riconoscere che il disastro non è più solo militare. È diventato politico. Ciano del resto ha sempre detto...»

«Ti rendi conto di che cosa significherebbe? Mussolini ha dal 1940 una delega del Re per il comando supremo dell'esercito. Ammettere il disastro significherebbe sconfessare tutto quello che ha fatto in questi tre anni, il modo in cui ha condotto la guerra, il Re quasi quasi dovrebbe farlo arrestare. Ti sembra possibile?»

Non valeva nemmeno la pena di rispondere a una domanda del genere anche se era chiaro che la situazione era ormai catastrofica.

«Corre voce che Ciano vorrebbe trattare in qualche modo l'uscita dell'Italia dalla guerra. Mussolini però non vuole e gli Alleati non tratterebbero mai con lui.»

«Ho un'altra paura» obiettò Giovanni. «Che di fronte a questo collasso i tedeschi ci giochino un tiro mancino, magari fomentando una rivolta o qualcosa del genere per avere il pretesto di correre in aiuto del vecchio amico di Hitler e con questa scusa prendere finalmente in pugno la situazione.»

«Ritieni davvero possibile che Mussolini venga rovesciato?»

«Se fossimo in una tragedia elisabettiana, invece che in questa tragicommedia, ti risponderei che non ho alcun dubbio. Mussolini ha voluto tutto il potere e ha perso, quindi ha perso tutto, al limite anche la vita. Se alla riunione di sabato che tu dici, partecipassero uomini decisi... ma ci sono ancora uomini decisi in questo Paese?»

Giovanni era evidentemente affaticato dalla conversazione, la prolungata solitudine l'aveva disabituato a parlare e del resto anche i suoi abiti, a cominciare dal pesante golf invernale che aveva indosso in quella giornata torrida, davano l'idea di un uomo dalla salute malferma, circostanza sulla quale era disposto a scherzare volentieri, nascondendo così nel gioco e nell'autoderisione la gravità del suo stato.

«Guarda, l'altro giorno ho comprato questo per poche lire» disse cambiando improvvisamente discorso mentre indicava sulla parete dell'ingresso un grande acquerello appena acquistato. Vi si vedeva piazza del Pantheon ritratta intorno alla metà dell'Ottocento da un artista francese. Una scena di vita cittadina che il pittore aveva fermato nei suoi dettagli di uomini, animali e oggetti con evidente partecipazione e magistrale scrupolo documentario eppure, e qui stava la segreta qualità del dipinto, senza mai cadere nella facilità del bozzetto, anzi dando alla mole della costruzione, al gioco netto delle limpide luci invernali un tale rilievo da stabilire come un confronto implicito tra le minuscole sagome di quegli esseri, le loro piccole vite, e la monumentale grandiosità degli edifici.

«Abbiamo parlato di tutto, Giovanni, ma non mi hai ancora detto che cosa faresti al mio posto.»

«Come faccio a dirti una cosa del genere, è tutto talmente difficile. Forse cercherei di andare avanti, forse nelle pieghe di un momento tanto particolare c'è posto anche per un'inchiesta così incerta. Visto che me lo chiedi, ti dirò di più. Il fatto che tu abbia potuto proseguire è già un segno di debolezza del regime. Due anni fa, a questo punto eri già in Sardegna. Forse hai ragione, forse è davvero possibile che tutto cambi.»

Appoggiando una mano innaturalmente calda, leggermente vibrante, sull'avambraccio di Flaminio, Giovanni volle congedarlo con levità, con un aneddoto al limite del pettegolezzo, quasi volesse farsi perdonare l'eccessivo pessimismo di poco prima.

«Mi hanno raccontato un episodio gustosissimo» annunciò sulla porta con una piccola luce dispettosa che danzava in fondo allo sguardo. «Giorni fa un tuo collega dell'ufficio politico ha convocato in questura il pittore Luigi Grossi che è mio amico. Lo guarda accigliato e gli fa: "Risulta che voi l'altra sera, al Caffè Greco, conversando con altre persone avete fatto pesanti apprezzamenti sulla signora Claretta Petacci e sulla sua relazione con un'altissima personalità". Il mio amico lo guarda e risponde: "È vero". E quello, sorpreso: "Dunque confessate?". Luigi: "Certo, abbiamo parlato della signora Petacci e di questo suo rapporto con un'altissima personalità. Ma per quanto ci siamo sforzati non ci è riuscito di capire chi sia questa altissima personalità".»

Giovanni rise di quel suo riso cavernoso al quale partecipava per intero, lo sguardo vivo dietro le lenti e il povero torace che, nel ridere, egli sfidava dolorosamente. Mentre cominciava a scendere le scale, ridendo a sua volta di quella ridicola storia poliziesca forse inventata, Flaminio si volse a guardarlo per un'ultima volta e del suo amico conservò nella mente la silhouette del corpo reso ancora più esile dal controluce, quel ridicolo maglione blu che nessuno avrebbe mai pensato di mettere in una giornata di fine luglio, il riso che già s'alternava ai secchi scoppi della tosse e la mano alzata in un cenno di congedo tra affettuoso e solenne, come definitivo.

11

Nella calura che velava ancora leggermente l'aria, nonostante il sole inclinasse verso il tramonto, si levavano i bagliori dei fuochi sui quali gli sfollati accampati a Villa Borghese cominciavano a cuocere il loro pasto serale. Venivano dai quartieri bombardati di Roma, ma anche dalle cittadine dei Castelli e dell'Agro, da Civitavecchia e dall'Argentario, da tutta quella vasta corona intorno alla capitale sulla quale i bombardieri alleati avevano battuto radendo al suolo tutto ciò che poteva ostacolare l'avanzata delle truppe dalla Sicilia e anche molti altri obiettivi, non esclusi quelli che da un punto di vista militare sembravano insignificanti. Si fosse trattato, in questi ultimi casi, di terrorismo psicologico sulla popolazione civile, come si diceva, di imperizia dei puntatori oppure, com'era probabile, di una combinazione delle due cose.

Una volta che le loro case erano state distrutte, quegli infelici s'erano per la gran parte riversati a Roma, tirandosi dietro le poche masserizie salvate. Se i tempi non avessero conosciuto altre ragioni ancora maggiori di devastazione e di scompiglio, sarebbe bastata quella loro presenza cenciosa a dare un segno terribile del totale fallimento politico e civile di un regime.

Si attraversava il parco sterminato nell'afrore di quei fumi, colpiti dall'evidenza di tutto ciò che una grande folla di persone scampate alla rovina, consapevoli della loro precarietà, disperate circa il futuro, è capace di porre in atto in quanto a devastazioni e a primitive condizioni del vivere. Nulla sembrava più grottesco che avvicinare quello spettacolo ai titoli che, ancora pochi giorni prima, i quotidiani sbandieravano a grandi caratteri sull'intera prima pagina: "Il popolo italiano è schierato al suo posto di combattimento". Affermazione che di fronte a quello spettacolo degno di un esodo o di un'epidemia assumeva una coloritura di sinistra comicità involontaria. La guerra, nella storia d'uno Stato giovane e di un popolo tutto sommato poco incline a battersi, è come l'ultima puntata d'un gioco d'azzardo: se va bene vinci molto, se va male perdi tutto. Molti, moltissimi in Italia cominciavano a essere consapevoli che la guerra si sarebbe conclusa in una rovina totale e senza rimedio. Così almeno pensava Flaminio, risalendo il viale centrale della villa diretto alla Porta Pinciana.

Percorse un brevissimo tratto di via Veneto, entrò nel grande Albergo Palace che apriva proprio lì i suoi battenti. La cinta delle Mura Aureliane segnava una separazione netta tra due mondi. Sui prati della villa era accampato un esercito di straccioni senza casa, bisognosi di tutto. Di quel disagio e di quella miseria non c'era più traccia in via Veneto. I camerieri continuavano come sempre a servire gli aperitivi, le signore eleganti con gli abiti vivaci, il capo riparato da grandi cappelli bianchi, passeggiavano come in un'oleografia cosmopolita di dieci anni prima con un atteggiamento così dimentico di ogni altra cosa da cancellare non soltanto il tempo trascorso, cioè gli anni della guerra, ma anche lo spazio che divideva quelle scene di agiata vita urbana dai miserabili ricoveri eretti poche centinaia di metri più in là. Ed era stupefacente che nessuno di coloro che, al di là delle mura, aveva cominciato a cuocere qualche vivanda su un improvvisato fuoco di sterpi e di panchine segate, sentisse la tentazione o sfruttasse la possibilità di varcare quell'invisibile confine e d'irrompere in un mondo così diverso per appropriarsene, o quanto meno per alterarne la calma innaturale, devastarne l'ordine, rendere in qualche modo visibile, forse contagioso, il rancore accumulato con la sventura. Invece accadeva proprio questo: i due mondi convivevano l'uno al fianco dell'altro senza che i frequentatori di una delle due parti sentissero né il disagio né il bisogno di andare a rendersi conto di che cosa stava succedendo nell'altra.

Era già accaduta la stessa cosa il lunedì precedente in quelle tre ore durante le quali il quartiere di San Lorenzo era stato martellato dalle Fortezze Volanti. Mentre lì le case andavano in briciole, a via Veneto e in altri quartieri della parte nord di Roma la vita era continuata quasi come sempre, compresi i piccoli riti dell'aperitivo tra mezzogiorno e l'una. In quell'occasione però la separatezza dei destini era già più comprensibile, non foss'altro in ragione della distanza, anche se il fragore delle esplosioni s'era udito benissimo in tutta la città e anche fuori. Ma nel pomeriggio di quel sabato ancora caldo nonostante l'ora inoltrata Flaminio non trovava davvero alcuna ragione che spiegasse la straordinaria frattura che, nello spazio di pochi metri, consentiva di passare da un mondo a un altro totalmente diverso.

Chiese al portiere della signora Romani. Doris lo raggiunse quasi immediatamente nella hall.

«Ha accettato il mio consiglio, si è trasferita in un albergo» la salutò Flaminio.

«Certo, anche il suo consiglio. Ma soprattutto non volevo mettere in pericolo la mia amica Bianca. Vuole che prendiamo qualcosa? C'è un roofgarden molto piacevole.»

Salirono sulla terrazza che pur affacciando verso le mura e Villa Borghese non dava modo di vedere l'accampamento che Flaminio aveva appena attraversato. Gli alti ombrelli dei pini sovrastavano le mura e facevano da barriera occupando in pratica l'intero campo visivo. Una grande tenda rosata spandeva ovunque la sua luce, Doris aveva un leggero abito estivo, era senza trucco, i capelli erano trattenuti da un nastro, una tenuta giovanile che le dava un'aria da ragazza e contribuiva a cancellare la memoria e le tracce di quanto era accaduto. Da una radio poco lontana, una gradevole voce femminile, forse quella di Alida Valli, cantava *Ma l'amore no* accentuando fino allo struggimento il tono malinconico della melodia: "Ma l'amore no, l'amore mio non può, dissolversi con l'oro dei capelli...".

Restarono per qualche istante in silenzio, sorseggiando una bevanda vivacemente colorata e di nessun sapore.

«Che cosa farà adesso?» chiese Flaminio.

«Aspetto di vedere che cosa succederà, come tutti.»

«Mi hanno detto che oggi dovrebbe esserci una riunione importante, forse decisiva.»

«Se parla del Gran Consiglio,» Doris consultò il suo orologio da polso «s'è riunito un'ora fa, alle cinque, a Palazzo Venezia. Ha telefonato poco fa Bianca per dirmelo.»

«Era preoccupata?»

«No. Anzi, era molto eccitata.»

Doris era informata sui fatti ma nemmeno lei sapeva esattamente che cosa quella denominazione spagnolesca, "Gran Consiglio", volesse significare esattamente, quali funzioni fossero attribuite a quell'organo. Lo stesso Mussolini, che pure l'aveva creato, sembrava essersi dimenticato di quella sua istituzione e infatti il Gran Consiglio non era più stato convocato dopo il 7 dicembre del 1939, giorno in cui il Duce gli aveva fatto ratificare lo stato di non belligeranza dell'Italia.

«Vedremo...» concluse Doris con molto buonsenso deponendo con un piccolo gesto di contrarietà il resto della bevanda. «Quest'intruglio non sa proprio di niente» commentò. «Vedremo quale destino ci sarà riservato.»

«Ho visto Zanna» annunciò Flaminio all'improvviso.

La donna lo fissò stupita invitandolo con quella stessa occhiata a proseguire.

«Si difende, naturalmente. Nega tutto. Cioè ammette di aver conosciuto la Gandolfo e anche di aver avuto una breve relazione con lei. Ma non tollera nemmeno che si sfiori il tasto dell'omicidio.»

«Allora?»

«Allora gli ho accennato, senza far nomi, all'esistenza di una testimonianza diretta. Mi sono reso conto dalla sua reazione di averlo colpito. Ha fatto la voce grossa, poi ha tentato di blandirmi. Era come se invocasse la mia solidarietà maschile per una scappatella.»

Doris giocherellava pigramente con la cannuccia agitando il liquido colorato rimasto nel bicchiere. Sembrava imbarazzata o sovrappensiero.

«Perché è venuto a raccontarmi queste cose?» bisbigliò senza alzare lo sguardo.

Forse conosceva già la risposta, stava solo decidendo che cosa fare e da questo derivava l'ombra che le aveva rabbuiato lo sguardo.

«Devo farle io una domanda, prima di rispondere. L'altra notte, quando quei due figuri sono arrivati nella villa della sua amica, lei m'ha detto che forse erano venuti a cercare i diari di Policano.»

Doris abbassò lievemente il capo in un cenno di assenso.

«Non è possibile che fossero venuti a cercare qualche altra cosa?»

«Per esempio?»

«Qualche cosa che leghi lei o Zanna o tutti e due alla ragazza morta, un documento, una lettera, un ricordo...»

La donna non rispose immediatamente.

«Sì, anche questo è possibile» disse poi cauta, soppesando le parole.

«Esiste allora un documento del genere? Di che si tratta? Una prova?»

«Non so se può essere considerata una prova. Esiste una foto...»

«Quale foto? Fatta da chi? Quando?»

Doris lo guardò quasi sorridendo per la foga di quelle domande, poi, invece di rispondere, prese la borsa bianca che aveva appoggiato sul cristallo del tavolinetto, aprì la chiusura lampo del comparto interno, dette a Flaminio una fotografia. L'immagine ritraeva parte di un salone vivamente illuminato. Donne in abito lungo, molto scollate, le spalle nude, la curvatura del seno accentuata dal corpetto, le caviglie sottili sotto la gonna. In primo piano, nell'atto di sollevare un calice come per brindare al fotografo, due donne e un uomo. Le due donne erano Doris e Franca. L'uomo era lui, Attilio Zanna.

«Zanna sa che questa foto è in suo possesso?» chiese Flaminio.

«Sì, lo sa. Il fotografo, dopo averla scattata, s'è avvicinato a noi per dire che la foto sarebbe stata pronta l'indomani. Chiesi io l'indirizzo del suo studio e gli dissi che l'avrei mandata a ritirare.»

«Zanna reagì? tentò d'intervenire?»

«Non mi pare. Non me ne sono resa conto. Forse in quel momento non gli sembrava una cosa tanto grave, in fondo c'era parecchia gente, era un'occasione quasi pubblica.»

«Vorrei che lei mi desse questa fotografia.»

«Per farne che cosa?»

«Consegnarla al procuratore e chiedere che Zanna venga interrogato.»

«Lei dev'essere pazzo. S'è chiesto quale magistrato oserebbe fare oggi un passo del genere?»

«Non lo so. Penso però che bisognerebbe tentare lo stesso di farlo.»

«Le piacciono i gesti eroici, Flaminio? A me no. Forse sono meno nobile di lei, forse ho semplicemente sofferto di più, o conosco meglio di lei l'uso del mondo. Una qualunque di queste cose...»

«Forse non ha capito che tra poco sarà tutto finito, Doris.»

«Dio, che parole melodrammatiche. Va bene, ammettiamolo. Anche se fosse, le dico la verità: mi dispiacerebbe privarmi di quella foto.»

«Può chiederne una copia al fotografo, avrà sicuramente conservato il negativo. A proposito, ricorda se quando il fotografo le dette l'indirizzo dello studio, Zanna in qualche modo lo ha annotato?»

Doris rise di un breve riso nervoso, come se Flaminio avesse detto un'enormità, fatto un'osservazione impropria.

«Non faccia sempre il poliziotto, la prego. Pensa che il fotografo potrebbe essere addirittura in pericolo?»

«Cerco di tenere presenti varie possibilità.»

Stava scendendo una serata dolce, calda, colma di una pigra luce immobile. Doris s'allontanò pregandolo di aspettarla. I clienti del bar erano aumentati, si formavano qua e là capannelli dove quasi tutti parlavano a voce bassa, accompagnando però le parole con gesti concitati, come se stessero abbandonandosi a chissà quali segreti. Di tanto in tanto qualche persona dall'aria affaccendata attraversava con passo rapido la terrazza scomparendo verso le scale. Flaminio s'alzò a sua volta attraversando anche lui quello spazio lentamente, per l'intera sua lunghezza, sfiorando alcuni gruppetti animati. Colse due, tre frasi: parole a mezz'aria, pronunciate nell'incertezza del momento, a volte con tono allusivo o complice, sempre però come se si trattasse della complicità in un gioco, in una nuova avventura. Alcuni di quelli che avanzavano quelle ipotesi o collaboravano a quei sospetti avevano all'occhiello il distintivo del Partito nazionale fascista.

S'affacciò al parapetto gettando un'occhiata in strada. Continuava il passeggio, come sempre il sabato a quell'ora, quando le ombre della sera allentavano la morsa della calura. Una grande automobile nera partì con fracasso accelerando rapidamente per la discesa in direzione di piazza Barberini. Sul lato opposto, sbucò da sotto gli archi della porta un pattuglione della Milizia col moschetto a bilanc'arm. Marciavano svogliatamente, chiusi nelle loro scomode uniformi nere, alcuni di loro non si curavano nemmeno di tenere il passo. Il tenente che li comandava li fece piegare in direzione di via Pinciana. Flaminio sapeva benissimo che esibizioni del genere non avevano alcuno scopo pratico: si trattava di uscite comandate che erano consuetudine quando si temeva per l'ordine pubblico. Il loro scopo, ammesso che ce ne fosse uno, era psicologico, di immagine: quei militi svogliati servivano a garantire ai cittadini che lo Stato era, nonostante le apparenze, ancora in vita.

La giornata sembrava diventata di colpo insopportabilmente lunga anche se ormai il sole era quasi del tutto scomparso dietro l'immensa cupola di Michelangelo. Doris l'aveva raggiunto silenziosamente e sempre senza dire una parola s'era messa al suo fianco appoggiandosi come lui al parapetto. Vedevano la gente passeggiare sotto di loro, già immersa per metà nell'ombra, coppie di innamorati, ragazzi misteriosamente eccitati, ciclisti: le comuni immagini d'una giornata che forse sarebbe rimasta memorabile.

«Ogni volta che l'amore è entrato nella mia vita, sono diventata un'altra» disse pacatamente lei, come parlando a se stessa.

«Restiamo in silenzio, Doris. Le parole possono molto, ma vi sono cose ancora più grandi.»

Flaminio non avrebbe saputo dire il perché di quella frase un po' pomposa. Forse gliel'aveva suggerita il fatto che Doris, nel parlargli, era arrossita fino alla radice dei capelli e aveva sentito attraverso la stoffa leggera degli abiti il calore del braccio di lei contro il suo. Tuttavia fu lui a violare per primo la sua stessa esortazione.

«Perché ha detto di essere diventata ogni volta un'altra?»

Doris aveva obbedito rimanendo in silenzio, ma quando lui le parlò parve sollevata.

«Perché lei potrebbe pensare che un'attrice del cinema, la mantenuta d'un gerarca, non si renda bene conto di ciò che fa, di ciò che è, soprattutto di come appare. Invece io mi sono sempre guardata, valutandomi come un'estranea.»

«Questo aiuta, indubbiamente. Anch'io ho fatto più o meno la stessa cosa. Sa però che le dico, Doris? È la caratteristica di chi ha sbagliato mestiere. Non so che effetto le faccia, può anche dispiacerle, ma è così.»

Doris rimase assorta fissando l'ultimo lembo di cielo al di là del dorso di Monte Mario che trascolorava lentamente verso plumbee tonalità serotine.

«Sa perché mi sono messa con Arminio?» domandò all'improvviso.

«Vuole davvero una risposta da me?»

«Sì, la prego. Una risposta sincera sull'idea che se n'è fatto.»

«A una domanda del genere di solito si risponde: per amore dei soldi o del potere. Dal momento però che lei me lo chiede, immagino che non si tratti né dell'una cosa né dell'altra. E allora?»

«Perché per un certo periodo della mia vita ho pensato che i sentimenti fossero pura immaginazione e che le sole cose che contano anche nell'amore sono quelle che si possono toccare con mano, la solidità di un uomo, di una casa...»

«Anche di un conto in banca?»

Nello sguardo di Doris c'era qualcosa di simile all'aria che sale da un fuoco. Sembrò per un attimo indecisa su come reagire poi, d'improvviso, scoppiò a ridere.

«Avevo detto una risposta sincera, Flaminio, non brutale.»

«Hai ragione Doris, però...»

Flaminio s'interruppe perché senza rendersene conto le aveva dato del tu.

«Va bene così» interloquì lei. «Va' avanti.»

«Mi era venuta in mente una frase che ho letto giorni fa da qualche parte, diceva: noi cerchiamo di separare il bene dal male ma dentro di noi sappiamo che non è possibile perché sono spesso una cosa sola. In definitiva l'amore per un conto in banca potrebbe non avere qualità molto diversa da quella di certe tue immaginazioni sui sentimenti.»

Un secondo rossore coprì le guance di Doris quando si rese conto che alle sue confidenze quasi scabrose Flaminio offriva in cambio solo qualche riferimento libresco.

«Se capisco bene, mi stai dicendo che mi consideri più o meno una puttana.»

«Niente affatto, Doris. Nella vita di ognuno ci sono momenti avventurosi in cui gli avvenimenti ci portano con sé anche se non vogliamo. Tu sei stata con Arminio, io mi sono messo in questa inchiesta senza senso. Ma erano davvero cose senza senso? O tutto il senso era nel fatto che tu e io un giorno ci saremmo incontrati qui a parlare?»

Doris passò due o tre volte la propria mano sul dorso di quella di lui come se volesse togliere un granello di polvere. La meccanicità del gesto non riusciva però a nascondere le sue vere intenzioni.

«L'intelletto» disse piano «non è l'unico modo d'intesa tra due persone, vero, Flaminio?»

«No» rispose lui. Aveva fermato il gesto carezzevole di Doris imprigionandole la mano. «La verità tra due persone non si può esprimere. Anzi, i tentativi di farlo si trasformano quasi sempre in qualcosa di ridicolo.»

Nella poca luce che entrava dalla finestra spalancata, Flaminio fece un passo verso di lei. Fino a quel momento tutto era avvenuto precipitosamente, come in un sogno, in modo quasi inconsapevole s'erano trovati nella stanza di lei. Ora invece ogni gesto incontrava una resistenza tenace che legava le membra. Scoprì che la distanza che li separava era minima, tese le braccia verso Doris e l'attirò a sé con prudenza aspettandosi che lo respingesse. Lei invece premette tutto il proprio corpo contro il suo, sfiorandogli le labbra con la punta della lingua, subito dopo baciandolo con molta precisione come se avesse già deciso quanto e quanto poco di sé poteva permettersi di dargli. Flaminio infilò le mani sotto la camicetta e allargò le dita appiattendo con leggerezza le mani sulla sua schiena leggermente sudata felice di scoprire che sotto non indossava nulla, come se fosse anche quello un mezzo d'intesa. Quando lei accostò una guancia alla sua, scoprì la morbidezza inattesa dei suoi lunghi capelli, avvertì di nuovo l'aroma dolciastro di quel profumo che aveva sentito per la prima volta nella villa di Fregene. Chiuse gli occhi. Avvinghiati l'uno all'altra, si lasciarono cadere morbidamente sul letto spogliandosi a vicenda con gesti che la fretta rendeva vagamente ridicoli. Doris lo combatté senza mai distogliere gli occhi dai suoi, se non per offrirgli una posizione diversa, una donna diversa. Nessuno dei due pronunciò una parola, intorno tutto era immobile come le foglie in una torrida calma di vento, l'attimo s'arrestò senza scendere né salire. Doris sospirò, si distese, si inarcò cercando disperatamente un contatto profondo e un piacere che non riusciva a toccare. Era madida di sudore e nei suoi occhi, anche in quella debole luce, si poteva leggere un senso di smarrimento. Le sfuggì un grido di resa, gli venne addosso, lo strinse affondando le unghie sfinita, chiese di nuovo aiuto.

Poi si liberò di lui, lo respinse con una furia repentina, nuda com'era corse in bagno chiudendosi alle spalle la porta. Flaminio fu tentato di andarle dietro temendo un malore, ma Doris già ricompariva. Aspetta, bisbigliò, aspetta un attimo. E mentre lo accarezzava con dita vibranti cominciò a modulare una piccola nota tenue che forse era un tentativo di canto e forse un gemito finché le sue pupille si dilatarono diventando enormi e i suoi movimenti tremuli s'affrettarono fino alla concitazione e ancora una volta gli venne addosso e lo cercò unendosi a lui in un abbraccio spasmodico che culminò in un singhiozzo e in un grido.

Perché sei venuta da me? Perché m'hai cercato? Questo avrebbe voluto chiederle. Doris avrebbe risposto: sono innamorata ma non so di chi. Bisbigliava: che cosa sono, dunque? Qualcosa era finito nella sua vita e lei stava fluttuando come sempre doveva accaderle quando la sua vita cessava di essere in sintonia con lo stato di cose che le era riuscito di mettere insieme. A se stessa, o a chi glielo avesse chiesto, avrebbe definito a seconda dei casi quella sua condizione come un intervento del destino, una corsa per mettersi al riparo, un diventare adulta, un divertirsi o, cosa meno confortevole in quei giorni, un tentativo di scoprire chi era. Fluttuava e avrebbe continuato a farlo fino a quando il prossimo uomo o la prossima festa o droga o disgrazia familiare non le avrebbe dato un appiglio sufficiente per cambiare direzione. Flaminio si chiedeva se lui stesso rappresentava un appiglio del genere, stordito dall'intensità di quell'amplesso, turbato dai mezzi che Doris aveva adoperato, dal grido col quale s'era concluso.

Poi Doris si alzò silenziosamente, ricomparve con una luce alle spalle che la circondava di un certo alone facendola sembrare una statua d'argento nella leggera sottoveste di seta che aveva indossato. Lo raggiunse e senza dire una parola fece scivolare nella tasca della giacca che era rimasta sul pavimento il cartoncino della fotografia.

«Se credi davvero che serva a qualcosa» disse.

«Possiamo almeno provare.»

Lo accarezzò sul volto, la sua mano era di nuovo ferma.

«Lo faccio solo per quella ragazza. Potevo esserci io al suo posto.»

12

Mentre scendeva lo scalone dell'albergo, il solo pensiero di Flaminio era di dover raggiungere al più presto il procuratore Schinea. La sua speranza, di trovarlo nonostante l'ora in ufficio. Dopotutto era stato lui a dirgli che lo avrebbe trovato a qualunque ora del giorno e della notte. Sfiorava lo spessore del cartoncino fotografico attraverso il tessuto della giacca, ricavandone un senso di rassicurazione.

Dagli immensi lampadari polverosi spioveva una debole luce smorta che quasi non arrivava a lambire il pavimento. Nell'oscurità di quei meandri non era facile distinguere una porta dall'altra. Flaminio riconobbe l'ufficio che cercava perché nei pressi, come aveva notato la volta precedente, sostava in permanenza un carabiniere.

«Dottor Prati, a quest'ora. Novità?» chiese il procuratore.

La città sembrava svuotata. Sul Lungotevere di fronte al Palazzo di Giustizia passava di tanto in tanto un'automobile, ma per il resto, a parte il pesante ticchettio metallico di una sveglia, il silenzio della stanza era completo. La lampada da tavolo gettava un cerchio di luce bianca al centro della scrivania lasciando in ombra tutto il resto: il mobilio scuro, le finestre polverose, il soffitto irraggiungibile appesantito di fregi minacciosi. Seduto sulla sua poltrona di legno intagliato, Schinea si teneva nell'ombra, ai margini di quella luce che arrivava a malapena a sfiorargli il doppiopetto della giacca, il nodo malfatto di una cravatta logora.

«Ho con me una fotografia che ritrae sua eccellenza

Attilio Zanna in compagnia di Franca Gandolfo, la donna assassinata» disse Flaminio. «Chiedo che venga allegata agli atti.»

Il dottor Schinea represse uno sbadiglio coprendo la bocca con la mano.

«È stata una giornata tremenda, scusatemi.»

«Mi rendo conto.»

«Non solo per me, per tutti. Vedete quella porta?» Salvatore Schinea stava indicando un varco dissimulato nelle boiseries della parete. «C'è un gabinetto là dentro. Non ho avuto tempo di metterci piede.»

Rise delle sue stesse parole come se si fosse trattato di una battuta spiritosa. Tornò di colpo serio.

«Fate vedere» disse allungando un braccio attraverso il cerchio di luce della lampada.

Flaminio gli consegnò la foto. Il giudice avanzò con il capo e parte del busto verso la lampada piegandosi fin quasi a sfiorare l'immagine con il volto. Dovette riuscire a scorgere qualche cosa.

«Belle donne» sussurrò. «La morta qual è?»

«Quella di sinistra.»

«E l'altra?»

«È un'attrice del cinema, si chiama Doris Romani.»

Schinea ricominciò il suo esame concentrandosi sulla parte sinistra della foto. Parlò senza alzare il viso né staccare gli occhi dall'immagine.

«Come siete venuto in possesso di questa fotografia?»

«Me l'ha consegnata la signora Romani.»

«Bisognerà sentirla, sapete dove alloggia?»

Schinea faceva troppe domande marginali, il risultato era scoraggiante, forse addirittura preoccupante.

«Attualmente da un'amica nelle vicinanze di Porta Latina.»

«Di chi è l'amante questa Romani?»

«Al momento di nessuno. Il suo amante era Arminio Policano, come sapete è morto qualche giorno fa.»

«Già» commentò sobriamente il giudice e poi, come se avesse preso di colpo una decisione: «Bisognerà fare un fonogramma ai carabinieri perché convochino la Romani. Ammesso che lunedì ci siano ancora i carabinieri. E questo ufficio». Di nuovo rise delle sue parole, ma brevemente.

«Per quella foto, signor procuratore... vorrei due righe di ricevuta.»

«Non vi fidate della giustizia, Prati?»

Di nuovo rise ma come tra sé, in modo sommesso. Più che un riso pareva trattarsi di un borbottio, una qualche raccomandazione discreta che il procuratore del Re stesse rivolgendo più che ad altri a se stesso.

«Fate bene a non fidarvi» aggiunse. «Chissà chi potreste trovarci domani qui dentro.»

Prese un foglio di carta intestata dal cassetto, vergò due righe con grafia illeggibile, firmò.

«Non dovete stupirvi, ho la mia età, non so se potrei adattarmi» disse consegnandogli quel documento. Lo congedò bruscamente, qualunque cosa avesse voluto dirgli con quelle ultime enigmatiche parole.

Il fiume, nero sotto le arcate di ponte Umberto, sembrava immobile, solo la spuma di qualche mulinello o l'improvviso arrivo di un oggetto trascinato dalla magra corrente ne facevano indovinare il movimento. Flaminio percorse lentamente corso Rinascimento, non aveva nessuna voglia di tornare nel caldo soffocante del suo appartamento. Aveva fatto l'ultima mossa dovuta, l'accoglienza di Schinea non era stata entusiasmante ma la circostanza era in parte scontata, l'importante era che il meccanismo si avviasse. Riteneva che, come minimo, la presenza agli atti di quella foto avrebbe dovuto allungare l'istruttoria, rimandarne cioè la chiusura e il conseguente rinvio a giudizio di Tiberi. Non provava sentimenti particolari nei confronti di quell'uomo, non era nemmeno sicuro della sua innocenza, eppure l'idea di essere intervenuto sul suo destino gli dava un senso di partita ben giocata, di sfida vinta. Forse solo le circostanze eccezionali dell'inchiesta avevano motivato il suo accanimento, in tempi normali avrebbe lasciato che Tiberi finisse davanti a una corte d'assise e al plotone. Aveva conosciuto Doris dalle sopracciglia sottili, capace di disegnare così bene con il rossetto il contorno delle labbra, di dire cose assolutamente irragionevoli ma che per qualche motivo suonavano emozionanti e rare. Avrebbe dovuto restare. Era sola e non aveva detto nemmeno una parola quando lui s'era allontanato con quella foto in tasca e la sola preoccupazione di sapere se avrebbe trovato Schinea in ufficio. Se fosse rimasto in quella riparata stanza d'albergo la cui finestra sembrava un profondo pozzo di luce, avrebbe di nuovo scoperto la donna che la prima volta gli era sembrata assorta, lontana, trasognata e che invece aveva occhi straordinariamente profondi mentre lo abbracciava cercando le sue labbra con la punta aguzza della lingua; avrebbe sentito la vicinanza della sua ascella bionda e la linea morbida del seno e il respiro che la bocca di Doris deponeva sul suo volto, la dolcezza di seta della sua carne più segreta e il disperato gemito finale che era stato come un grido d'aiuto perché anche lui in definitiva l'aveva delusa e tradita. Se fosse rimasto, forse tutto sarebbe cambiato e lei non avrebbe più avuto bisogno di correre, di nascondersi disperata a fiutare quella polvere folle di cui ormai aveva bisogno anche per riuscire a fare l'amore. Chissà se era stato Policano a iniziarla alla droga. Ma non era rimasto e ormai era troppo tardi per tornare e anche per telefonare. Si guardò intorno. Aveva raggiunto la fine di via del Plebiscito. Un agente in borghese, sbucato inaspettatamente da un portone, lo invitò ad allontanarsi dalla fiancata di Palazzo Venezia. Si fermò una volta arrivato all'altezza di corso Umberto. L'oscuramento antiaereo rendeva ancora più incombente la massiccia sagoma dell'edificio. Da alcune finestre, compresa quella centrale, filtrava qualche lama di luce, ebbe la sensazione di intravedere alcune ombre che si agitavano dietro uno dei vetri, ma poteva trattarsi di un'illusione. Si chiese se un servizio d'ordine così attento a quell'ora tarda voleva dire che la riunione era ancora in corso. Si rese conto che un altro agente della "presidenziale" gli si stava avvicinando e s'allontanò di buon passo prima che lo invitasse in modo brusco a circolare.

Il resto della notte fu meno peggio del previsto, l'umidità era diminuita, lesse fin quasi all'alba, s'addormentò con la luce accesa senza più pensare a Doris, si rese conto solo al risveglio che era domenica perché c'era un silenzio speciale, una specie di vibrazione vuota che tendendo l'orecchio si poteva cogliere nell'aria.

I giornali avevano sempre le stesse notizie che nemmeno il linguaggio della retorica ufficiale poteva più nascondere: "Gli obiettivi dei gangster a Bologna. La casa di Marconi colpita e la basilica di San Francesco distrutta". Poi, sotto il titolo "Pax britannica" che intendeva essere sarcastico, si poteva leggere una corrispondenza secondo la quale un certo sir Robert Vansittart aveva chiesto lo sterminio dei popoli dell'Asse: "L'Italia, scrive il 'News Chronicle', non dovrà più risollevarsi". Abbandonata la speranza di combattere, ci si difendeva esibendo i cenci e le ferite, recriminando sulla supremazia del nemico, denunciando la condizione di un Paese onesto vilipeso nei suoi meriti, di un popolo tradito da una congiura mondiale ordita dai ricchi e dagli egoisti. La grande proletaria era ormai in ginocchio e non si faceva più niente per nasconderlo.

Risalì fino a via Veneto nella città senza omnibus con la sensazione che i movimenti e i gesti delle persone a passeggio fossero artificiosamente rallentati. Anche le corse dei bambini erano mute, senza grida, davano un senso inespresso d'attesa. Via Veneto era gremita, ovunque si formavano capannelli, i marciapiedi ne erano ingombri, giacchette bianche o grigie che si confondevano, e ognuno avanzava una diversa ipotesi: «È stato messo in minoranza»; «È partito per la Rocca delle Caminate», «Il Re ha radunato il Consiglio della Corona». Di chi parlavano con quel tono incuriosito e disinvolto, di leggera eccitazione? Di Mussolini? Era possibile parlare in quel modo, avanzare quelle ipotesi su Mussolini, come se Mussolini fosse un uomo qualunque, uno qualunque di quella folla? Flaminio ne ebbe un senso di vertigine. «Vedrai che domani ritorna» esclamò un tipo alto, magro, con dei baffetti sottili, che si faceva vento con un panama. In molti si girarono a guardarlo. Nella mutata atmosfera, quelle parole indolenti rappresentavano già un atto di coraggio.

Senza preavviso, mentre risaliva verso l'albergo di Doris, Flaminio si trovò mescolato a un tumulto. La folla ondeggiò comprimendolo contro il muro di un edificio, qualcuno gridò aiuto mentre altri ridevano divertiti accentuando per gioco e derisione il movimento, schiacciando chi si trovava a tiro, suscitando le più diverse reazioni senza che si potesse capire se era uno scherzo o un inizio di rivolta.

«Non si dà più del lei» gridava qualcuno con voce strozzata e una nota di disperazione sproporzionata rispetto alla futilità dell'affermazione.

«Parlo come mi pare» gridò con fierezza il suo oppositore.

Tutti risero come si trattasse della battuta prevista da un copione e a quel segno corale di complicità e di favore il primo uomo dovette sentirsi autorizzato a un gesto estremo. Afferrò una sedia di vimini e la lanciò in testa all'avversario che cadde a terra con un filo sottile di sangue che gli solcava la fronte pallida. Forse fu la vista di quel sangue: l'atmosfera mutò repentinamente, le risate di poco prima diventarono grida cattive, gesti di furore. In un baleno il tafferuglio divenne generale, alcuni tavolini vennero rovesciati, i camerieri lasciarono cadere i vassoi delle ordinazioni, due o tre giovani eccitati presero a spaccare urlando le bottiglie delle bevande.

Flaminio tentò di mantenersi sul bordo del tumulto senza farsene risucchiare. Scambiò alcuni spintoni, ricevette dei colpi, ma si trovò ben presto fuori facendosi aiutare dall'esperienza e un po' dalla fortuna. Prima di varcare la porta dell'albergo tentò di rassettare l'abito. Pochi metri più in là il tumulto continuava in un vocio confuso ed era, da solo, il segno di quanto, nel volgere di poche ore, le cose fossero profondamente mutate.

«La signora Romani, per favore» chiese al portiere.

L'uomo si girò automaticamente verso la rastrelliera delle chiavi, ma conosceva già la risposta.

«La signora ha lasciato l'albergo questa mattina.»

«Ha dato il nuovo indirizzo, un recapito?»

«No, mi dispiace.»

Era possibile che l'uomo gli avesse risposto con un sorriso beffardo? Flaminio fu tentato di qualificarsi per fugare quell'impressione, per vedere se la risposta di routine sarebbe cambiata. Non lo fece perché credette di sapere che l'uomo in fondo aveva detto la verità. Doris era partita senza lasciare niente dietro di sé e questo, se lui non fosse fuggito, non sarebbe successo. Abbozzò un gesto di ringraziamento, uscì di nuovo in strada con il pensiero di Doris che la lontananza, l'irraggiungibilità facevano diventare martellante.

Ciò che restava del tumulto stava spostandosi in direzione di via Sicilia in un agitarsi scomposto di braccia e di voci. La folla era ancora aumentata e anzi, dalla sommità della strada, si aveva l'impressione che un nero muro ondeggiante sbarrasse completamente la via. In quel muro si aprì lentamente un varco che tagliò a mezzo il mare dei presenti. In quel varco avanzava correndo un ragazzo trafelato, scarmigliato, le guance accese. Quando arrivò a portata di voce, si udì ciò che stava annunciando:

«Hanno arrestato Mussolini, hanno arrestato Mussolini!».

La folla cominciò a gridare, ci si abbracciava tra sconosciuti. Flaminio prese a scendere verso piazza Barberini incapace di trovare una risposta alle domande che lo assalivano: tornare subito al commissariato, correre in questura per mettersi a disposizione, andare semplicemente a casa. Le immagini di Doris e di suo padre si mescolavano nella sua mente entrambe imprecise e perdute. Camminava urtato e tirato da cento sconosciuti con i volti congestionati da una gioia incontenibile. Che fine avrebbe fatto l'inchiesta, che cosa sarebbe successo adesso nelle carceri, come sarebbe cambiata la vita di ognuno di loro a seguito di quel fatto inaudito?

Mentre percorreva l'ampia curva della strada, di fronte al Palazzo della regina Margherita, udiva crescere alle sue spalle, intorno a sé, il confuso vocio della folla. Via del Tritone è piena di gente, uomini e donne e quasi più le donne degli uomini. Nella prima oscurità della sera le finestre s'illuminano una a una, interi piani, intere facciate, anche se le case devono essersi ormai svuotate perché dai portoni sono uscite fiumane di persone che ora s'abbracciano in mezzo alla strada rimbalzandosi l'un l'altro la notizia con un entusiasmo accompagnato da gesti esuberanti. Tutti sembrano contagiati da una frettolosa irrequietezza, tra sconosciuti ci si scambiano segni di una solidarietà molto più spontanea di quella dettata dalla ragione. Tutti si sentono partecipi dello stesso stato d'animo e credono di condividere con chiunque altro un identico destino. Centinaia di uomini che poco prima erano diversi in tutto compiono gli stessi movimenti, emettono le stesse grida insensate, spalancano nello stesso modo la bocca, vengono trascinati avanti o indietro tutti insieme dalla stessa forza senza scopo. L'imperativo del momento li unisce nella stessa altissima passione trasformandoli nel ricettacolo corporeo, eccitato fino al delirio, dello stesso sentimento.

Proprio accanto a Flaminio due scalmanati si gettano su un vecchio che ha ancora all'occhiello il distintivo del partito. «Via la cimice, via la cimice!» gridano percuotendo il disgraziato che non ha ancora udito la notizia o non l'ha saputa valutare e non sa come difendersi e alza le braccia cercando di riparare la testa dai colpi. Comincia a formarsi un corteo spontaneo che vuole dirigersi verso il Quirinale per festeggiare il Re, in testa compare un ritratto di Vittorio Emanuele, di profilo, in uniforme, con un berretto ridicolo, pieno di gradi. Viene assicurato con dei chiodi in cima a un manico di scopa. Altri invece preferiscono puntare verso la sede del "Messaggero". Gli uni proclamano che si sta svolgendo una grande manifestazione di fedeltà alla monarchia e allo Stato, altri credono di sapere che si tratta dei primi segni di una rivoluzione che rovescerà dalle fondamenta i rapporti di classe. Qualunque sia la spiegazione, la maggior parte delle persone, come Flaminio, è certa di trovarsi lì per caso. Nessuno è davvero sicuro di che cosa stia succedendo, ma tutti sono pronti a scherzare sulla propria curiosità e su quell'improvvisata partecipazione al primo evento collettivo, dopo vent'anni, che nessuno ha ordinato né previsto.

I due cortei si scontrano mescolandosi, scambiandosi reciprocamente seguaci, aumentando entrambi di numero e di potenza. Davanti alla sede del "Messaggero" un generale dell'esercito, inerpicato su una carretta dei rifiuti, arringa la folla ma nessuno lo ascolta perché ognuno parla, grida e s'agita per conto suo. Una squadra di forsennati senza camicia, col petto fasciato dal tricolore, tenta di forzare la porta per entrare nella sede del giornale. Il portiere è un uomo anziano e non potrebbe fermarli, ma in suo aiuto interviene un gruppo di giovani redattori e il tentativo viene arginato e respinto. Qualunque gesto, anche il più irragionevole, scatena lunghi battimani eccitati, grida ritmate che non si capiscono, emozioni forti, messaggi incompleti e ondate di entusiasmo che si propagano dalla testa alla coda del corteo e che ciascuno interpreta a suo modo. Tutto sembra confluire in una viva forza comune in grado di abbattere ogni ostacolo e che tutti infatti percepiscono metà come violenza e metà come liberazione.

Un uomo giovane, infiammato come gli altri, si stacca dal gruppo, viene accanto a Flaminio, lo chiama a gran voce. «Prati, Prati!» grida. Flaminio, sospinto dalla marea della folla, cerca di resistere al movimento, si volta, riconosce Edo Livori, il giornalista de "La Fiamma".

«Salve, Livori.»

«Che giornata, Prati, che entusiasmo.»

«Ma è vero, allora?»

«È vero, è tutto vero. L'hanno portato in ambulanza dentro una caserma dei carabinieri. È finito!»

Che cosa è finito, vorrebbe chiedere Flaminio. È finito l'uomo? il suo regime? In ogni momento quell'incerta conversazione potrebbe interrompersi, nella calca sono entrambi in balìa di opposte pressioni.

«La sa la notizia?»

Sì, no, quale notizia, quale tra le tante?

«Il procuratore Schinea.»

«No, non so niente di Schinea.»

«S'è ammazzato. L'hanno trovato morto stamattina. S'è impiccato nel bagno accanto all'ufficio, con la cinta dei pantaloni. L'hanno trovato in mutande, però aveva ancora gli occhiali.»

Edo Livori ride senza nascondere la gioia che l'episodio gli dà, o forse la soddisfazione che gli dà poterlo raccontare per primo.

«Sto salendo a scrivere un editoriale, voglio anche la mia firma sul primo numero della nuova èra. Viva la pace, viva la libertà!»

Tutto diventa sempre più confuso. Livori era un fascista della prima ora, redattore di un quotidiano oltranzista, il giornalista che gli aveva fatto leggere il discorso in cui Mussolini affermava che o si vinceva o restava soltanto la pace del disonore.

«Quale èra, Livori» tenta di gridare Flaminio. «Quale pace...»

Il redattore de "La Fiamma" è scomparso, inghiottito dalla folla. Altri giovani intanto sono riusciti a entrare nella sede del giornale e d'improvviso il balcone del primo piano si riempie di gente che agita le braccia, dispiega una bandiera che al centro ha un buco al posto dello stemma sabaudo. Gridano per farsi notare e quando un sufficiente numero di sguardi s'è alzato verso di loro, cominciano a gettare in strada i ritratti di Mussolini che per vent'anni sono rimasti appesi nelle stanze e perfino un busto di gesso che s'infrange sull'asfalto, nello slargo improvviso che la folla ha aperto, con un boato impressionante. Dal basso, dalla parte di corso Umberto, sale intanto verso il largo del Tritone un diverso e più festoso corteo. Saranno dieci, forse venti giovani con i capelli al vento che portano in trionfo sulle loro spalle una donna seminuda. Indossa una tunica bianca, forse una camicia da notte o una veste da camera che comunque la ricopre svestendola per metà, una seta leggera e lucente che lo stesso movimento scompiglia e apre.

«È un'attrice del teatro», «Ma sì è la Borboni», «È la Borboni»: la voce passa di fila in fila. Tutti fanno ala ridendo, battendo le mani mentre la donna, ondeggiando sulle spalle e sulle braccia di quei suoi ammiratori, declama versi di cui non si odono le parole accompagnandoli con gesti ampi delle braccia e con baci che lancia tutt'intorno, ridendo felice.

13

La mattina dopo, a otto giorni dal bombardamento, il quartiere di San Lorenzo sembrava aver acquistato, nella rovina, un aspetto definitivo. Sentieri carrozzabili erano stati scavati tra le macerie in corrispondenza delle strade che le bombe avevano cancellato. I muri pericolanti erano stati abbattuti o ancorati con delle intelaiature di legno, i morti per la gran parte dissotterrati anche se restava qua e là qualche picchetto o piccola bandiera confitta nelle macerie per indicare i punti dove presumibilmente restavano ancora dei cadaveri da recuperare.

Scendendo dalla Circolare Rossa, Flaminio avvertì confusamente che c'era qualche cosa, a parte le distruzioni, che continuava a distinguere quella zona dal resto della città. Forme elementari di vita collettiva e di commercio avevano ripreso di fronte al muraglione semidiroccato del cimitero e più oltre, verso la via Tiburtina: qualche banco di fiori, qualche bottega di scalpellino o negozio di alimentari erano stati riaperti dovunque era stato possibile: sotto tettoie improvvisate, nelle caverne formate dall'accumulo dei detriti oppure su carretti a mano o trainati da miseri cavalli che adesso picchiavano lo zoccolo sul selciato o scuotevano la testa sotto il sole, storditi dal caldo e dalle mosche.

Una fila paziente di persone, ognuna con in mano un fiasco o una bottiglia, s'era formata davanti all'unica fontanella della piazza. Un altro assembramento s'era formato all'imbocco di via dei Battaglioni universitari. Col naso in aria la piccola folla era intenta a osservare un uomo vestito con una tuta blu da operaio che, appoggiata una scala, era salito fino in cima a uno dei muri di recinzione della Città universitaria. Solo quando arrivò nelle vicinanze, Flaminio si rese conto di quale spettacolo si trattasse. L'uomo era un marmoraro, operaio in una bottega di lapidi. Con gli arnesi del suo mestiere, scalpello e martello, stava cancellando un grosso fascio in pietra incastonato nella sommità del muro. Sapendosi osservato, l'uomo lavorava di lena e a ogni colpo le schegge volavano tutt'intorno. Quando finalmente riuscì a staccare d'un sol colpo l'intera parte superiore del fascio dove era confitta la lama, facendola rovinare in briciole al suolo, dalla folla si sollevò un "oh" prolungato, poi lo scroscio di un applauso.

I tram e gli omnibus avevano ripreso a circolare. Con un rombo improvviso sbucò da Portonaccio un autocarro lanciato in una pazza corsa che alzava dietro di sé un'alta lama di polvere. Il cassone era gremito di ragazzi scamiciati, diretti chissà dove, che sventolavano un'enorme bandiera tricolore. Fu quel rapido passaggio che rese Flaminio consapevole della diversità confusamente avvertita al momento dell'arrivo. Tutta la città quella mattina era piena di bandiere e aveva un'aria di festa, meno San Lorenzo. Questo quartiere operaio, che pure era noto per la sua ostilità al fascismo, era rimasto l'unico a non reagire visibilmente alla notizia dell'arresto di Mussolini che l'Eiar, la sera prima, aveva finalmente confermato alle 22.45 interrompendo le trasmissioni: "Sua Maestà il Re e Imperatore ha accettato le dimissioni dalla carica di capo del governo, primo ministro, segretario di Stato, di sua eccellenza il cavalier Benito Mussolini e ha nominato capo del governo, primo ministro, segretario di Stato, il cavaliere, maresciallo d'Italia, Pietro Badoglio".

Il brigadiere Pantano era sulla porta del commissariato, visibilmente inquieto e senza fare nulla per nasconderlo.

«È appena arrivata la notizia che dalla caserma della Milizia in via Nazionale sono partite scariche di fucileria, si temono gravi disordini.»

«Chi ha telefonato?»

«Il gabinetto del questore, ordinando lo stato di emergenza.»

Doveva esserci da qualche parte il foglio operativo con le istruzioni per lo stato di emergenza. Senza nemmeno doverlo consultare, Flaminio sapeva trattarsi di norme inapplicabili nelle condizioni in cui si trovava il commissariato, senza mezzi e con pochissimi uomini. E poi aveva sentito alla radio che i poteri per la tutela dell'ordine pubblico erano passati alle autorità militari. Possibile che la confusione fosse arrivata a tal punto?

Salirono insieme le scale ancora cosparse di immondizie e di calcinacci. Il piano superiore era stato sgomberato dai senzatetto e recuperato alla meglio al normale funzionamento.

«Che dobbiamo fare, commissario?» domandò Pantano.

«Com'è la situazione dell'ordine pubblico?»

Il brigadiere allargò le braccia in un gesto tra il fatalismo e la resa.

«Il quartiere sembra tranquillo, per la verità. È stato segnalato solo un assembramento verso la Tiburtina, non pericoloso per ora.»

«Fa' controllare i moschetti e il munizionamento» ordinò Flaminio, più che altro per non deluderlo.

Sedette con un certo disagio dietro la scrivania: avrebbero veramente dovuto aprire il fuoco, se ci fossero stati disordini? Con quei moschetti non più adoperati da chissà quanto tempo? Obbedendo a una rassicurante inerzia burocratica, Pantano gli aveva preparato una cartellina con le pratiche ordinarie, come se quel lunedì 26 luglio fosse una giornata come tutte le altre. C'erano solo due fogli. Il primo era l'esposto di una signora che denunciava la sua domestica, tale Zavarri Angelina, che a suo dire aveva rubato dall'armadio "un magnifico paio di calze di seta". Chissà quand'è che un paio di calze diventa "magnifico", si domandò Flaminio. L'altro era il consueto bollettino demografico del Governatorato. In una domenica che sarebbe certamente passata alla storia, nella capitale del Regno d'Italia erano nate

3 persone, ne erano morte 19, si erano perfino celebrati 2 matrimoni.

Mise da parte la cartellina. La sorte di quel paio di calze, per quanto magnifiche, sarebbe per il momento rimasta in sospeso. Circondato com'era da una accresciuta tensione del vivere, da giganteschi moti collettivi di entusiasmo o di collera, Flaminio si sentiva invaso da una sonnolenta dolcezza, da un senso d'irresponsabilità, di irresolutezza al centro del quale si trova, solo riferimento costante, il pensiero di Doris. Non però la Doris viva e infelice che poche ore prima ha incontrato, stretto in un abbraccio già remoto. Piuttosto il suo volto immobile e immutabile che fissa un punto imprecisato dallo scaffale d'una libreria nella villa di Fregene. Quel volto, quello sguardo, l'arco sottile delle sopracciglia, il rilievo degli zigomi accentuato dal chiaroscuro sono l'aspetto più reale che ricordi di Doris, quello che vorrebbe conservare dentro di sé. Perché gli riesce intollerabile l'idea che sia sparita, perduta nel convulso disordine di un Paese finito. Era rimasta la foto, pietra di paragone che lo avrebbe accompagnato per sempre, che avrebbe guardato assieme a lui nel buio. Durante l'ultimo giorno, turbamento e desiderio di lei si sono alternati, ora c'è solo una specie di vuoto attonito, un leggero senso di nausea.

Sentiva le voci della folla là fuori e pensava che avrebbe desiderato trovarsi anche lui in mezzo alla strada a festeggiare come tutti gli altri, senza tanti problemi da risolvere, immerso in quella gioia senza volto. Chiamò il brigadiere.

«Pantano, bisognerebbe fare subito qualche accertamento sulla signora Romani Doris.»

«L'attrice del cinema?»

«Proprio lei. Potrebbe essere implicata nel caso Gandolfo e bisogna interrogarla. Conosciamo tre suoi possibili recapiti: a Fregene la villa di Policano, a Porta Latina presso tale Maleotti Bianca e infine all'Albergo Palace di via Veneto. Cerchiamo di sapere dove si trova.»

«Non sarà facile.»

«Proviamoci lo stesso.»

Sopraggiunse il piantone.

«La sparatoria di via Nazionale si è un po' ridimensionata» annunciò trafelato. «Si sarebbe trattato di un equivoco originato dalla paura. I militi hanno aperto il fuoco contro reparti di truppa mandati lì per proteggerli.»

«Meglio così. Pantano, per quei controlli...»

«Commissario, c'è di là un tale. Dice che deve vedervi con urgenza.»

«È armato?»

«Non mi pare.»

«Vado a controllare» s'intromise il brigadiere.

Chissà chi chiedeva di vederlo con tale urgenza, in una giornata come quella. Aveva la vaga premonizione, la speranza, che lo sconosciuto visitatore fosse venuto a portare notizie di Doris, un suo messaggio, un segno di riconoscimento, un recapito.

«Il signor Onorati» annunciò Pantano facendosi da parte.

L'uomo che entrò aveva un aspetto grottesco. La barba lunga era seminascosta dal bavero di una giacca di lino sollevato fino alle orecchie. Il bianco del tessuto era qua e là lordato da macchie scure, come di caffè. I pantaloni troppo larghi e gualciti, ai piedi un paio di scarpe bianche da tennis. L'aspetto di un vagabondo, di un fuggiasco.

«Ha chiesto di me?» disse Flaminio facendogli cenno di entrare.

L'uomo avanzò fino alla scrivania, sedette su una delle sedie. Flaminio lo riconobbe un attimo prima che tirasse giù il bavero della giacca.

«Attilio Zanna?»

L'uomo annuì. Poi chiuse il volto tra le mani e rimase così, concentrato in un gesto che voleva esprimere, con una certa teatralità, profondo malessere e forse disperazione.

«Perché mi ha cercato?» domandò Flaminio.

Zanna sollevò il viso verso di lui. Le palpebre erano arrossate tutt'intorno e la mascella, velata dalla barba, nascondeva in parte la debolezza del profilo.

«Dottor Prati,» bisbigliò l'uomo «sono venuto a costituirmi.»

«Ha detto costituirsi? È diventato pazzo?»

«Voglio che lei verbalizzi la mia confessione per l'omicidio di Franca Gandolfo da me commesso nella notte tra il 18 e il 19 luglio scorsi nell'abitazione della vittima al civico 35 di via dei Reti...»

«La prego, Zanna, la prego.»

Flaminio lo interruppe, girò intorno alla scrivania fermandosi a un passo di distanza dall'ex potente capo della Milizia, l'uomo che avrebbe dovuto far circondare Palazzo Venezia da mille gerarchi pronti alla morte per proteggere il Duce del fascismo, l'uomo che solo pochi giorni prima l'aveva blandito e minacciato. Era incredibile che in un tempo tanto breve la loro posizione reciproca fosse mutata così radicalmente.

«La prego, Zanna» ripeté, scoraggiato.

Avrebbe potuto vendicarsi di quell'uomo, infierire su di lui. Invece, incredibilmente, si trovò a parlargli con un tono sommesso, come se avesse voluto tranquillizzarlo con la sua stessa voce e prima ancora delle parole. Cercò di fissarlo. Gli occhi di Zanna non erano finestre dell'anima ma una semplice parte del suo viso, una specie di gelatina di azzurro chiaro, come un mollusco nudo nella fenditura d'uno scoglio. Neanche dal fondo di quel malessere Zanna riusciva a diventare interamente decifrabile.

«Perché fa questo?» domandò Flaminio a bassa voce.

L'uomo non rispose. Si girò invece verso la porta, inquieto.

«È sicuro che non entrerà nessuno? i suoi uomini...»

Aveva risposto senza rispondere, con quel gesto che denunciava il timore, il richiamo spaventato agli uomini là fuori. Era arrivato come un fuggiasco perché temeva l'ira della folla e il linciaggio. Un'angoscia senza scampo sembrava soverchiarlo, quasi che l'incendio gigantesco che stava divampando avesse divorato ogni residua parvenza dell'uomo di potere e d'intrigo che era stato fino a poche ore prima. Anche la confessione poteva sia rientrare nella medesima disperazione che essere dettata da ragioni molto diverse.

«Non mi crede, vero?» esclamò Zanna sollevando gli occhi arrossati.

«Non lo so. Qualche giorno fa lei stesso m'ha detto...»

«Lasci perdere quello che ho detto.»

Aveva risposto con ira improvvisa, ritrovando per un attimo l'antica arroganza.

«Capirà che la situazione adesso è totalmente diversa» aggiunse con tono di nuovo più mite.

«Proprio per questo per il momento non voglio mettere niente a verbale. La situazione non solo è diversa, rimane anche molto confusa e da ogni punto di vista.»

Zanna trovò la forza per sorridere all'indiretto messaggio che Flaminio gli inviava.

«La sua prudenza, ancora una volta. La situazione è confusa, ma le assicuro che non tornerà mai più come prima. Quello che c'era prima, che c'era fino a sabato, è scomparso per sempre.»

«Vuole...» Flaminio esitò prima di completare l'invito, cercò d'aiutarsi con un gesto. «Vuole mettersi in ordine?»

«No, grazie. È l'ultimo dei miei pensieri. Voglio parlare con lei, voglio che lei mi ascolti e sappia come si sono svolti i fatti, conosca i motivi per i quali ho ucciso Franca.»

Si raddrizzò con una piccola smorfia dolorosa come per lenire un fastidio.

«La mia abitazione è stata invasa dalla folla e saccheggiata. Sono riuscito a stento a mettermi in salvo attraverso una finestra e con una lunga corsa lungo le Mura Aureliane.»

Zanna aveva abitato per anni in un alloggio ricavato dalla Porta di San Sebastiano sulla via Appia antica. Con lavori durati a lungo era riuscito a riattare alle proprie esigenze i due torrioni gemelli e la parte centrale sovrastante l'arco della porta, ricavandone un'abitazione piena di suggestioni che Mussolini stesso aveva frequentato volentieri e che in certe occasioni, in particolare quando si era trattato di impressionare gli alleati germanici, era stata utilizzata come sede di incontri ufficiali.

«Mi dispiace sinceramente» commentò Flaminio.

«Una volta, quasi esattamente un anno fa, anche Franca l'aveva visitata. Era una notte d'estate, la notte di San Lorenzo, la casa era vuota, avevo congedato la servitù ed era la prima volta che lei veniva da me. Siamo rimasti a lungo sulla terrazza del torrione più alto a guardare le stelle che cadevano fitte. Esprimi un desiderio, le dicevo...»

Zanna s'interruppe, ma prima che smettesse di parlare s'udì nettamente la leggera incrinatura che gli spezzava la voce. Flaminio lo guardò mentre si copriva frettolosamente gli occhi. Non sapeva che cosa fare, non aveva mai visto un uomo indebolito fino a quel punto. Arrivò fino alla porta e la socchiuse. Il brigadiere Pantano era appostato nel corridoio con in mano la rivoltella.

«Tutto bene?» bisbigliò.

«Portami un bicchiere d'acqua per favore.»

Zanna bevve volentieri. La sola cosa che Flaminio si augurava in cuor suo era che quell'uomo, qualunque fosse lo scopo che intendeva raggiungere, il motivo che l'aveva portato fino al suo ufficio, non si degradasse nel balbettio di una preghiera, nell'umiliazione del pianto. Confidava che la scomparsa indicibilmente veloce del regime di cui Zanna era stato parte avesse comunque lasciato in lui sufficiente dignità per poter dire qualunque cosa senza seppellirlo nella volgarità del sentimentalismo. L'uomo riprese a parlare.

«Si sarà chiesto perché un uomo al mio livello di responsabilità si è andato a cacciare in una posizione così delicata per una prostituta, potendo avere tutte le donne che voleva. Se lo sono chiesto in molti. Se l'è chiesto anche Mussolini, quando leggeva i rapporti dell'Ovra con il resoconto dei miei incontri e delle mie notti. Una volta sventolando con aria allusiva un fascicolo m'ha detto: "Zanna, non ho capito se ti vuoi rovinare da solo o vuoi dare a me la possibilità di rovinarti quando voglio". Rise di gusto perché gli piaceva scambiare quelle battute da caserma con i suoi collaboratori. Sapeva creare un'atmosfera carica di intese non dette con gli uomini che gli erano più vicini, una complicità da guarnigione, da bordello, molto intensa, molto piacevole, un'aria cameratesca, da quadrato ufficiali, quasi omosessuale. Ma ridendo diceva anche una verità terribile perché grazie a quelle carte avrebbe potuto rimuovermi in ogni momento, come del resto poteva fare con chiunque di noi. Sabato pomeriggio infatti s'è presentato alla riunione del Gran Consiglio con alcuni di quei fascicoli e al momento di sedere li ha tirati fuori dalla borsa e messi ostentatamente davanti a sé sul tavolo, come se fossero una pistola carica. Che poi comunque non ha usato e non ho ancora capito perché non l'abbia fatto.»

Zanna s'interruppe di colpo, fissò Flaminio che lo ascoltava senza staccare lo sguardo da lui.

«Sto divagando, mi scusi. È la prima volta che parlo di questo...»

«Non si preoccupi, vada pure avanti se vuole.»

Quell'uomo aveva soprattutto bisogno di parlare, di parlare a un estraneo, anzi a un uomo dal quale poteva aspettarsi qualunque cosa, compreso l'arresto immediato che apparentemente era venuto a chiedere.

«Ricordo parola per parola ciò che le ho detto pochi giorni fa nel mio ufficio a Palazzo Cimadori. Ho detto la verità, non ho detto però *tutta* la verità. Ho conosciuto Franca in casa di un amico, una villa sull'Appia antica non lontana dalla mia residenza, subito dopo il bivio del Quo vadis. Il mio amico era uno specialista in questo tipo di ricevimenti dove invitava molte ragazze disponibili, e faceva in modo che ciascuno si trovasse a proprio agio. Credo che anche lui stesse cercando di farsi largo con quei metodi. Ho conosciuto Franca, abbiamo parlato del più e del meno come si fa in quelle circostanze, abbiamo ballato, abbiamo bevuto un liquore sulla terrazza scherzando sulla luna che quella sera sembrava ritagliata da un fondale d'opera. Era una notte d'estate, lei indossava un abito blu corto al ginocchio e aveva i capelli arricciati sulla fronte, c'era nell'aria un forte profumo d'erba appena tagliata e le armate italo-germaniche avevano conquistato i campi petroliferi del Caucaso. Sembrava davvero che stessimo per vincere la guerra.

«Ho creduto che Franca fosse una di quelle ragazze che sbarcano a Roma attirate dalle luci di Cinecittà, disposte a tutto pur di arrivarci. Difatti, in quel momento, lei era esattamente così: una ragazza come tante, una delle tante che cercano di entrare a ogni costo nel mondo del cinema che a quell'età può sembrare bello come una favola.»

Zanna s'interruppe di nuovo per bere un sorso d'acqua.

«Avemmo un rapporto quella sera stessa, in un salottino appartato del primo piano mentre l'orchestra suonava, gli altri continuavano a ballare e dal giardino salivano, assieme alla musica, voci allegre e risate. Fu molto bello, io pensai e anche lei pensò, come poi mi disse, che tra noi fosse scoccata una scintilla, quella certa cosa che si può anche chiamare amore a prima vista, di qualunque cosa si tratti.»

Con un effetto piuttosto curioso, la voce di Zanna aveva riacquistato sicurezza a mano a mano che il racconto proseguiva.

«Lei crede a quello che le sto dicendo?» domandò. «La prego di credermi perché quello che le ho detto e quello che sto per dirle sono la pura verità, anche se potrà sembrarle incredibile.»

Flaminio annuì facendogli cenno di proseguire. Credeva che l'uomo in quel momento fosse assolutamente sincero, semmai dubitava dell'esattezza della sua memoria, cioè della ricostruzione che dentro di sé, col tempo, aveva fatto degli eventi e della loro motivazione. Ma di questo non era evidentemente il caso di parlare, tantomeno in quelle circostanze.

«Invece non fu così. Per parecchio tempo nulla seguì a quell'incontro. In autunno ci fu la controffensiva britannica in Africa del Nord e il Duce mi spedì in Cirenaica. Anche la famiglia mi dette qualche preoccupazione e per parecchie settimane quell'avventura di una sera non ebbe seguito. Tutto è davvero cominciato quando ho incontrato di nuovo Franca. Questa volta non più nella villa di un amico, ma in una casa di tolleranza. Il colpo è stato tremendo. Per la prima volta nella mia vita ho toccato con mano, ho visto con i miei occhi, insomma ho sentito con tutto me stesso quale può essere il peso di un'ingiustizia, il senso visibile di una sconfitta, l'amarezza di un fallimento. Fallimento non solo per lei, che era finita in un bordello invece che a Cinecittà, ridotta a merce, vestita di niente, pronta a essere posseduta dal primo ubriaco con qualche lira in tasca. Si trattava di un fallimento anche per me e non solo per me come uomo, ma per me come fascista e dirigente di questo regime che abbiamo voluto e fondato anche perché cose del genere non accadessero mai a nessuno. Da giovani avevamo sognato un Paese nel quale uno Stato sociale, ma senza socialismo, potesse dare a ognuno ragionevoli speranze e impedisse che a una ragazza, solo perché povera, potesse succedere di finire in quel modo. Mi segue, dottore? Io quel giorno mi sono vergognato e pentito di non aver fatto nulla per lei dopo quel primo incontro, di aver gettato nel vuoto un'occasione che poteva essere importante per entrambi e proprio da questo viluppo di sentimenti caotici ho sentito riaffiorare quell'amore che non mi ero reso del tutto conto di aver già provato fin dalla prima volta.»

Flaminio ascoltava le parole di Zanna trasecolando dentro di sé per la circostanza evidente che gli stessi fatti, ricostruiti quasi esattamente nello stesso modo, potessero cambiare così profondamente di senso se si cambiava il punto di vista dal quale erano visti. Il racconto di Zanna era forse un tentativo d'inganno, ma se quell'uomo stava barando, lo faceva in primo luogo con se stesso. Bussarono alla porta con tale concitazione che Zanna ebbe una reazione di spavento.

«La folla sta assaltando la Casa del Fascio di via Tiburtina, gli uomini che abbiamo mandato rischiano di essere sopraffatti e chiedono aiuto» annunciò Pantano.

D'istinto Flaminio si volse a guardare Attilio Zanna,

ma nel momento in cui la porta era stata aperta l'uomo aveva di nuovo sollevato il bavero della giacca girandosi verso la finestra. Bisognava andare. Il problema personale di Zanna a quel punto passava in secondo piano. Che cosa fare di lui? Fino a quel momento, quell'uomo era semplicemente un visitatore che stava chiacchierando col titolare dell'ufficio, non lo si poteva arrestare né si poteva imporgli di allontanarsi perché la sua incolumità sarebbe stata a repentaglio. Flaminio scelse la sola soluzione che gli parve possibile. Senza una parola, infilò nella cintura la pistola d'ordinanza e uscì chiudendo a chiave la porta dell'ufficio, nella speranza che Zanna capisse.

Si avvicinarono al luogo dell'assalto incrociando file di persone che se ne allontanavano cariche ognuna della sua parte di refurtiva. Dovevano aver saccheggiato il bar e la dispensa perché la maggior parte dei beni consisteva in alimenti e bevande: sacchetti di zucchero o di farina, pezzi di carne, ortaggi, fiaschi di vino, anche stoviglie, posate, grandi pentole, un vecchio tappeto. A mano a mano che il luogo si approssimava, i beni che gli assalitori trascinavano via diminuivano di valore e di senso. Gli ultimi arrivati s'erano accontentati di rubare qualche mobilio di economato o addirittura gli scaffali, i raccoglitori, una o due scatole di matite. Quando videro l'auto del commissariato sbucare nella strada, un gruppo di tre uomini abbandonò l'enorme scrivania che stavano cercando di far uscire da una finestra e s'allontanò velocemente. Il mobile rimase infilato a metà nella finestra del piano rialzato, con un'inclinazione paurosa.

I due agenti inviati sul posto erano stati disarmati, con decisione ma senza troppa cattiveria. Riferirono che l'assalto era stato guidato da un giovane uomo energico che aveva dato gli ordini senza mai smontare dalla sua motocicletta e che su quella s'era allontanato a tutta velocità non appena la folla, dopo un tentativo non riuscito di incendiare la porta, l'aveva sfondata usando un taxi come ariete. Flaminio lasciò un uomo di guardia al piano terreno. Il suo moschetto era scarico ma a quel punto non c'era quasi più niente da rubare e i rischi erano molto ridotti. I locali del primo piano erano stati devastati, gli assalitori avevano strappato perfino i fili elettrici dalle pareti e smurato i cessi dai bagni. Un paio di ritratti di Mussolini giacevano in pezzi sul pavimento, qualcuno aveva lordato le fotografie defecandovi sopra.

«Commissario!»

Pantano, con una nota di allarme nella voce, lo stava chiamando dalla sommità delle scale al secondo piano. Flaminio salì a precipizio la breve rampa.

«Abbiamo trovato un ferito.»

L'uomo giaceva riverso a terra, in una delle ultime stanze, non si muoveva e sembrava o si fingeva morto. Flaminio si chinò su di lui. Lo riconobbe prima ancora di girarne il corpo per poterlo guardare in faccia. Lo riconobbe dalla pesante giacca di lana a doppiopetto, così inadatta alla stagione.

«Salustri!»

L'uomo dischiuse un occhio – l'altro era troppo pesto per aprirsi, forse s'aspettava un'altra razione di colpi –, riconobbe Flaminio, tentò di sorridere.

«M'hanno quasi ammazzato» balbettò.

«Adesso non esageri.»

Non c'era modo di stabilire se oltre alle ecchimosi e alle vistose lacerazioni i colpi avessero provocato anche fratture o altre lesioni interne. Ci sarebbe voluta un'ambulanza, se fosse stato possibile. Flaminio chiamò i suoi uomini. Sorreggendolo in quattro con molta cautela riuscirono a scendere le due rampe per portarlo al piano terreno. Pantano intanto aveva portato la macchina sul retro, dove c'era una porta secondaria. Il trasporto di Salustri fu la cosa più utile dell'intera operazione. Per il resto si poterono solo constatare i danni e non valeva certo la pena di redigere il verbale dell'incidente. Qualcuno era andato al Policlinico a vedere se si trovava un'ambulanza, chissà quando sarebbe tornato. In una camera di sicurezza s'era trovata una coperta. Venne distesa sul pavimento nell'atrio del commissariato e su quella Salustri venne adagiato.

«Forza, Salustri, il più è fatto» gli disse Flaminio cercando senza troppo riuscirvi un tono scherzoso.

«È finita commissario, non sono mica un ragazzino.»

Aveva risposto tenendo gli occhi chiusi. Il bavero della giacca aveva l'asola slabbrata e il distintivo del partito fascista non c'era più. Forse l'aveva buttato via, oppure glielo avevano strappato e quel distintivo era stata la causa di tutti i colpi che aveva preso, povero capofabbricato, ultima ruota del carro, povero straccio. Qualunque cosa si fosse aspettato dal regime non l'aveva avuta. Dopo quasi un'ora arrivò l'ambulanza. Salustri venne sollevato con tutta la coperta, non respirava quasi più, di tanto in tanto rigurgitava un fiotto di sangue che scendeva a tingergli di nero il mento e la gola. Flaminio alzò lo sguardo verso la finestra del suo ufficio e vide l'ombra cerea di Attilio Zanna che osservava la scena seminascosto dietro i vetri.

Chissà se sarebbe arrivato vivo all'ospedale, Salustri.

14

Il colloquio con Zanna, perché fino a quel momento non poteva parlarsi di interrogatorio, riprese solo poco prima dell'imbrunire. La città era attraversata, alternativamente, da folate di nervosismo e di entusiasmo. Si formavano di colpo cortei spontanei diretti verso una qualunque meta, si coglieva ogni pretesto per manifestare pro o contro qualcuno mentre proseguiva, sistematica, la distruzione dei simboli del fascismo. Da varie parti della città giungeva l'eco improvvisa ed effimera di spari.

«Vuole completare il suo racconto, eccellenza?»

Attilio Zanna guardò con evidente sollievo Flaminio entrare nella stanza e chiudere nuovamente a chiave la porta.

«Chi era l'uomo che avete fatto ricoverare?» domandò Zanna accennando alla finestra.

«Un certo Salustri, uno dei capifabbricato del quartiere. Era scampato per miracolo alle bombe di lunedì scorso, oggi gli è andata peggio.»

Non c'era bisogno di dire altro, ma Flaminio sentì il bisogno di proseguire.

«È stato picchiato, forse a morte, perché portava ancora all'occhiello il distintivo del Partito fascista. L'arresto di Mussolini non era bastato a convincerlo. Era uno che ci credeva.»

Non disse quelle parole con particolare animosità, ma Zanna reagì ugualmente.

«Ne ho pietà, dottor Prati, ma dico anche che era uno sciocco, uno di quegli inutili eroi che abbiamo sempre cercato di scoraggiare. Ostentare il distintivo del partito con l'aria che c'è nel Paese vuol dire essere dei provocatori o dei cretini. Domani per la prima volta si riunirà al Viminale il nuovo Gabinetto Badoglio. All'ordine del giorno c'è un regio decreto legge per la soppressione del Partito nazionale fascista.»

«Probabilmente Salustri non lo sapeva. Nemmeno io, del resto. Non avrebbe fatto una gran differenza, anche se lo avesse saputo.»

Per una strana catena di reazioni il ricordo di quell'uomo insignificante aveva di nuovo mutato i loro reciproci sentimenti. Flaminio provava una certa irritazione nei confronti di Zanna, ma probabilmente era anche vero il contrario. Zanna comunque lo fissò con curiosità quasi ironica.

«Lo so quello che sta pensando» sussurrò. «Quel povero disgraziato è stato quasi ammazzato per la causa e io invece sono qui a cercare di mettermi in salvo. Non è così?»

«È un'interpretazione possibile, forse è la verità.»

«La verità è quella che le stavo dicendo. La verità è che io ho ucciso Franca Gandolfo, questa è la sola verità che a lei deve interessare.»

«Allora dovrebbe essere più convincente» replicò Flaminio. «Quello che ha detto finora è talmente generico che nessun giudice lo prenderebbe in considerazione.»

Si erano seduti nella stessa posizione in cui si trovavano prima che Pantano li interrompesse.

«Ho mancato nei confronti di quella ragazza: dopo averla incontrata per caso in quella casa di tolleranza, ripresi a frequentarla. Ovviamente non potevo fare quasi niente di troppo evidente per lei perché ne sarebbe derivato uno scandalo. Così, in un primo tempo, sono andato a trovarla come un qualsiasi cliente. Conoscendola meglio però mi resi conto che era una donna fuori del comune. Franca avrebbe potuto fare quasi qualunque mestiere e sarebbe stata un'ottima dirigente. Lei può credere che di quella ragazza mi abbia attirato la sensualità, non esclusa la componente torbida che derivava dal suo mestiere e che quindi io oggi esprima questi apprezzamenti ricordando le ore passate a letto con lei. Non nego che tutto ciò abbia avuto il suo peso, ma quello che di lei soprattutto mi attraeva era il coraggio, l'essersi fatta da sola. Non rida di me, la prego. Ho impiegato un'espressione che in genere si usa per i capitani d'industria, i condottieri, i magnati della finanza: di uomini così si dice che si sono fatti da soli. Franca, da sola, era arrivata a essere prostituta in un bordello, cioè niente. Non è vero. Non era il traguardo, quello. Era solo il punto di partenza, il mezzo che le permetteva di mettere insieme una cifra sufficiente con più rapidità di un'operaia o di una commessa di negozio.

«Da quella vita Franca sarebbe uscita molto presto, aveva raggiunto una grande maturità interiore, aveva dovuto rimontare le difficilissime condizioni della sua vita, una partenza disastrosa, la famiglia povera dalla quale veniva, l'ambiente contadino, la mancanza di studi, la violenza subìta, l'arrivo a Roma, sola, un figlio minorato. Tirandola fuori dalla casa di tolleranza, offrendole un alloggio, volevo favorire questo sviluppo. Lei si è commosso sulla sorte di quel capofabbricato. Io le dico che Franca era una donna che il fascismo avrebbe dovuto portare a esempio, se la moralità corrente l'avesse consentito. Era una di quelle proletarie che in carcere o in ospedale o in una fabbrica, ma anche in una casa di tolleranza, riescono ad acquistare coscienza di sé e riescono a farlo partendo da molto lontano, da una lontananza che se viene misurata in termini di difficoltà sembra infinita, superando prove, sopravvivendo a condizioni proibitive nelle quali la maggior parte delle persone soccomberebbe rifugiandosi nell'alcol o nell'ozio...»

Flaminio aveva la sensazione di ascoltare un pazzo. Zanna parlava in uno stato di evidente esaltazione, mantenendo sempre lo stesso tono di voce, fissando la parete di fronte a sé, tormentando fin quasi a sbriciolarlo il mezzo toscano che stringeva tra le dita senza decidersi ad accenderlo. Lo interruppe.

«Se provava tutto questo, perché si è limitato a farne la sua amante esclusiva? Perché questa è la sostanza delle cose, Zanna: lei l'ha tirata fuori dal bordello per farne la sua mantenuta.»

«Però l'ho tirata fuori dal bordello, commissario. Era il primo passo e non è certo facile, lo sa meglio di me. Ho dovuto esercitare una certa pressione, intorno a una donna così bella si creano parecchi interessi.»

«La sistemazione in un piccolo alloggio e in un quartiere povero come questo non era certo un granché.»

«Era ciò che in quel momento potevo permettermi. Le mie risorse economiche non sono infinite.»

«Zanna, questo non è un interrogatorio, forse lo diventerà, vedremo. Per ora è solo una conversazione; se pretende che le creda, deve dire cose verosimili. Mi vuol far credere che non poteva permettersi di trovarle un alloggio meno misero? Un uomo potente come lei?»

«Non potevo permettermelo, se non volevo far nascere complicazioni e non solo pubbliche. Non dimentichi che sono un uomo sposato.»

«Un uomo sposato che aveva trovato un piacevole svago per la sua concupiscenza, potremmo metterla anche così, Zanna.»

«Certo che si potrebbe. Anzi, sarà così che la storia verrà raccontata se e quando diventerà di dominio pubblico. Mi aspetto la canea degli attacchi e non potrò replicare, ma a lei, qui in privato, posso invece rispondere. Le assicuro che non è vero. La verità è quella che le sto dicendo.»

«E perché l'avrebbe uccisa?»

«Per il più banale dei motivi. Il capo, anzi l'ex capo della Milizia è diventato assassino per gelosia, come una cameriera.»

Zanna si decise finalmente ad accendere ciò che restava del mezzo toscano, ma solo per spegnerlo subito dopo, con un gesto di stizza.

«Solo dopo qualche tempo mi sono reso conto che c'era un altro uomo. Non so se è dipeso dalla mia cecità o dal fatto che lei sapeva nascondere molto bene i piccoli inevitabili contrattempi, le discrepanze che di tanto in tanto si creavano. Nella vita privata anche il capo della

Milizia si è comportato come un qualunque altro uomo, provando gli stessi sentimenti, reagendo come chiunque altro. La differenza è che io, dopo i primi sospetti, ho potuto farla sorvegliare. Avevo uomini, avevo mezzi e nessuno a cui rispondere per un'operazione banale come quella. La conferma è arrivata immediatamente. Due giorni più tardi avevo sulla scrivania i dati di quell'uomo, i suoi precedenti e la fotografia di fronte e di profilo presa dal casellario. Potevo farlo arrestare, Prati. Avrei anche potuto farlo uccidere. Un portantino d'ospedale, pregiudicato, socialista, accoltellato di notte in una rissa, in una qualunque stradina di periferia. Tre righe in un giornale il giorno dopo, sì e no. Tutto finito. Sa perché non l'ho fatto?»

La domanda era stata posta in tono ragionevole, quasi con premura. Non si trattava di una richiesta retorica, Zanna voleva davvero una risposta da lui. Flaminio si limitò a un cenno di diniego.

«Non l'ho fatto per lei, per Franca. Tre righe in un giornale e subito dimenticato. Per tutti, ma non per lei. Lei sarebbe stata l'unica a capire e io l'avrei persa. Non volevo stravincere, cioè non volevo vincere violando le regole di una lotta d'amore. Se il capo della Milizia doveva contendere una donna a un portantino d'ospedale, l'avrebbe fatto da uomo a uomo, lealmente, ad armi pari. Mi approva, vero? Colgo nel suo sguardo un lampo di comprensione. Ebbene, sbaglia. Solo uno stupido ragiona così, infatti sono stato uno stupido.»

L'uomo chinò di colpo il capo e cominciò a piangere silenziosamente. Non faceva niente per nascondere le lacrime che rotolavano lungo le sue guance. Era immobile, non muoveva le mani, lasciava che solo il pianto lo liberasse dal ricordo di quella possibilità perduta. Poteva anche darsi che a quel disperato abbandono l'ex potente capo della Milizia volesse affidare, come a un suggello, la verità della sua confessione.

«Perché l'ha uccisa?» tornò a chiedere Flaminio. «Ha raccontato le premesse possibili di un delitto, ma non le ragioni immediate, quello che si chiama il motivo scatenante.»

«Gliel'ho detto, per gelosia.»

«Devo conoscere i dettagli. Se lei uscendo da questa stanza venisse riconosciuto, non arriverebbe vivo in ospedale. Questo pesa sulla sua confessione. Allora, ha fatto sorvegliare la donna, è venuto a sapere dell'esistenza di un altro uomo, la sua identità e tutto il resto. Ma io ho in mente anche le date e so che questa situazione è andata avanti per un qualche tempo. Le chiedo: per quanto tempo? E perché a un certo punto è diventata insostenibile?»

«È andata avanti per qualche settimana.»

«E durante questo periodo che cosa ha fatto?»

«Ho cercato di capire. C'era una tale disparità di posizione tra me e il mio, diciamo così, rivale che volevo capire quale poteva essere la motivazione di quel rapporto. Io ero il numero cinque, o al massimo sei, del regime. Gino Tiberi era una nullità. Una situazione assurda.»

«È riuscito a capire la ragione di quell'assurdità?»

«L'aspetto incredibile era che Franca nutriva per quell'uomo lo stesso sentimento che io avevo per lei. Ci siamo trovati tutti e tre disposti lungo una scala della quale io occupavo il vertice e Tiberi il fondo. Franca apprezzava in Tiberi la forza con la quale era riuscito, da solo, a vincere la profonda miseria delle sue origini e della sua famiglia. Era rimasta commossa dalla generosità, secondo lei disinteressata, con la quale Tiberi l'aveva aiutata quando era stata ricoverata in ospedale.»

«Perché dice "secondo lei"? Non crede a quel disinteresse?»

«No, non ci credo. Prodigarsi per una giovane donna disperata e piena di fascino com'era Franca non è mai un'azione disinteressata da parte di un uomo. Una donna in quelle condizioni è una preda. Ma le donne sono fatte così, hanno bisogno di credere a queste ragioni romantiche, da commedia lacrimosa.»

«E la gelosia?»

«La gelosia viene da sé. Un conto è sapere che una

donna si concede a trenta o quaranta uomini al giorno per guadagnarsi da vivere. Un conto è sospettare che lo fa, o è tentata di farlo, con un uomo solo. È un altro aspetto paradossale della vicenda: l'atrocità del sospetto è inversamente proporzionale alla quantità delle occasioni.»

«Ne avete parlato? C'è stata una discussione? un litigio?»

«Ne abbiamo parlato a lungo, per una notte intera.»

«Lei ha insistito perché lasciasse il Tiberi?»

«Non ho fatto questo errore. Mi sono limitato a dirle quanto l'amassi, quanto avessi bisogno di lei, le ho anche lasciato capire quanto lei avesse bisogno di me. Speravo francamente che una tale richiesta, fatta da un uomo come me, fosse sufficiente. Che bastasse un tale equilibrio di reciproche necessità e convenienze, così raro in amore.»

«Invece non è bastato?»

«Non è bastato.»

«Perché? Per quali ragioni?»

«L'assurdo della cosa, il suo aspetto esasperante, forse la stessa causa scatenante del delitto, appunto quella che poc'anzi lei mi chiedeva, è che mi sono trovato sconfitto sullo stesso terreno del mio rivale.»

«Precisi meglio. Che cosa intende dire?»

«Franca era convinta della mia sincerità, non dubitava della serietà di quanto le dicevo, era consapevole delle convenienze e dei vantaggi. Insomma l'intero quadro si presentava a me favorevole.»

«E allora?»

«Non poteva accogliere la mia richiesta semplicemente perché, dentro di sé, aveva deciso in modo del tutto diverso. Io ho cercato, senza mai nominare il Tiberi, di illustrare la mia posizione e la sua nei miei confronti. Lei però aveva già deciso per una terza possibilità che stupidamente non avevo nemmeno preso in considerazione. Vale a dire di lasciar cadere sia Tiberi che me. Pensavo di doverla strappare a un altro e non avevo calcolato che avrei dovuto strapparla a se stessa. Franca aveva deciso che non voleva né sposare Tiberi, né legarsi a me. Mi ringraziava di averla sottratta alla logorante umiliazione del postribolo, avrebbe anche accettato che restassimo amici, come dicono le donne in questi casi. Nelle nostre particolari circostanze avrebbe voluto dire che era disposta ad accogliermi di tanto in tanto nel suo letto, manifestando in questo modo la sua riconoscenza. Però niente più di questo.»

«Ma lei ha parlato di gelosia. Dov'è la gelosia, in questo caso?»

Zanna lo fissò con stupore, forse con un accenno di riprovazione.

«Davvero non capisce? Si trattava della forma peggiore di gelosia, quella che non prende le sembianze, il richiamo, il fascino di un altro uomo, ma si nasconde all'interno stesso della persona amata, l'unica rivalità per la quale non esiste rimedio possibile.»

Tirò fuori dalla tasca un altro dei suoi mezzi toscani, lo accese.

«Lei mi ha chiesto di essere preciso. Le rivelo un particolare incredibile. Come sa, ero costantemente sorvegliato dai servizi di sicurezza. Nemmeno l'ultimo incontro di domenica notte è sfuggito. Tra le carte della polizia segreta o nell'archivio personale di Mussolini deve trovarsi una nota informativa con la quale si è dato conto al Duce che alle ore una del mattino di lunedì 19 luglio, il sottoscritto varcava il portone di via dei Reti, civico 35, per un convegno sessuale con tale Gandolfo Franca di anni 24 già esercitante il meretricio in Roma nella nota casa di tolleranza di via...»

Attilio Zanna mimò crudelmente, contro di sé questa volta, la burocratica durezza di un rapporto dei servizi d'informazione. Il suo viso aveva perduto l'espressione impassibile mantenuta fino a quel momento.

«Com'è venuto a sapere questa circostanza?» domandò Flaminio.

«Me l'ha rivelata personalmente il Duce. In una breve pausa della tragica riunione di sabato scorso. Io lo consigliavo di far arrestare subito i congiurati, lo pregavo di darmi ascolto prima che quel maledetto Ordine del Giorno fosse messo ai voti perché prevedevo la catastrofe. Lui m'ha guardato con amarezza e m'ha detto: "Mi chiedi di darti ascolto. Tu mi hai dato forse ascolto? Sono stato informato che nonostante i miei inviti continui a vedere quella donna".»

«Sapeva anche che quella donna era stata assassinata?»

«Di questo non ha parlato.»

«Lei ha replicato?»

«Non era il caso, date le circostanze. Ho solo dedotto da quelle brevi parole che il mio tentativo politico era inutile. Era gonfio, grigio, lo sguardo vacuo, sofferente per l'ulcera. Prima che la riunione cominciasse, aveva già deciso di perdere. Se non fosse stato così, non avrebbero avuto il coraggio di attaccarlo. È stata una lotta di vigliacchi che adesso continua nelle strade di questo Paese. Gli italiani non stanno festeggiando una rivoluzione ma unicamente il crollo di un regime. Riesce a cogliere la differenza?»

«La gente vi rimprovera di aver amministrato l'Italia come un bene privato, di aver trasformato lo Stato in una serie di feudi e i cittadini in clienti, premiando i più fedeli, i più servili...»

«Parla per risentimento personale, immagino.»

«Non lo so, forse. No, francamente non credo.»

Flaminio non aveva mai pensato a se stesso, al suo lavoro, alle occasioni colte o perdute in termini di risentimento. D'altra parte chi non si ritiene meritevole d'una carica più alta? non poteva nemmeno escludere che in fin dei conti Zanna avesse ragione.

«Non lo crede» riprese Zanna «perché nessuno prende mai in considerazione se stesso quando si tratta di tirare delle somme così amare. La crisi improvvisa, la liquefazione dell'apparato, il fuggi fuggi dei gregari e dei clienti, qualche suicidio come quello del procuratore Schinea, sicuramente la mancanza di un disegno. Abbiamo lasciato un presente odiato, precipitiamo verso un futuro che non ha sbocchi. Ero incaricato di garantire la sicurezza del Duce. Mille gerarchi avevano giurato per iscritto la loro disponibilità, a costo della vita. La notte del Gran Consiglio ho provato ad attivare il meccanismo e non sono riuscito a trovarne nemmeno uno.»

«Se quello che dice è vero, nemmeno lei sta prendendo in considerazione se stesso. Mentre denuncia il fallimento degli altri, lei è qui da me, conciato come un fuggiasco, tremando all'idea che quella porta si apra e arrivi qualcuno a spararle prima che io possa intervenire. Dov'è la differenza? Che cosa la distingue dagli altri?»

«Sono rimasto al mio posto finché ho potuto. Ho abbandonato il mio ufficio a Palazzo Cimadori solo quando ho visto che nemmeno gli uscieri rispondevano più ai campanelli. Lei ha compianto quel capofabbricato che s'è lasciato ammazzare per non togliersi dall'occhiello il distintivo del partito. Sappia che io non arriverò a quel punto. Faccio politica, non demagogia. Ho cercato di dar mano alla costruzione di uno Stato, ma non ho nessuna voglia di essere additato a esempio sui libri di lettura delle elementari. Ho lottato, non fuggo, ma non sono nemmeno disposto a farmi linciare dal primo capannello di esaltati.»

«Quei capannelli di esaltati stanno cercando di far diventare questo Paese un Paese libero. Lo fanno come può farlo una folla, cioè confusamente, senza aver chiara la meta, con gesti a volte odiosi. Meno odiosi comunque della vostra guerra e, per ora almeno, assai meno sanguinosi.»

«Pensa che tutta questa festa cambierà qualcosa?» replicò l'ex capo della Milizia. «Io la vedo altrimenti. Noi abbiamo rappresentato il tentativo di trasformare una plebe dispersa, riottosa, anarchica e pigra in un popolo capace di marciare a testa alta, alla pari con tutti gli altri. Certo, abbiamo dovuto rifilare qualche bastonata.»

«E chi le dice che quella che lei chiama plebe riottosa non fosse invece un popolo che voleva seguire la sua inclinazione naturalmente mite, gente che ama la libertà, inadatta alla guerra, non portata a mostrare i muscoli, sensibile al ridicolo, non meritevole di essere consegnata a parate da operetta e a una romanità di cartapesta? Avete agito in base a teoremi astratti, velleità, innamorati della formula, non della soluzione.»

«Non mi porterà sul suo terreno. Lei racconta il passato, noi guardavamo all'avvenire. Troppo grave era il nostro ritardo, troppo lungo il percorso da coprire. Del resto Stalin, che aveva problemi simili ai nostri, ha fatto ricorso a metodi molto peggiori. Parla di libertà? vedrà che uso ne faranno gli italiani della sua libertà.»

Attilio Zanna gettò a terra il sigaro schiacciandolo sotto il tacco. Si alzò in piedi rivelando, nel movimento, una grande energia, una determinazione che nemmeno la tenuta grottesca e il viso ricoperto di barba bastavano a dissimulare.

«Mussolini ha sessant'anni, questa è la sola verità, caro Prati. Alla riunione del Gran Consiglio ho visto Buffarini-Guidi sussurrare, mentre il Duce parlava, ironie e commenti all'orecchio dei suoi vicini sull'incapacità di Mussolini come capo militare. Avevo in tasca una bomba a mano, ho avuto la tentazione di tirargliela. Che vergogna! Gente che fino a dieci giorni fa tremava davanti a lui. E questo vigliacco di Badoglio che avremmo dovuto fucilare siede alla presidenza del Consiglio con in testa un solo pensiero: arrivare fino in fondo vivo. Sarebbero queste le novità? Quella notte abbiamo perso tutti. Lui e noi. E questo ridicolo Re, che crede d'essersela cavata perché ha organizzato la congiura, farà peggio di lui. S'è trattato di un colpo di Stato da Paese balcanico.»

«Grazie al quale ci siamo comunque scrollati di dosso una dittatura che nessuno riusciva più a sopportare, questo almeno non vorrà negarlo. Li leggeva anche lei i rapporti di polizia, le scritte che comparivano sui muri, le barzellette, le frasi scambiate a mezza bocca sui mezzi pubblici.»

«Un popolo cambia idee e sentimenti in mezz'ora. Mussolini una volta mi regalò il saggio di uno studioso, si chiama *Psicologia della folla*, lo legga se le capita. Potrei fuggire all'estero come tutti gli altri, compresi molti dei congiurati. Oppure rifugiarmi in Vaticano. Preferisco quella che si chiama la macchina della giustizia.»

Erano arrivati alla stretta conclusiva dell'incontro. Lo stesso tono con il quale Zanna aveva pronunciato le ultime parole lasciava intendere che dopo quel lungo parlare si aspettava da Flaminio una decisione rapida, in un senso o nell'altro. Quando era entrato nella stanza, si muoveva implorando come un uomo finito, ora pareva aver riacquistato una fiducia sufficiente a decidere da solo, se Flaminio non avesse provveduto.

«Se davvero mi sta chiedendo di arrestarla, mi deve raccontare un'ultima cosa: come ha ucciso Franca Gandolfo. Esistono dei riscontri obiettivi che è possibile stabilire, nonostante le circostanze, perché io ho visto la casa e la vittima prima che cominciassero a cadere le bombe americane.»

Zanna si raccolse in se stesso, socchiuse gli occhi, parlò mantenendo quell'atteggiamento.

«Abbiamo parlato molto. Ero arrivato da lei molto tardi, dopo la mezzanotte. Abbiamo fatto l'amore subito, come ogni volta, quasi senza parlare. Durante l'amore però Franca si dimostrò ardente in modo particolare. Da quando avevamo cominciato a discutere di tutte quelle cose lei si concedeva con una certa rigidità, alle volte dentro di me ho pensato che ricorresse alle astuzie del suo mestiere simulando il piacere ma senza provarlo davvero. Quella notte fu diverso. Franca tornò a essere appassionata come le prime volte, senza riserve e senza limiti davanti alle mie richieste. Mi sono illuso. Dedussi da questo che aveva preso una decisione, che quella decisione mi era favorevole e che quel modo di darsi anticipava le parole che di lì a poco avrei ascoltato. Quell'amore appassionato e impudico era invece soltanto il suo modo di congedarsi. Forse lei non aveva calcolato che liquidandomi dopo un tale slancio avrebbe scavato un solco ancora più doloroso. Così è stato.

«Franca si rivestì, bevemmo qualche cosa, poi mi decisi ad affrontare l'argomento. Lei rispose come le ho già detto: che sì, era vero che un altro uomo l'aveva interessata, che per un breve periodo aveva considerato le due possibilità senza arrivare a decidersi. Ma che una scelta l'aveva comunque fatta. Aveva deciso di restare sola, di fare da sola tutto ciò che da sola sarebbe riuscita a fare. Capii dal tono che si trattava di una decisione senza rimedio. Se le era costato arrivare a quella conclusione, non si avvertì nel modo in cui si espresse. Era fredda, determinata, tranquilla, parlò come se stesse riferendo gli affari di un'altra persona. Scoppiò un litigio, lei fu aspra, io disperato. Pesò su di me anche la consapevolezza di ciò che stava per succedere. La mia sola attenuante, se posso invocarne una, non è d'onore o passionale, ma politica. Avevo lavorato molto perché l'Ordine del Giorno venisse ritirato, ma senza riuscirvi. Lo stesso Mussolini, che pure conosceva il documento, sembrava stranamente disinteressato alle conseguenze possibili che a me invece parevano evidenti. Quel lunedì il Duce avrebbe incontrato Hitler a Feltre. Gli dirò finalmente il fatto suo, ci aveva garantito. Ma io sospettavo, temevo che di fronte alla foga e alle urla dell'altro non avrebbe aperto bocca. Così è stato.

«Quando Franca mi pregò, in lacrime, di uscire, di andarmene, stava per spuntare l'alba. Solo da quel primo chiarore mi resi conto di quanto tempo avevamo passato a discutere. Mi sentii in quel momento come se Franca mi avesse puntato un coltello alla gola. Né nella mia vita pubblica né in quella privata esistevano più vie di scampo. Vidi come in un lampo la mia esistenza futura senza di lei, senza quegli slanci di cui mi aveva appena dato una tale prova...»

Di nuovo Zanna stava parlando con affanno, sopraffatto dalla forza trascinante di quelle memorie. Ma non erano quelle le cose che Flaminio voleva sentire da lui.

«Le ho chiesto dei riscontri oggettivi, Zanna, non i suoi ricordi. Come l'ha uccisa? Con che arma?»

«La mia pistola di dotazione, un'arma da guerra, Beretta calibro nove.»

«Al momento dello sparo dove si trovava la vittima? era nuda? era vestita?»

«Vestita. Voglio dire il corpo era coperto.» Zanna compì un evidente sforzo di concentrazione. «Un tessuto a fiori, forse si trattava di una veste da camera...»

«Dove l'ha colpita?»

«Non lo so, subito dopo sono corso via.»

«Fuggito?»

«Non fuggito in quel senso. Se sono fuggito, sono fuggito da me stesso.»

«Allora non sa dove l'ha colpita.»

«Posso dirle dove ho mirato sparando. Ho mirato al cuore.»

«Quanti colpi ha esploso?»

«Due.»

Era il solo dato oggettivo che corrispondesse allo stato delle cose. Il calibro delle pallottole non era stato possibile accertarlo, quanto al resto s'era trattato di risposte che potevano anche essere dettate da un generico buonsenso. Era possibile che due colpi indirizzati al cuore, nella concitazione del momento, avessero colpito la vittima al volto. Era verosimile che una donna che ha appena finito di far l'amore avesse indosso una vestaglia. Del resto nel mese di luglio una stoffa a fiori poteva anche essere quella di un abito.

Per diffidenza verso quella versione dei fatti e anche per un residuo di prudenza, Flaminio non sapeva che cosa decidere. Fu lo stesso Zanna a risolvere gli ultimi dubbi. Alzò il viso verso di lui, esclamò:

«Posso aggiungere un dettaglio che mi torna ora alla mente. Mentre Franca cadeva, la veste si aprì. In un lampo notai un minuscolo particolare che solo l'eccitazione dei miei nervi poteva farmi cogliere. Sotto la veste indossava un paio di mutandine nere e sulle mutandine, proprio all'altezza del pube, c'era un rammendo che in quella visione fugace mi rammentò nella forma uno scorpione».

Flaminio annuì. Anche lui ricordava con uguale nettezza quel minuscolo particolare.

«Credo che possiamo cominciare la stesura del verbale, se vuole» disse.

15

Solo poco prima dell'alba, si ritenne prudente far uscire Attilio Zanna dalla povera stanza dove aveva trascorso le ultime venti ore. Tecnicamente si trattava del trasporto di un reo confesso, ma Flaminio ordinò di tralasciare i ferri che il regolamento avrebbe imposto. Nonostante nessuno avesse fatto parola del provvedimento e la vera identità del prigioniero fosse nota solo al dattilografo che aveva battuto il verbale, davanti al portone del commissariato s'era radunata una piccola folla di curiosi, misteriosamente richiamati. Salirono in fretta sulla Millecento mandata dalla Regia Questura. Pantano davanti, accanto all'autista. Flaminio e Zanna sui sedili posteriori. Ci fu un movimento nella folla, qualche grido, un pugno o un sasso fecero a tempo a colpire la vettura.

Su consiglio del vicequestore di turno, il prigioniero venne portato direttamente al carcere di Regina Coeli. Il capo del governo, informato dell'arresto, non ritenne di dover intervenire. Considerata l'urgenza tutti, senza nemmeno consultarsi, pensarono che la cosa più opportuna fosse di mettere in qualche modo al sicuro il gerarca rinviando al mattino successivo ogni altra incombenza, compresa la firma dei provvedimenti di competenza del magistrato.

La vecchia auto attraversò strade ancora animate da qualche capannello o corteo ma prive di traffico per la grande penuria sia di carburante che di mezzi pubblici di trasporto. Nel primo tratto del percorso Zanna guardò ostinatamente fuori del finestrino, poi, spinto da una qualche concatenazione di pensieri, si volse verso Flaminio parlando sottovoce perché i due subordinati non udissero.

«Quale sarà il futuro di mio figlio? Alle elementari avevo un compagno di scuola il cui padre era in carcere per furto o qualcosa del genere. Nessuno gli rivolgeva mai la parola se non per dirgli cose crudeli. I bambini possono essere dei mostri...»

«Non deve pensare a queste cose» replicò Flaminio con lo stesso tono. «Il suo caso è completamente diverso. Anche se al processo prevarrà l'aspetto passionale, sarà sempre lo sfondo politico a dare il tono alla vicenda, e la politica è una faccenda estremamente opinabile.»

Nessuno parlò più fino alla fine del tragitto. Quando varcarono il portone del carcere, Flaminio rimase solo con il prigioniero nell'anticamera dell'ufficio matricola. Zanna, seduto rigidamente, fumava senza interruzione. La stanza era quasi buia perché l'unica lampadina accesa non bastava a rischiarare per intero l'ambiente. Seduto accanto al prigioniero, Flaminio si chiedeva se l'uomo si fosse pentito, se avrebbe potuto tentare la fuga o uno di quei gesti che nel gergo cronistico si definiscono disperati. Zanna si volse dalla sua parte, come se fosse stato richiamato da quei pensieri.

«Non so valutare se il clamore di questo arresto gioverà o meno alla sua carriera» disse sottovoce, con un mezzo sorriso.

«Era un atto dovuto» rispose Flaminio che non sapeva bene come giudicare quelle parole confidenziali.

«Nel mestiere di un poliziotto e anche in quello di un giudice molto raramente ci sono gesti neutrali. Tutto sommato, considerati i probabili sviluppi della situazione, credo che avermi arrestato le gioverà.»

Flaminio non rispose perché non sapeva quali parole usare. La vicinanza di quell'uomo gli comunicava una strana inquietudine. Cercava di mantenere un contegno impassibile, ma sapeva, o temeva, che Zanna intuisse ugualmente le emozioni che lo agitavano anche perché la sua presenza gli dava la sensazione di respirare con più difficoltà, come se fosse diminuito l'ossigeno nell'aria.

«So che domani mattina verrano liberati tutti i prigionieri politici rinchiusi qui dentro» disse ancora Zanna.

La notizia era circolata con insistenza per l'intera giornata e anche Flaminio l'aveva sentita: era uno di quei gesti con i quali il nuovo governo tentava di consolidare la propria popolarità sapendo che si sarebbe potuto permettere ben poco d'altro. La conversazione stentata venne interrotta dall'ingresso di tre o quattro persone, alcune in uniforme.

«S'accomodi, eccellenza» disse freddamente il dirigente del carcere.

Zanna venne fotografato, furono rilevate le impronte digitali delle mani. Il dirigente assisteva impassibile. Era un uomo di statura breve e di eccezionale muscolatura, la mascella forte appariva ispessita dalla barba. S'era rivolto a Zanna con deferenza, ma non pareva disposto a trascurare i suoi doveri. Delle umilianti procedure d'ingresso venne evitata solo l'ispezione corporale.

«Chiedo di essere messo in isolamento» disse Zanna.

Il capo ufficio matricola annuì come se avesse già pensato la stessa cosa. Zanna tese la mano a Flaminio e rise davanti al suo imbarazzo.

«Diamoci pure la mano, commissario. Sono proibizioni che ormai non valgono più.»

«Buona fortuna» sussurrò Flaminio.

Non riusciva a persuadersi che quell'uomo, nonostante avesse ricostruito fino al dettaglio il suo delitto, fosse realmente un assassino. Per una ragione che nemmeno lui riusciva a spiegare, continuava a credere che l'intera storia non fosse altro che uno stratagemma ben congegnato per poter trascorrere i giorni più caldi del cambio di regime al riparo di una cella d'isolamento. Attilio Zanna consegnò la cinghia dei pantaloni e le stringhe delle scarpe. Dall'amministrazione del carcere ricevette una gamella di stagno, una coperta di ruvida lana infeltrita e una specie di cuscino, informe e pieno di macchie scure.

«Sa qual è il mio solo cruccio?» disse Zanna al momento di congedarsi. «Se fossi stato meno cavalleresco col mio rivale, oggi Franca sarebbe viva e mi aspetterebbe a Buenos Aires dove avevo la possibilità di farla rifugiare. Io sarei libero e avremmo potuto ricominciare daccapo. Non sempre mi sono comportato con lealtà. Se dovessi giudicare sulla base di questa esperienza, dovrei dire che la lealtà è una rovina.»

«Il momento è terribile, non solo per lei.»

«Ha ragione, mi chiedo dove andremo a finire di questo passo.»

Non era una frase degna di un uomo politico e di potere di quel livello. Nella misera banalità di quelle parole, Flaminio vide la sconfortata nudità di uno sconfitto, come se il passaggio attraverso le procedure di ammissione avesse privato Attilio Zanna di ogni residua capacità di reagire.

Un senso di domanda sospesa e di vuoto sorprese Flaminio alla fine di quella eterna giornata. Milioni di italiani erano consapevoli, e lui con loro, di vivere ore che sarebbero state ricordate a lungo, di recitare con entusiasmo o violenza un passaggio importante del proprio destino. Di tutte le immagini viste o pensate, quella che tornava con maggiore insistenza davanti ai suoi occhi era il viso di Doris in primo piano nel momento in cui i loro corpi s'erano avvicinati e tutta la tensione accumulata stava per scaricarsi in una sola scintilla. L'aveva probabilmente umiliata allontanandosi in quel modo dalla stanza, come se tra loro due si fosse consumato un convegno clandestino. Non avrebbe dovuto lasciarla in quello stato, allo stesso modo in cui Zanna non avrebbe dovuto permettere che il caso si frapponesse così ostilmente tra lui e Franca. Una singolare coincidenza lo avvicinava, più che a ogni altro, all'uomo che aveva fatto rinchiudere in una cella. Respingeva quel pensiero, ma Doris continuava a sovrapporsi nella sua immaginazione ad Attilio Zanna. Rivedeva i gesti dell'uomo mentre si sfilava la cinghia dei pantaloni cercando di sorridere e quelli di Doris, quando era apparsa, circonfusa di luce, sulla porta della stanza.

Avrebbe preferito sentirsi partecipe dell'eccitazione generale, in armonia con il sentimento collettivo profuso senza risparmio in ogni città e villaggio. Invece si era ritrovato quasi senza volere nella grande stanza vuota che era stata di sua madre, a guardare fuori della finestra le balze deserte di Monte Mario illuminate di sghembo dalla luna, senza più voglia di dormire nonostante non avesse chiuso occhio da quasi quarantotto ore.

Appena varcato il portone del carcere, era stato investito dai rumori e dall'animazione di una città che continuava a festeggiare l'arresto del Duce come se si trattasse della vittoria collettiva di un popolo. Anche se alla radio avevano detto "la guerra continua", sembrava chiaro a tutti che, con l'arresto di Mussolini, anche la guerra era finita perché era la "sua" guerra, la guerra dell'uomo che se n'era andato, non quella del popolo festante.

Fatti pochi passi in direzione di Trastevere, si sentì chiamare. La voce, nota, era quella del giornalista Edo Livori che camminava affrettatamente per raggiungerlo, agitando le braccia.

«Di nuovo da queste parti, commissario?»

C'era sempre una nota sgradevolmente trafelata nel modo in cui quel giovane parlava e si muoveva. Come se il suo lavoro fosse di correre senza requie da un posto all'altro.

«Anche oggi ha portato qualcuno in galera?»

Flaminio si limitò a sorridere, Livori insisté.

«Si fanno nomi grossi. Attilio Zanna, è possibile?»

«Tutto è possibile in momenti così, lei che ne dice?»

«Che, se la cosa è vera, un uomo come quello dovrebbe restarci a lungo, là dentro. Se lo merita.»

Le stesse cose continuavano a tornare, tutto si ripeteva come la volta precedente. Flaminio cercava di allontanarsi, Livori lo seguiva parlando in continuazione nel tentativo di stabilire un clima di vantaggiosa cordialità.

«Ho saputo che domani mattina Luigi Tiberi verrà rimesso in libertà» disse all'improvviso quando avevano quasi raggiunto l'arco di Porta Settimiana. Questa volta l'aveva sorpreso, Flaminio s'arrestò stupito.

«Chi glielo ha detto? Come l'ha saputo?»
«Da fonte diretta, il direttore del reparto detenuti.»
«In conseguenza di un diverso sviluppo del caso?»
Edo Livori sorrise davanti alla sua ingenua reticenza.
«Non credo che dipenda dall'arresto di Zanna, se è questo che vuol dire. Credo che Tiberi venga liberato solo a causa dei suoi precedenti socialisti. Convinti di nuocergli, al momento dell'arresto hanno dato grande risalto alla faccenda. Così, invece di danneggiarlo, hanno finito per fargli un favore.»
«E lei come si trova?»
«Sempre dalla parte delle notizie, commissario. Ce ne sarà grande bisogno nella nuova Italia.»
S'allontanò nel caldo con la sua andatura caracollante. Uno strano riverbero dell'asfalto sembrava sollevarlo leggermente dal suolo. Flaminio restò immobile in mezzo alla strada. Nel giro di una settimana aveva visto finire in carcere entrambe le persone di cui aveva sospettato. Due uomini diversi in tutto, meno, probabilmente, che nell'amore che avevano nutrito per quella donna. Due uomini i cui destini erano stati pesati sui due piatti della stessa bilancia e le cui vite, come raramente accade, erano state profondamente modificate da quei movimenti della storia di cui in genere ci si limita a leggere nei libri.
La mattina dopo si vide che l'arresto di Zanna aveva avuto grande rilievo sui giornali e che nella massa degli articoli figurava anche un editoriale di Edo Livori nel quale si lodavano, in un breve inciso di due righe, le qualità investigative di Flaminio Prati.

«L'arresto di Tiberi che è costato un vero lavoro investigativo, giusto o sbagliato che fosse, è passato quasi completamente sotto silenzio. Mentre l'arresto di Zanna, che è consistito in una semplice traduzione in carcere perché è venuto lui a convincermi che dovevo arrestarlo, finisce con le lodi in prima pagina.»
L'amico Giovanni rise della sua sorpresa.

«Di che ti meravigli? Dell'ingiustizia? dei giornali? della velocità con cui certi giornalisti s'adattano alle nuove situazioni? Tutto nei giornali va di fretta, anche le coscienze. Se i lettori potessero avere memoria dei cambiamenti, i giornali sarebbero circondati dal più totale discredito.»

Giovanni pronunciava quelle parole con levità suscitando tuttavia qualche risentimento nei suoi bronchi malandati.

Il questore rivolse a Prati un encomio verbale per il brillante esito dell'operazione. Poi gli comunicò il nuovo incarico.

«Siete stato destinato alla vicedirezione della squadra omicidi, decorrenza immediata.»

Flaminio chiese di poter portare con sé il brigadiere Pantano, ma lo spostamento non poté essere accolto. Approfittò dei mezzi che il nuovo ufficio gli metteva a disposizione per avviare la ricerca di una persona che riteneva utile rintracciare. Utile a chi? All'inchiesta? A se stesso? Domande alle quali non era facile rispondere, questione che si giocava lungo un confine incerto. Pensò di essersi comunque guadagnato la possibilità d'avere una risposta. E la risposta del maresciallo Priverno, uno degli uomini più esperti del nucleo, fu sollecita.

«Risulta che la signora Romani ha preso alloggio presso la villa di una sua amica, tale Maleotti Bianca, in prossimità di Porta Latina.»

Avrebbe potuto immaginarla da solo una soluzione del genere, se non fosse stato sopraffatto dalla rapidità degli avvenimenti.

«Grazie, maresciallo, conosco il luogo.»

«Questa Bianca è la vedova di...»

«Lo so.»

L'uomo voleva probabilmente esortarlo alla cautela.

La villa era immersa in un tale silenzio da sembrare disabitata. Solo dal giardino pubblico, al di là della malferma recinzione, arrivava qualche grido infantile. Uno di quei bambini vide Flaminio percorrere il viale e s'arrestò interrompendo a mezzo un suo gioco. S'addossò alla rete che i rampicanti per buona parte nascondevano. Era un bimbetto lungo e magro di forse otto o dieci anni, Flaminio si chiese che cosa mai l'avesse tanto incuriosito da renderlo assorto, sicuro che i tralci dell'edera lo rendessero invisibile. Fu tentato di fermarsi, ma dalla villa era uscita una domestica e si limitò a un cenno di saluto. Il bambino rispose facendo ciao-ciao con la mano, lentamente però, come se inspiegabilmente la fretta di quello sconosciuto lo addolorasse.

«Non è vero, caro commissario, l'hanno informata male, Doris non è qui, non è più tornata qui dopo l'albergo e me ne dispiace.»

Bianca non stava cercando di nascondere la verità. Più semplicemente il maresciallo Priverno aveva scambiato una voce di rimbalzo con una notizia di prima mano. La delazione che aveva raccolto, e pagato, si riferiva al periodo che Doris aveva passato in quella casa prima che Flaminio stesso le consigliasse d'allontanarsene.

Anche se non era necessario, Bianca si tormentava nel tentativo di convincerlo, di tanto in tanto passava un fazzoletto leggero imbevuto di colonia sulle tempie.

«Non ero mai stata a Roma in questa stagione, è atroce. Ai primi di luglio il mio povero marito mi accompagnava sempre al Forte.»

«La guerra è tremenda, signora.»

La donna non colse l'ironia di quelle parole.

«E questa storia orribile dell'arresto. Ma è possibile che un uomo così venga trattato come un malfattore qualunque, mi dica. Trascinato via in un'ambulanza. Uno come Lui! che si è sacrificato, che ha dato tutto se stesso per il bene del Paese. E poi questo Badoglio, gliene potrei raccontare, sapesse...»

«Posso vedere la stanza dove ha alloggiato Doris?»

Bianca lo fissò con una tale sorpresa nello sguardo che Flaminio temette che avrebbe rifiutato. Ma dipendeva solo dal fatto che lì per lì le era sfuggito il significato della richiesta.

«Ma certo, certo. Guardi che è rimasto tutto com'era.»

Domenica, una delle due domestiche, lo accompagnò al piano di sopra. Percorsero un ballatoio sul quale affacciavano le diverse stanze. La donna aprì una delle porte.

«Sarebbe questa» disse di malavoglia.

«Grazie, Domenica, può andare, mi lasci pure solo.»

Nell'armadio erano appesi alcuni abiti estivi di una stoffa così lieve che ondeggiarono quando aprì lo sportello. Da quel movimento si levò un profumo che Flaminio riconobbe immediatamente. Ebbe la tentazione di accarezzare la stoffa, invece si limitò ad allungare un braccio per controllare a quale distanza si trovasse il fondo dell'armadio. Non sapeva con esattezza perché aveva chiesto a Bianca di vedere la camera, non s'aspettava di trovare niente di particolare e forse tutto quello che cercava era il tenue profumo che s'era sprigionato dagli abiti quando aveva aperto l'armadio, il ricordo di quel primo giorno nella villa di Fregene, lo sguardo perduto di Doris nella fotografia sullo scaffale. L'irrisolta domanda di partenza, il senso che aveva cercato di dare ai suoi movimenti fin da quando era stato scoperto il cadavere di Franca Gandolfo si ripresentava ora in quella nuova forma. Perché era salito in quella camera? alla ricerca di che cosa?

Sul ripiano del comò c'erano dei libri: *Donna come me* di Curzio Malaparte, *Regina di amori* di Carola Prosperi, un volume di poesie rovesciato e aperto perché era forse la pagina che Doris stava leggendo nel momento in cui aveva deciso di abbandonare l'alloggio, *Tempo che muore* di Diego Valeri. Titoli straordinariamente adatti alla situazione, pensò Flaminio. Trascurò alcuni piccoli oggetti d'argento, le calze, una collana di corallo, una tessera alimentare intatta: nemmeno un bollino era stato tagliato. Sotto una pila ordinata di biancheria avvertì al tatto l'ingombro di un consistente pacco di fogli, lo scoprì. Il plico era avvolto da un grande foglio color carta da zucchero, legato con un robusto nastro verde il cui nodo era fermato da un sigillo di ceralacca. Non poteva escludere che fosse il famoso diario di Arminio Policano, ingenuamente nascosto tra la biancheria. Aveva scritto per gli storici o per un poliziotto come lui? Non se la sentì di rompere il sigillo, non aveva né giustificazione né titolo per un sequestro e nemmeno tanto interesse. La sua attenzione venne attratta invece da un pacchetto di circa venti fotografie tenute insieme da un elastico.

Doris bambina, ripresa su una spiaggia con un fiocco bianco tra i capelli, l'aria imbronciata, le gambette magre che uscivano da sotto il prendisole. Ancora lei, in bicicletta, già adolescente, il seno in evidenza sotto il golfino, gli occhi consapevoli che fissavano ridenti l'obiettivo. Un piede poggiato a terra, l'altro sul pedale, la gamba ben delineata sotto l'ampia gonna-pantalone. Poi ancora una foto di Doris bambina che camminava in una strada assolata dando la mano a un uomo vestito da ferroviere che poteva anche essere suo padre. Guardando bene si notava una certa rassomiglianza nei tratti, l'uomo aveva un'aria simpatica e spavalda, camminava dando la mano alla figlia con la giubba gettata sopra la spalla. Gli abiti di entrambi dicevano di una povertà piena di decoro e dall'ampiezza del passo si poteva giudicare che il temperamento dell'uomo fosse fiducioso e allegro. Chissà che cosa avrebbe raccontato Doris di suo padre, ora che era diventata una diva del cinema. Se sarebbe stata disposta a parlare delle sue origini umili, di quell'infanzia certo di ristrettezze e del modo in cui era riuscita a fuggire da quella condizione...

Mentre scorreva velocemente le immagini, Flaminio pensò che con ogni probabilità anche la foto fatta in compagnia di Franca Gandolfo e di Attilio Zanna aveva fatto parte di quella piccola raccolta di memorie. Se questo era vero, ci si poteva chiedere come mai Doris aveva portato con sé in albergo solo quella foto, perché non le avesse portate tutte. La foto che lo fece sobbalzare era l'ultima del pacchetto. Il fotografo aveva ritratto Doris e Attilio Zanna, questa volta da soli, in piedi in un interno: una stanza ben arredata, loro due vestiti... furono proprio gli abiti che ravvivarono la sua memoria perché erano gli stessi che aveva visto nell'altra foto consegnata al procuratore Schinea. Attilio passava un braccio intorno alla vita di lei. Doris appoggiava affettuosamente il viso sulla sua spalla con un senso di fiducia e di abbandono. Tutti e due alzavano verso il fotografo un calice, forse di champagne, in un tenero brindisi. Era l'immagine di una coppia innamorata colta in un momento di tenerezza pubblica e poiché indossavano gli stessi abiti della foto fatta in compagnia di Franca, era verosimile che le due immagini fossero state scattate a poco tempo di distanza nella medesima occasione.

Ma se questo era vero, diventava verosimile anche un'altra ipotesi. Che Zanna fosse arrivato in quella villa in compagnia di Doris e ne fosse per così dire uscito in compagnia di Franca. Durante quel ricevimento nella villa di via Sassoferrato potevano quindi essersi poste le premesse di un rovesciamento di rapporti. Attilio Zanna aveva lasciato Doris e s'era invaghito di Franca, fosse o meno consapevole della sua professione, e ammesso che Franca in quel periodo la esercitasse già apertamente.

Quell'immagine cambiava retrospettivamente i rapporti e la vita dei vari personaggi, introduceva nella storia un passaggio sul quale tutti concordemente avevano taciuto. In forza di quel passaggio cambiava anche l'intera prospettiva della vicenda, arrivava perfino a cambiare il senso della sua partecipazione personale. Non mutava la successione degli avvenimenti, che restavano quelli che erano, consegnati ai riscontri oggettivi delle confessioni che aveva raccolto. Cambiava però il significato profondo delle cose. Se Doris era stata l'amante che Zanna aveva abbandonato per mettersi con Franca, non si poteva escludere che il modo cauto e graduale con il quale Doris aveva indirizzato la sua investigazione rappresentasse, a distanza di tempo, la sua vendetta. Di quella vendetta Flaminio era diventato lo strumento ignaro e il fatto che la donna fosse scomparsa subito dopo avergli consegnato la fotografia per il procuratore Schinea diventava, se quel ragionamento era corretto, il coronamento di un piano.

Non era stato lui a comportarsi in modo inadeguato

abbandonando in quel modo la stanza dell'Albergo Palace, bensì Doris a fare in modo che lui si sentisse spinto ad allontanarsi per consegnare quanto prima al procuratore una possibile prova della colpevolezza di Zanna. Se uno dei due aveva tradito l'altro nelle intenzioni segrete, nell'oscurità dei pensieri non detti, questi era Doris. Perfino la circostanza che gli si fosse concessa poteva essere vista come una specie di ricompensa anticipata per l'incarico che Flaminio stava inconsapevolmente svolgendo per lei.

Lasciò i probabili diari di Policano e ogni altro oggetto al loro posto, quella foto fu la sola cosa che prese con sé, chiudendola nel portafogli. La sua intenzione era di avere un colloquio in carcere con Attilio Zanna per chiedere direttamente a lui una spiegazione.

Nei giorni successivi non fu possibile nemmeno pensare a una possibilità del genere. Il cambio di regime sembrava aver rianimato una criminalità rimasta per anni latente. Ha probabilmente ragione, esclamò un giorno un collega senza troppo scherzare, chi sostiene che i delitti si reprimono meglio sotto la dittatura. Una sera arrivò la notizia che il giudice istruttore aveva prosciolto Attilio Zanna. Il dispositivo del provvedimento recitava testualmente: "Il Giudice Istruttore ordina pertanto la scarcerazione dell'imputato per mancanza di indizi e prove in ordine alla sussistenza del reato ascritto". La cosa non sorprese nessuno, nella confusione di quelle giornate in cui si sovrapponevano nel modo più caotico, quasi sempre senza una reale spiegazione, il vecchio modo di governare e il nuovo di cui nessuno aveva ancora capito le intenzioni.

Per quanto riguardava Flaminio, un atto del genere significava una sola cosa: Lisa aveva evidentemente seguito il suo invito ed era andata a ritrattare il riconoscimento di quei poveri brandelli umani. Franca Gandolfo era tornata nel nulla in cui le bombe del 19 luglio l'avevano gettata, dilaniandone il corpo. Del delitto commesso da Attilio Zanna era scomparsa ogni traccia. Sotto quelle stesse macerie di via dei Reti 35 finiva anche la sua inchiesta. Attilio Zanna sarebbe stato rimesso in libertà la mattina dopo.

Flaminio sapeva però di avere con lui un piccolo conto in sospeso, un'ultima domanda da fare: il vero significato e il possibile retroscena della fotografia scattata una sera di tanti mesi prima in una villa di via Sassoferrato. Prima che Zanna sparisse nel caos di un Paese annientato, vale a dire prima che il portone di via della Lungara si aprisse, voleva parlare per l'ultima volta con lui. Anche se il colloquio non avrebbe avuto alcuna importanza pratica, come del resto non ne aveva avuta l'intera inchiesta.

Si era arrivati quasi alla fine di agosto, il periodo più acuto della paura e delle possibili vendette sembrava passato, si respirava una curiosa indifferenza, un senso di vuoto e d'attesa e la voce più diffusa era che ben presto per gli italiani la guerra sarebbe davvero finita. Come, e a che prezzo, nessuno però osava anticipare.

La macchina che avrebbe dovuto portarlo a Regina Coeli ebbe un'avaria pochi minuti prima della partenza dalla Regia Questura di via San Vitale, altre automobili disponibili non ce n'erano. Flaminio arrivò a piedi a via Nazionale, alla fermata del Palazzo delle Esposizioni prese un filobus che arrivava fino a San Pietro. Ancora a piedi, una volta giunto al ponte sul Tevere, percorse l'ultimo tratto. Quel tragitto interminabile fece sì che quando giunse finalmente a Regina Coeli una folla notevole, nonostante l'ora mattutina, era già radunata davanti all'edificio. L'assembramento si estendeva lungo l'intero fronte del carcere e arrivava a riempire anche il vasto marciapiede del Lungotevere Gianicolense che in quel tratto corre sopraelevato di qualche metro rispetto a via della Lungara. Sarebbero stati liberati parecchi detenuti, parenti e amici erano convenuti in massa, l'impazienza e una certa atmosfera quasi di gioco faceva ondeggiare la folla. Un fiacco servizio d'ordine tentava di arginarla, di tenere a bada i più agitati.

Flaminio ritenne opportuno farsi largo fino alle prime file come un qualsiasi curioso per qualificarsi solo una volta che fosse giunto a portata di voce degli agenti. Ci volle più tempo del previsto. Arrivò penosamente alla balaustra che delimita il Lungotevere, la pressione di chi stava dietro e voleva a tutti i costi vedere qualcosa lo schiacciava contro la robusta cordonata di ferro. Si trattava di scendere una breve rampa che però era interamente gremita e l'operazione non si presentava facile. C'erano state lacune incredibili nel servizio d'ordine, una grave sottovalutazione delle necessità reali. Far uscire i detenuti in quelle condizioni era imprudente e forse la cosa migliore sarebbe stata di rimandare l'intera operazione. Proprio mentre faceva tra sé queste considerazioni, il pesante portone si dischiuse. Dalla folla si levò un grido sordo, molti cominciarono a urlare i nomi di coloro che stavano aspettando. Flaminio fu obbligato a fermarsi, la pressione era soffocante e giù nella via della Lungara, proprio sotto di lui, si distinguevano nettamente le ondate di pressione che facevano ondeggiare la folla ora in una direzione ora in quella opposta. Due, tre, quattro uomini varcarono quasi di corsa il portone, gli oggetti personali raccolti in un fagotto, in un lenzuolo, oppure portati sulla spalla come una bisaccia. Subito si persero nel mare fitto dei corpi, delle membra.

Per ognuno di coloro che uscivano, dieci cento braccia si levavano, il vociare diventava più forte e sul vociare si alzavano grida di donna, frasi senza senso, richiami, raccomandazioni, domande, invettive. Non riconobbe subito Attilio Zanna quando s'affacciò al portone. La barba era diventata più folta durante le settimane che era rimasto chiuso là dentro. Una grande barba bianca, da vecchio, alla quale si sovrapponeva il pallore delle gote smagrite. Tutto si svolse molto rapidamente. Zanna oltrepassò il portone senza essere riconosciuto, s'insinuò nello stretto passaggio a ridosso dell'edificio che gli agenti erano riusciti a mantenere libero, avviandosi in direzione dell'ospedale di Santo Spirito. Al contrario degli altri, non aveva pacchi di sorta, teneva le mani in tasca, le spalle insaccate leggermente curve in avanti, percorse quei pochi metri con relativa facilità e di buon passo. Non c'era chi lo aspettasse, nessuno si occupava di lui, l'attenzione della folla era tutta concentrata sugli altri ex detenuti che continuavano a uscire senza interruzione.

Probabilmente solo Flaminio, dalla sua posizione sopraelevata, vide una mano levarsi al di sopra delle teste. Attilio Zanna si volse da quella parte. Qualcuno doveva averlo chiamato e, in quel momento di estrema confusione, il suo istinto lo abbandonò.

Si videro due o tre lampi mentre il crepitio delle esplosioni si perdeva nel gran vociare della ressa. Attilio Zanna si fermò, stupito, cercando alla cieca dietro di sé con la mano un qualche appoggio. Trovò un sostegno nella zoccolatura del muro. Cercò di sorreggersi, ma le gambe cedettero mentre sulla camicia, all'altezza del petto, andava allargandosi una chiazza bruna. Solo in quel momento i più vicini si resero conto di ciò che stava succedendo e cominciarono a urlare.

Schiacciato contro la balaustra di ferro del Lungotevere, Flaminio riuscì a liberare un braccio e lo sollevò, urlò anche lui sapendo benissimo che nessuno poteva afferrare il senso del suo richiamo. Attilio Zanna era scivolato a terra e non si muoveva più. Flaminio continuava a gridare: «Luigi, Gino, Luigi», perché aveva riconosciuto Luigi Tiberi che adesso si apriva con movimenti convulsi un varco verso le ultime file e sembrava nuotare contro la corrente di un fiume perché, attirati dal sangue, tutti convergevano verso quel corpo inanimato. Tiberi riuscì a raggiungere il limite esterno della ressa, una o due persone tentarono fiaccamente di trattenerlo per la giacca, si liberò senza fatica, prese a correre in direzione del ponte dei Fiorentini e più nessuno badò a lui.

«È stato lui, fermatelo!» gridò un vecchio indicandolo.

«Luigi!» gridò un'ultima volta Flaminio.

Nessuno capì e forse nessuno udì. Nel tempo di quei due gridi Tiberi era scomparso. Aveva chiuso i suoi conti e per una volta, forse la prima, la forza dell'imprevisto era stata dalla sua parte.

16
Epilogo

Questa storia, dimenticata da decenni, è venuta di nuovo alla luce grazie a un titolo di giornale. È accaduto qualche tempo fa, all'inizio di quegli anni Ottanta segnati da sintomi così contraddittori: da una parte ciò che restava di un terrorismo senza pietà e ormai anche senza speranza, dall'altra i segnali di un boom economico condensati nello slogan arrogante "La nave va". Dove stesse andando quella nave che aveva tutti noi a bordo, nessuno in quel momento sapeva. La rotta e la destinazione rimanevano sconosciute, nota soltanto la velocità. Infatti s'è visto dov'è approdata, quali sono state le conseguenze del viaggio, quanto pesante l'eredità.

Queste circostanze stabilivano tuttavia un contraddittorio punto di contatto con la situazione di quasi mezzo secolo prima, vale a dire con quell'estate del 1943 nella quale stava per cominciare una fase della nostra vita nazionale che nelle premesse, e dopo i primi entusiasmi, si presentava ancora più disastrosa. Dicono le cronache, e ricordano i testimoni, che durante il bombardamento di Roma del 19 luglio tale fu la massa di polvere sollevata dalle esplosioni che il cielo si oscurò e il sole stesso risultò velato nonostante la giornata fosse stata fino a quel momento limpidissima. Dando a quel buio il significato di una metafora del momento, si può dire che un'uguale oscurità avrebbe continuato a gravare sul Paese durante i due anni della guerra civile, per chiamarla con una denominazione ormai comunemente accettata. Ancora oggi, del resto, le ultime conseguenze di quel buio si farebbero sentire almeno secondo gli storici che proprio in quel buio, nello sfacelo dell'8 settembre, collocano l'atto di nascita della Repubblica, in quel disfacimento totale degli animi prima che delle istituzioni, nella cancellazione, insieme imbelle e sanguinosa, delle coscienze e dell'identità collettiva di un popolo. Di questo spaventoso concepimento, sempre secondo questa tesi, lo Stato che da quelle ceneri è sorto tuttora porterebbe i segni.

È stato dunque all'inizio degli anni Ottanta che l'attenzione di chi scrive venne attratta dal titolo contenuto in uno di quegli inserti di prime pagine storiche che di tanto in tanto i quotidiani ripubblicano in fac-simile. Sotto la data del 30 agosto 1943, si poteva leggere: "Capo della Milizia assassinato alla Lungara". Nel corpo dell'articolo si raccontava la drammatica sequenza svoltasi nelle prime ore del mattino di quel remoto lunedì sotto gli occhi di una folla scomposta e ignara. Attilio Zanna era appena stato rimesso in libertà quando un uomo rimasto sconosciuto, confuso nella ressa che gremiva sia via della Lungara che il soprastante Lungotevere, aveva fatto fuoco freddandolo con tre colpi di pistola. L'autopsia aveva accertato che la morte era stata pressoché istantanea. Dell'assassino non s'era trovata traccia anche se tutte le ipotesi, sia giudiziarie che di cronaca, davano per verosimile, considerata l'identità della vittima, una vendetta politica.

C'erano anzi state parecchie proteste nei confronti dei responsabili delle forze dell'ordine che non avevano garantito l'incolumità dei detenuti al momento del rilascio né avevano ritenuto di dover sospendere l'intera operazione nemmeno dopo che l'iniziale piccola folla di parenti e di curiosi s'era trasformata, col passare delle ore, in un vero e pericoloso assembramento. "Comportamento dilettantesco," aveva sottolineato con severità uno dei commentatori "indegno di una capitale e di un Paese che si sono appena liberati di una odiosa dittatura ventennale."

Tra le dichiarazioni pubblicate dal quotidiano, figurava quella del vicecapo della squadra omicidi Flaminio Prati che si era trovato casualmente sul luogo al momento del delitto: "È stata un'esecuzione a freddo," aveva detto l'alto dirigente della Pubblica Sicurezza "quasi certamente motivata da qualche trascorso politico della vittima". Richiesto di un'opinione sulla figura e l'identità dell'assassino, aveva risposto: "Direi che le modalità dell'assassinio farebbero pensare al modus operandi dell'estremismo antifascista. Quanto all'identità dell'omicida, non è possibile per ora fare ipotesi. La grande folla e la generale confusione hanno impedito a chiunque, me compreso, di capire ciò che stava accadendo. Confido che le indagini riescano presto a fare luce".

Le indagini in realtà non fecero alcuna luce, anzi il sanguinoso episodio, dopo alcuni giorni di permanenza sulle prime pagine dei quotidiani, perse progressivamente di rilievo. Qualche titolo distratto nei giorni successivi, notizie sempre più brevi e sfocate fino a quando, mercoledì 8 settembre, l'Italia aveva firmato l'armistizio con gli Alleati. A quel punto l'entità degli avvenimenti, il loro convulso succedersi avevano cancellato completamente quell'omicidio isolato, per quanto rilevante fosse la personalità della vittima, non solo dalle pagine di cronaca ma perfino dalla memoria e dall'interesse degli specialisti.

Rimaneva uno dei protagonisti: Flaminio Prati. Rimaneva cioè l'uomo che aveva condotto l'inchiesta e che era stato premiato, come i giornali avevano riferito, per aver materialmente operato l'arresto di Zanna. "Mi trovavo sul luogo del delitto" precisava Prati in una intervista di domenica 5 settembre "perché intendevo conferire con il detenuto prima del suo rilascio. Gli avvenimenti me lo hanno purtroppo impedito." Sapeva che il giudice aveva ordinato il rilascio dell'imputato? "Ne ero al corrente." Giudicava quel provvedimento uno smacco per la sua inchiesta? "Il provvedimento era seriamente fondato dal punto di vista giuridico, non alterava tuttavia la sostanza dei fatti accertati dall'inchiesta di polizia."

Che significato poteva avere una frase così contraddittoria? Per meglio dire: quali potevano essere i fatti ai quali quella frase polemica rimandava?

Trovare l'indirizzo di Flaminio Prati non fu difficile. Flaminio Prati abitava in una palazzina con i balconi fioriti e con allegre tende colorate che difendevano gli appartamenti dal sole. La casa era l'ultima in cima a una breve salita, una costruzione dignitosa a tre o quattro piani, in una traversa di via Vitellia, nei pressi di Villa Pamphili. Venne ad aprire una ragazza giovane, l'aria delle domestiche d'una volta, quelle che venivano dalla campagna, la faccia come intontita. Probabilmente la sola cameriera italiana in tutto il quartiere. Fece accomodare il visitatore in un salottino: mobili finto Cinquecento come nello studio di un avvocato di provincia, tappezzerie in cretonne. Indicò una delle poltroncine ma nascondendo subito dopo la mano, come vergognandosene.

«Il dottore viene subito» disse la ragazza.

C'era un accento nella sua voce, ma da quelle poche parole non era possibile identificare quale. Verosimilmente una cadenza del Centro-sud.

Flaminio Prati arrivò poco dopo. La sorpresa erano gli occhi. Chiari, forse azzurri, però pieni di vigore. Quanti anni poteva avere? Un po' sopra i settanta, forse settantacinque. Quando era entrato nella stanza sembrava muoversi con la solennità un po' legnosa dei vecchi, ma adesso che era seduto, quasi racchiuso nella poltroncina ricoperta di cretonne, la forza e la mobilità dello sguardo attenuavano quell'impressione.

Quando vide il titolo fotocopiato di quell'assassinio di quasi mezzo secolo prima ebbe o simulò un attimo di incertezza.

«L'omicidio Zanna... sì, forse... Non saprei bene che dire...»

«Davanti al carcere di Regina Coeli, molta folla, tre colpi di pistola...»

Prati continuava a scuotere il capo, ma la luce azzurra degli occhi era diventata più fredda. Studiava l'interlocutore, prendeva semplicemente tempo.

«Le andrebbe di raccontarlo?»

«Raccontare che cosa? Ricordo così poco.»

«Lei a suo tempo rilasciò una dichiarazione che sembra contraddittoria. Disse che il provvedimento di rilascio era giustificato, aggiunse però che quell'atto non inficiava la sua indagine. Com'è possibile una cosa del genere? È un'affermazione che sembra molto diplomatica o, al contrario, molto polemica.»

«Né l'una cosa né l'altra. Diplomatica sicuramente no. Non sono mai stato molto diplomatico. Rispecchiava probabilmente i fatti complessi che avevano preceduto quell'omicidio.»

«Sono appunto quei fatti che le chiedo di raccontare.»

Flaminio Prati sorrise con uno di quei sorrisi rasserenati e lontani che solo i vecchi sanno fare. La camerierina era tornata con un vassoio sul quale erano disposte in bell'ordine due tazzine con i loro corredi, una zuccheriera d'argento e una caffettiera pure d'argento col manico d'avorio. Depose tutto su un tavolinetto nei pressi della poltrona, in modo che Flaminio potesse completare il servizio senza alzarsi.

«Quanto zucchero prende?»

Versò il caffè, aggiunse lo zucchero, mentre continuava a valutare in silenzio la richiesta.

«A che fine?» chiese. «A che, a chi, servirebbe raccontare oggi fatti così lontani. È stato detto tutto su quel periodo. Si è parlato e scritto anche troppo, adesso la cosa più opportuna sarebbe ricordare ciò che basta a salvaguardare il connotato di fondo di quegli anni. E per il resto tacere.»

«Si tratta di anni cruciali dei quali conosciamo i grandi eventi, le motivazioni diciamo storiche, ma forse proprio la ricostruzione di un episodio di cronaca potrebbe aiutare a capire, a valutare meglio gli sviluppi, l'esito...»

Flaminio Prati seguitava a ridacchiare un po' per nascondere l'imbarazzo, un po' realmente divertito da quell'assurdo colloquio nel quale non era facile stabilire chi dissimulasse nel modo peggiore le sue vere intenzioni. Comunque dal suo sguardo era scomparsa la luce del sospetto ed era già qualcosa. Sorseggiarono in silenzio il caffè.

«Conosco abbastanza i meccanismi giornalistici» riprese Prati. «Quali sono le circostanze, i risvolti che accendono l'interesse di un cronista. Giorno dopo giorno i quotidiani lo dimostrano e mentre confermano la voglia di fare del sensazionalismo a ogni costo, sono ogni giorno costretti ad aumentare la dose per mantenere intatta la forza del colpo da assestare al lettore. Ciò che lei in realtà mi sta chiedendo sono i retroscena di quel delitto. Ciò che spera è che quei retroscena contengano aspetti tali da far assomigliare quella storia molto di più a ciò che oggi si desidera leggere che non a ciò che mezzo secolo fa si poteva vivere.»

«Ha una visione molto pessimistica del giornalismo, dottor Prati. Pessimistica e parziale. I giornali non sono soltanto quello, anche ammesso che siano quello.»

«Lo so anch'io. Però è la ricerca della sensazione e dello scandalo che dà a tutto il resto il tono di fondo.»

Il colloquio a quel punto sembrava finito. Le due posizioni erano state dichiarate e non sembrava ci fossero punti di contatto sufficienti per una possibile prosecuzione. Invece fu Prati a riaprire d'improvviso il gioco.

«Va bene» esclamò. «Accetto la sua richiesta per due ragioni, ma a una condizione. La prima ragione è che tutti i protagonisti della storia sono morti. La seconda è che ciò che potrò dirle, se lo userà in modo corretto, consentirà di collegare tra di loro vari documenti conservati presso l'Archivio centrale dello Stato all'Eur che, privi come sono delle indispensabili informazioni accessorie, risultano al momento incomprensibili e inutili.»

«E la condizione?»

«La condizione è che lei pubblichi questa storia quando anch'io non ci sarò più. Prendere o lasciare.»

I fatti narrati da Flaminio Prati, a partire dalle parole "Al centro del corpo disteso sulla graniglia del pavimento..." che aprirono la sua ricostruzione, sono quelli contenuti nelle pagine che precedono. Il racconto della vicenda occupò parecchie sedute di circa due ore ciascuna tenute in genere a partire dalla metà del pomeriggio. Prati raccontava appoggiato allo schienale della poltrona, tenendo spesso gli occhi socchiusi per favorire la memoria, anche se di tanto in tanto, nei passaggi più drammatici, si animava muovendo le mani e fissando con intensità il suo interlocutore quasi sollecitandone il giudizio.

Ciò che invece le pagine del libro fino a questo punto non contengono, sono i commenti con i quali Prati accompagnò il suo racconto e, soprattutto, la conclusione della vicenda, compreso il destino dei vari personaggi a partire dal momento in cui Attilio Zanna venne ucciso in via della Lungara in quella calda mattina di fine agosto del 1943.

Ora che anche Flaminio Prati è scomparso, cancellato come tutti gli altri, la storia può essere pubblicata con la sola comprensibile cautela di proteggere sotto nomi di fantasia la reale identità dei personaggi.

«All'epoca ero un giovane funzionario e non avevo idea della dimensione dell'intrigo nel quale mi ero cacciato» confidò per esempio Flaminio Prati a un certo punto. «Ogni funzionario di polizia è consapevole del rischio di potersi scontrare col potere politico e in genere se ne tiene alla larga. Per parecchi giorni, durante quell'indagine, non immaginai neppure che il potere col quale avrei finito per scontrarmi sarebbe stato così spaventosamente articolato, contraddittorio e di quelle dimensioni.»

«Ebbe paura, quando se ne rese conto?»

«Francamente no e non certo per eroismo. Solo perché assieme alle varie articolazioni dell'intrigo capii anche che in Italia tutto era sul punto di cambiare. Il destino di Zanna è spaventoso non solo per la fine che fece, ma anche perché esemplifica molto bene la crudeltà con la quale le vicende storiche possono alterare la fisionomia della politica. Zanna era uno degli uomini più potenti del regime, a lui era affidata la stessa incolumità fisica del Duce. Se il fascismo fosse stato una cosa seria, la riunione del 25 luglio si sarebbe conclusa in un bagno di sangue perché questo Zanna avrebbe dovuto garantire con i suoi mille fedelissimi gerarchi votati alla morte. I congiurati di Palazzo Venezia avrebbero fatto la stessa fine dei seguaci di Claus von Stauffenberg i quali, esattamente un anno dopo, tentarono di assassinare Hitler e finirono tutti al muro dopo essere stati torturati.

«Così non fu. L'Ordine del Giorno Grandi venne approvato, il pavido Re ebbe il pretesto che cercava e così, da un giorno all'altro, Zanna si ritrovò nelle condizioni di un fuggiasco.

«Un'altra circostanza che un piccolo funzionario come me non capì in tempo fu la dimensione che la congiura per eliminare Mussolini aveva raggiunto. Come ho saputo in seguito, ci fu un momento in cui a Roma erano in piedi almeno tre distinti complotti. Nonostante ciò, successe quello che successe, si stabilì cioè una specie di miracolosa compensazione di opposti velleitarismi dai quali scaturirono passi falsi ed esitazioni, mosse incomplete e sospetti reciproci, fino all'onta conclusiva dell'8 settembre. È vero che il progetto di eliminare politicamente Mussolini e quello di mettere fine alla guerra nacquero insieme nella mente dei protagonisti, ma è anche vero che non si seppe o poté darvi esecuzione simultaneamente. Al contrario, i due problemi finirono con l'esser trattati in modo separato per cui, risolto il primo, rinchiuso cioè Mussolini in una caserma dei carabinieri, ci si trovò impreparati al secondo. E nessuno tra i tanti organizzatori della congiura si preoccupò delle conseguenze che l'armistizio avrebbe avuto per la popolazione civile, per i nostri soldati impegnati sui vari fronti, così vicini alle truppe della Wehrmacht diventate d'improvviso nemiche.»

In una delle sedute successive, Flaminio Prati si fece trovare con un ritaglio ingiallito di giornale preparato sul tavolino accanto alla poltrona.

«Ho recuperato questo articolo perché furono anche pezzi giornalistici come questo che mi aiutarono a capire il livello abbietto che la propaganda di regime aveva raggiunto. Mentre l'Italia cadeva a pezzi, i bombardieri volavano sulle nostre città prive di contraerea, le armate alleate cominciavano a risalire lungo la penisola, i giornali romani ancora scrivevano: "In tre anni, il popolo ha dato come sempre nel giro dei secoli prova di nervi saldi non per fatalismo ma per sicura coscienza del proprio tessuto spirituale. Le utopie non lo hanno mai illuso. La realtà lo rende, come in quest'ora, saldo, deciso, infrangibile". Sa come commentarono a Roma? Infrangibile sì, come i bicchieri.»

I commenti di Flaminio Prati potevano essere ricondotti a una linea di moderato antifascismo basato non su un'ideologia, bensì sulle cose viste e subìte. Non era facile collocare i suoi punti di vista in una prospettiva politica se non per sommi capi: moderatismo borghese con qualche apertura, diremmo per semplicità, verso sinistra. In un Paese come la Germania, Flaminio avrebbe probabilmente oscillato tra l'ala più avanzata della Cdu e i socialdemocratici. Prati era un uomo colto. Nella sua libreria c'erano parecchi dei romanzi fondamentali del Novecento non solo italiano. Quanto alla saggistica, i testi più numerosi erano di natura giuridica ma numerosi erano anche i titoli di filosofia. Tra questi, le opere complete di Arthur Schopenhauer.

In una diversa circostanza, sempre a proposito dell'intenso rapporto che Mussolini ebbe con i giornali, Prati mostrò una pagina della prima edizione di *Roma 1943* di Paolo Monelli sulla quale aveva vigorosamente sottolineato queste righe: "Il vecchio giornalista era vittima di una curiosa illusione. Mentre da un lato dava ordini minuziosi su come i giornali dovessero essere fatti, quali argomenti dovessero toccare, con quali parole dovessero nascondere una cattiva notizia o attenuarla, mentre insomma faceva quasi da solo tutti i giornali d'Italia, quando li leggeva ci credeva, credeva a quei titoli, a quelle notizie deformate, a quelle alterazioni dei fatti e delle cose".

«Noi invece no» proseguì. «Si arrivò a un punto in cui noi, piccola gente, sempre inclini a pensare il peggio con il nostro scetticismo, capivamo come andavano le cose meglio di chi disponeva di mezzi tanto superiori.»

Oltre ai suoi commenti, Prati fornì nel corso di quelle sedute anche una serie di notizie sul successivo destino dei vari protagonisti della vicenda. Nel corso degli anni era venuto in possesso di quelle informazioni nel modo più vario. A volte per ragioni della sua professione, coronata dal grado di prefetto, a volte per una confidenza o anche per un normale articolo di giornale di cui solo lui, al corrente dei precedenti, riusciva a cogliere per intero nessi e significato.

Un impensato e immediato sviluppo ebbe, per esempio, la vita del giornalista Edo Livori. Il giornalista Livori ha avuto parte minima nei fatti conseguenti alla morte di Franca Gandolfo. La sua vita pareva dover proseguire nello stesso modo, tutta compresa cioè in quelle piccole manovre di adattamento alle circostanze che per brevità chiamiamo "trasformismo" e delle quali i giornalisti danno così spesso prova. Nel suo caso non fu così. Dopo essere stato un fervente fascista fino al 25 luglio e un acceso antifascista dopo quella data, Livori aderì dopo l'8 settembre alla Repubblica di Salò trasferendosi a Milano. Operò, in poco più di sei settimane, due capovolgimenti totali che tutti evidentemente considerarono normali. Infatti non ci furono né conseguenze né commenti. Da quel momento il suo protettore diventa il colonnello delle SS Hans Hugo Raewecke, comandante dei nuclei antipartigiani. Livori cerca di mettersi in luce catturando antifascisti, strappando confessioni, denunciando i simpatizzanti della Resistenza, infierendo sui suoi prigionieri nelle camere di tortura dai muri macchiati di sangue. Riesce a diventare il capo di uno dei tanti "reparti speciali" di quella repubblica disperata e sanguinaria. La sua importanza cresce di pari passo con la sua furibonda determinazione. Mette insieme una coorte di circa trecento uomini, niente a che vedere con le truppe combattenti, si tratta invece di una vera banda specializzata in operazioni di provocazione e in torture sadiche. Ne fanno parte uomini tarati, ladri, assassini, pervertiti. Ci sono anche molte donne, quasi tutte prostitute o ex prostitute, un paio di preti fanatici. A Milano occupano l'Albergo Regina e nelle cantine, dove le urla si sentono meno, organizzano le stanze di tortura. Livori assiste ai supplizi in tuta da ginnastica e scarpe da tennis, distaccato e sprezzante mentre i suoi sgherri accendono fiammiferi confitti sotto le unghie dei piedi, schiacciano i genitali, colpiscono le reni con sacchetti di sabbia fino a che i poveretti orinano sangue.

Un punto di contatto con la storia di Franca Gandolfo e l'assassinio di Zanna è che la sua amante fissa è una ragazza presa da una casa di tolleranza. Se ne conosce il nome d'arte, "Morena". Quando esce dall'albergo, di cui occupa la suite all'attico, Livori è elegantissimo. In quel gelido inverno del 1944 si aggira per la città affamata senza scorta, vestito con un cappotto di cammello, scarpe inglesi, sciarpe di mohair, avvolto in un perenne effluvio di colonia.

Cena, senza mai pagare, sempre in compagnia, nei ristoranti più costosi.

Quando è chiaro che la città sta per cadere, tenta di aggregarsi a un convoglio diretto verso la Svizzera, ma i partigiani gli tendono un agguato e riescono a catturarlo isolando la sua auto dal resto della colonna. Ai primi di giugno viene fucilato dopo un processo sommario in un campo vicino allo stadio di San Siro. La scena viene filmata da un cineasta, Livori nota la cinepresa, si atteggia a dandy, annusa il fazzoletto, rifiuta la benda, poi rivolto all'obiettivo sorride, fa un gesto di saluto scherzoso. La scarica di fucileria è così concentrata che rimane quasi decapitato.

«E gli altri? quale fu la fine della piccola prostituta Lisa?»

«Anche Lisa andò al Nord, come si diceva allora. Non ho mai potuto stabilire se l'aver ritrattato il riconoscimento di quei poveri resti maciullati, atto determinante per la scarcerazione di Zanna, giocò o meno a suo favore. A stretto rigore proprio quella ritrattazione fu la premessa che rese possibile il successivo assassinio. Quello che ho saputo è che a spingerla a quel gesto furono non tanto le mie parole ma le pressioni esercitate da Maria Rosa, la tenutaria del bordello. Così facendo anche Maria Rosa intendeva venire in aiuto a Zanna mai pensando che ne stava invece preparando la morte.

«Comunque Lisa partì. Venne arruolata e aggregata come ausiliaria a un battaglione di camicie nere. Vestì per qualche mese un'uniforme e portò un pugnale alla cintura. Aveva al risvolto del colletto le mostrine con una "M" rossa e alle caviglie i calzettoni arrotolati sopra gli scarponi. Ci sono delle foto che la ritraggono così. Ne ricordo con vivezza una in particolare, forse perché è l'ultima. La riprende sull'attenti, col pugnale levato in alto e lo sguardo fiero mentre il reparto viene passato in rassegna da Mussolini. Il Duce ha un triste cappotto nero col bavero alzato, la barba mal rasata ne sottolinea il pallore. Non so davvero che effetto potesse fare sulle truppe un capo in quelle condizioni.»

«Sappiamo come finì Lisa?»

«So che venne coinvolta in un piccolo scandalo con un tenente della X Mas, oggi diremmo che si trattava di sfruttamento della prostituzione, ma nel disordine di quei giorni chissà come mai potremmo chiamare quell'episodio. La verità è che dopo quella foto non c'è più niente, né altre immagini né ulteriori notizie. Scomparve anche lei nel gorgo.»

«Arriviamo al punto fondamentale. Lei sapeva chi aveva ucciso Attilio Zanna. Perché non denunciò Tiberi? Perché non lo fece cercare?»

«Era molto difficile e non mi parve giusto. Una ragione tecnica e una per così dire morale. Nello sfacelo generale, far valere il normale codice penale nei confronti di quell'uomo, ammesso che fossimo riusciti a rintracciarlo, era come se... mi sembrò che... insomma non me la sentii. So che un funzionario di polizia o un giudice devono avere come solo riferimento la legge. Sapevo anche allora di infrangere con il mio comportamento il precetto fondamentale. È stato più forte di me. Pensai che, al di là della legge, Tiberi... non voglio dire altro a questo proposito, preferisco fermarmi qui...»

Flaminio bevve un piccolo sorso di Porto come faceva di tanto in tanto nel corso di quelle conversazioni, poi riprese con tono molto più animato:

«Ho saputo in seguito che, subito dopo l'8 settembre, Tiberi entrò in clandestinità. È stato partigiano e gappista, ha avuto una parte, anche se di secondo piano, nell'attentato di via Rasella. Dopo la Liberazione di Roma nel giugno '44, le sue tracce si fanno più deboli. Di lui è noto che si arruolò come volontario nella divisione Cremona, aggregata all'VIII armata alleata, quella che risalì l'Italia dalla parte dell'Adriatico. Tiberi prese parte alla battaglia di Alfonsine durante la quale scomparve. Dico "scomparve" nel senso letterale del termine. Ufficialmente, nei ruoli della divisione, Tiberi venne dato per disperso. È certo che il suo corpo non è mai stato trovato».

«Il suo caso avrà comunque avuto una sistemazione ufficiale.»

«Sì, certo. Ufficialmente il suo nome risulta tra i dispersi di Alfonsine ma, ripeto, la circostanza curiosa è che di lui sia sparita ogni traccia.»

Flaminio rimase un istante sovrappensiero tamburellando con le dita sul bracciolo della poltrona.

«Però,» aggiunse «a pensarci bene c'è un'altra circostanza curiosa che vale la pena di riferire. Poco prima che venissero abolite in Italia le case di tolleranza, vale a dire nell'autunno del '58, ebbi occasione di incontrare nuovamente Maria Rosa. Un giorno venne convocata in questura a seguito di una denuncia per maltrattamenti fatta da una delle ragazze. Di punto in bianco entrai nella stanza dove la stavano interrogando.»

«La riconobbe?»

«Certo che mi riconobbe, da quella furba che era. La trovai molto invecchiata, aveva perso gran parte della sua arroganza e anche di quella straordinaria bombatura del petto. Soltanto lo sguardo manteneva la vivacità d'un tempo. Quando l'interrogatorio finì, chiese di potermi parlare. È curioso, anche in un mestiere come quello esistono graduatorie di merito, alterne fortune. Maria Rosa non era più la maîtresse di una delle prime case di piacere di Roma. Adesso gestiva un piccolo bordello da quattro soldi dalle parti di via di Panico, mi disse che la legge Merlin in fondo aveva deciso per lei, convincendola che era il momento di andare in pensione. Infatti si sarebbe ritirata di lì a poco presso una sua nipote nella Marsica. L'impressione che ne ebbi fu che volesse più che altro rievocare con me i bei tempi. Poi d'un tratto mi raccontò di Tiberi, mi disse d'averlo rivisto dopo i noti fatti e in circostanze eccezionali. Il giorno della bomba a via Rasella, i tedeschi subito dopo lo scoppio cinsero d'assedio il quartiere e cominciarono le retate. Tiberi, che aveva contribuito a preparare l'attentato, vedendo che tutte le vie di fuga erano bloccate dalle SS, corse a rifugiarsi nella casa di via degli Avignonesi. Fu Maria Rosa, a stare al suo racconto, che lo nascose nella sua stanza, per l'esattezza sotto il suo letto, per l'intera notte.»

«Crede che sia vero?»

«Non lo so. Può darsi. D'altra parte che interesse poteva avere a raccontarmi una bugia? Nel 1958 gli episodi legati alla Resistenza, e a quello in particolare, erano ancora visti con un certo sospetto. Non è che potesse sperare in una maggiore benevolenza da parte mia, né mi pare che ne avesse bisogno. La mia impressione è che aveva proprio voglia di confidare a qualcuno quel lontano episodio che riviveva con un certo sentimento di eroismo. Resta il mistero del perché una donna come lei abbia corso quel rischio tremendo che poteva costarle la vita. Mi sono chiesto che cosa potesse tenere insieme quel gesto con quelli precedenti, con quel tanto del suo carattere che mi era riuscito di capire. Non sono stato capace di trovare una risposta. Appresi casualmente della sua morte dieci anni dopo, nel 1968.»

«Il Giovanni Tenebra di cui mi ha parlato è lo stesso che nel dopoguerra è diventato famoso col recupero di opere d'arte?»

«Proprio lui. Finita la guerra, tra l'altro, siamo tornati

a lavorare per un certo periodo insieme. Si trattava di recuperare e inventariare i tanti capolavori trafugati dai tedeschi ma anche dagli Alleati. Un lavoro improbo basato su informazioni lacunose, imprecise, spesso di origine sospetta o interessata. Giovanni si era fatto allestire un piccolo ufficio nel retro di Palazzo Venezia, in via degli Astalli. A mano a mano che cominciarono ad affluire le opere, un ufficio solo non bastò più e dovemmo occupare anche le stanze adiacenti. In capo a qualche mese avevamo invaso l'intero piano terreno e quelle stanze erano diventate uno dei più grandi ed eterogenei depositi d'arte d'Europa. Ricordo ancora le tele addossate caoticamente alle pareti, una sull'altra. Una sistemazione precaria che aumentava il fascino dei dipinti e che aveva trasformato quei corridoi in una fantastica galleria. Spesso le opere arrivavano danneggiate, anche gravemente: buchi, strappi, bruciature. Giovanni, chino sui lavori, passava le mani sulle superfici con la stessa delicatezza con la quale avrebbe sfiorato un bambino, una ferita.

«Lentamente la situazione si normalizzò. Sulle opere più famose ormai sapevamo quasi tutto: il reparto militare e spesso l'individuo che le aveva rubate, il luogo nel quale erano state trasportate. Certe volte si trattava d'un museo o magari d'una banca svizzera, più raramente d'una residenza privata. Bisognava impiantare altrettante pratiche, inoltrarle tramite le autorità diplomatiche o qualche organismo internazionale, lavoro delicato e lunghissimo. Passavano mesi in attesa delle più semplici risposte.

«Mentre il ricordo della guerra e delle sue angustie si allontanava, il pessimismo di Giovanni cresceva. Ricordo di averlo incontrato il giorno in cui s'era diffusa la notizia che sull'Appia antica, durante la notte, era sparito tutto intero un sarcofago romano. I ladri erano arrivati con un camioncino e un argano e con tutta calma se l'erano portato via. Giovanni era sconvolto, disperato. Tu capisci, mi disse, che se comincia così non ci sarà difesa possibile. Ruberanno tutto prima dai luoghi pubblici poi dalle chiese e dai musei meno protetti. L'Italia è un immenso giacimento di opere d'arte, nessuno può pensare di proteggerle una per una. Da quando si è diffusa la consapevolezza del loro valore, non erano mai state toccate, per secoli sono rimaste affidate alla pubblica fede, testimonianza di un passato che perfino i ladri rispettavano.

«Un altro colpo per lui fu quando cominciarono i tagliatori di teste. Bande senza scrupoli violavano i recinti delle ville, dei parchi, delle necropoli, con un colpo di mazza staccavano la testa delle statue, romane o neoclassiche, che le adornavano. Cominciarono anche i furti nelle chiese, come aveva predetto, e nei musei. Scuoteva la testa in preda a quel suo pessimismo, sussurrava: "Mi chiedo se valga davvero la pena di fare gli sforzi che facciamo per recuperare queste tele. Forse sarebbe meglio lasciarle dove la guerra le ha portate, almeno si saprebbe dove trovarle". Qualche giorno più tardi mi mostrò il frammento di una famosa invettiva di Marcel Proust contro l'Italia: "La véritable terre inesthétique n'est pas celle que l'art n'ensemença pas, mais celle qui, couverte de chefs-d'oeuvre, ne sait ni les aimer, ni même les conserver". La vera terra dei barbari non è quella che non ha mai conosciuto l'arte ma quella che, disseminata di capolavori, non sa né apprezzarli né conservarli.

«Non c'era rimedio al suo pessimismo e i fatti d'altra parte sembravano dargli ragione. Il suo ultimo rifiuto, poco tempo prima di morire, è stato per la direzione del museo Getty in California, posto per il quale molti suoi colleghi avrebbero fatto carte false. Lui rispose semplicemente: no, grazie.»

Tacque, sovrappensiero, come se avesse perso ogni desiderio di proseguire.

«Resta da parlare di Doris, probabilmente il personaggio più importante dell'intera vicenda.»

Flaminio Prati annuì lentamente.

«Importante, sì. Per la storia che ho raccontato, perché ne fu il motore segreto. Per me, per una quantità di ragioni anche personali sulle quali preferirei sorvolare. Doris rimase a Roma per tutto il periodo dell'occupazione nazista. Non so dove abbia alloggiato. Probabilmente nascosta da qualche parte, comunque non nella villa di Bianca. Bianca stessa, del resto, ebbe la sua residenza requisita. La bella villa di Porta Latina divenne l'alloggio del maggiore delle SS Hugo von Arnheim, uno degli aiutanti di Dollmann. Bianca andò a protestare al comando della Wehrmacht, da un colonnello che era stato in Africa con suo marito. Quello però le fece capire che anche per loro con le SS c'era poco da fare. Dopo l'arrivo degli americani, nell'estate del '44, a un anno esatto di distanza dai fatti che ho raccontato, Doris ricompare a Roma, come cantante. Si esibisce in un ritrovo che è qualcosa a metà tra il piano-bar e il circolo ufficiali, dalle parti di via dei Serpenti. Gli italiani non sono ammessi, soprattutto se uomini. Qualche ufficiale americano entra accompagnato da ragazze romane che la sorveglianza finge di non vedere e lascia correre.

«Doris è fasciata da un lungo abito da sera bianco, ha i capelli sciolti sulle spalle che le ricadono per metà sul viso, proprio nel modo in cui li portava un'attrice allora alla moda, Veronica Lake. Canta un repertorio misto di motivi italiani e americani in voga, predilige il genere intimistico, nelle tonalità minori: *Maria La-O, Non dimenticar le mie parole, Un'ora sola ti vorrei, Ma l'amore no.* Poi le nuove canzoni americane così belle, misteriosamente malinconiche: *Blue Moon, Night and Day, I'm getting sentimental over you.* Ha molto successo. Ogni sera l'annunciatore del locale la introduce con enfasi: "And now, ladies and gentlemen, the great Italian movie star...". Non sappiamo se quelli ci credono, se credono cioè che davvero una "great movie star", sia pure d'un Paese sconfitto, possa cantare in un posto del genere. Qualcuno è ubriaco, il locale è pieno di fumo, un seguitore prende Doris nel suo cono di luce ghiacciata quando esce di quinta. L'abito esalta le sue forme mentre incede verso il microfono con una sigaretta che ha appena acceso perché il fumo, nel bianco della luce, disegna bellissime volute azzurre intorno alla sua testa e alla sua capigliatura.

«Gli ufficiali sono eccitati, applaudono, fischiano, gridano, lanciano qualche cordiale oscenità. Poi le luci si abbassano e Doris, con la sua bella voce da mezzosoprano, attacca il repertorio, guardandoli con complicità da sotto le lunghe ciglia finte di scena, accompagnando il canto con una mimica sobria e allusiva, credo che il suo modello segreto fosse Marlene...»

Flaminio Prati si interruppe a quel punto con un filo di affanno nella voce e bevve lentamente un sorso di Porto.

«Seppi che alloggiava in una pensione di via Merulana. Più d'una volta ho avuto la tentazione di andarla a prendere quando usciva da quel locale verso le tre o le quattro del mattino. Certe volte la accompagnava a casa un'auto del comando americano, altre volte prendeva un taxi. Ho indugiato, ho preso tempo. Mi chiedevo se era opportuno, che accoglienza avrei avuto. Ero l'uomo che veniva dal suo passato, che conosceva la sua vendetta segreta e lei certamente sapeva in che modo l'avevo scoperta.

«Un giorno le capitò un incidente che poteva diventare molto sgradevole. Nel corso di un'ispezione della nostra polizia alla sua pensione si scoprì che Doris aveva in camera un ufficiale americano, il quale tra l'altro, nel tentativo di fare il gentiluomo, aggravò la situazione. Interrogato, disse che Doris era sua moglie. Richiesto del certificato di matrimonio, dette in escandescenze, minacciò. Doris lo implorava di lasciar perdere, cercava di sdrammatizzare, ma più lei faceva così, più quello si sentiva in dovere di insistere e di alzare la voce. Venne chiamata la Military Police che si portò via l'ufficiale. Quanto a Doris venne accompagnata al centro delle malattie celtiche del San Galligano, sottoposta d'ufficio a visita dermosifilopatica, ispezione vaginale e s'avviò la procedura per schedarla come prostituta occasionale. In altre parole, quel timore che era probabilmente all'origine della sua simpatia per Franca, il destino che Doris aveva sentito incombere per tanto tempo su di sé, rischiava davvero di trasformarsi nel suo stesso destino. Intervenni discretamente. Feci accantonare la pratica, operai in modo che venisse richiesto un supplemento di informazioni, insomma rallentai il corso della faccenda fino a quando la cosa venne dimenticata...»

Flaminio Prati si alzò dalla poltrona per andare ad aprire lo sportello di un piccolo secrétaire. Ne estrasse una cartellina rosata, la sfogliò.

«È il fascicolo che era stato intestato a suo nome. L'ho sottratto agli archivi e tenuto per ricordo. Anche se non servirà mai a niente e a nessuno. Credo che oggi sia la prima volta che io stesso lo riprendo in mano. Queste carte sono tutto ciò che conservo di lei. Qualche volta ci penso, nulla di reale, solo qualcosa di desiderato, di deluso: un oggetto di nostalgia non molto dissimile, in fondo, da quelli che gremivano la soffitta di via Asiago.»

S'arrestò, fece un mezzo sorriso imbarazzato nel timore d'aver detto troppo, rimise il fascicoletto al suo posto.

«No, nemmeno in quella circostanza tentai di mettermi in contatto con lei. Certamente ho sbagliato ancora una volta, me lo sono detto da solo. Quando finalmente mi convinsi a fare quel passo, venni a sapere che da qualche tempo Doris veniva accompagnata a casa ogni sera da un ufficiale, sempre lo stesso, il capitano dei marines Herbert J. Weaver, in servizio presso l'Ufficio informazioni del comando alleato. Nuovamente mi ritrassi. Dopo qualche settimana Doris lasciava la pensione di via Merulana per andare a vivere in un appartamento sulla via Flaminia, che il capitano aveva regolarmente affittato a suo nome.

«Ogni volta che avrei potuto incontrarla, qualche cosa m'ha trattenuto. Quando ho davvero cercato di farlo, le circostanze non me lo hanno permesso. Il capitano Weaver si comportò comunque con onore. Al momento del rimpatrio negli Stati Uniti portò Doris con sé. Si sposarono col rito della Prima Chiesa Battista Riformata nella sua città di residenza, a Omaha, nello Stato del Nebraska.»

Flaminio si arrestò di nuovo. Fissava la parete di fronte a sé e sembrava non avere alcuna voglia di continuare. Da che cosa poteva dipendere quell'indugio? Gli anni del dopoguerra, non solo in Italia ma in tutta Europa, erano pieni di storie simili a quella di Doris, finite per lo più male. Mogli di guerra ingannate con storie false, falsi certificati di matrimonio, donne incinte lasciate a se stesse, sole col loro piccolo bastardo, respinte dagli accampamenti alleati da sentinelle armate, trattate alla stregua di prostitute dalla Military Police quando erano andate a chiedere notizie dei loro "mariti". Doris invece aveva avuto le sue nozze in una linda chiesetta di Omaha, un coro di voci miste aveva cantato le benedizioni, le zie e le cugine del capitano erano arrivate con i loro abiti squillanti, i cappellini graziosamente guarniti dalla veletta, i guantini bianchi di filo, le damigelle d'onore con dei clamorosi vestiti gialli cuciti per l'occasione e fuori della chiesetta sei compagni d'arme di Herbert avevano formato una scintillante galleria di sciabole sguainate.

Fuori, nel sole di una limpida e già calda giornata di primavera, contro lo sfondo di sterminati campi di mais, aspettava una Buick con lunghe code di barattoli vuoti attaccate alle sgargianti cromature del paraurti. Il capitano dell'U.S.M.C. Herbert J. Weaver, nella vita civile era capo contabile in una delle più grandi ditte produttrici di "peanuts". Le noccioline prodotte in quell'azienda venivano spedite per allietare i cocktails in quasi la metà del pianeta. Il fratello di Herbert, George Philip Weaver, arruolato anch'egli nei marines col grado di sergente, era caduto durante lo sbarco su una spiaggia della Normandia che, per colmo di sarcasmo, era denominata in codice "Omaha Beach". Alla finestra dei genitori, al numero 34 della Main Street, era appesa la Stella al Merito e la famiglia Weaver era molto rispettata a Omaha per aver sacrificato un figlio alla liberazione dell'Europa. Per una curiosa fatalità, il destino dei due fratelli Weaver si era compiuto a meno di quarantott'ore di distanza. Il 4 giugno Herbert entrava spavaldamente a Roma a bordo di una jeep tra gli applausi e le lacrime, il 6 George cadeva in Normandia trapassato da una raffica di fucile mitragliatore Schmeisser.

Perché dunque Flaminio esitava così dolorosamente? Il sogno delle ragazze italiane di quegli anni era stato quasi sempre molto più piccolo di così. Possibile che quelle nozze, quella festa, non fossero bastate? A chi non erano bastate. A Doris? o a lui?

«Nel 1948, mentre eravamo impegnati nella prima grande consultazione elettorale del dopoguerra, quella della Democrazia cristiana contro il Fronte popolare, mi giunse la notizia che Doris e Herbert Weaver si erano trasferiti da Omaha a New York.»

Flaminio s'interruppe brevemente per schiarire la voce.

«A Omaha Doris aveva tentato di suicidarsi, forse a New York le cose sarebbero andate meglio per i coniugi Weaver.»

«E che cosa accadde dopo di allora? Forse Doris soffriva di nostalgia? A New York è possibile trovare maggiori legami con l'Europa, l'Italia?»

«Non lo so. Attribuii quel gesto a una sua comprensibile paura d'invecchiare. Anche se era diventata la rispettata signora Weaver, Doris restava sempre nel suo cuore l'attrice che era stata, la donna che non poteva entrare in un caffè di via Veneto senza essere circondata da mormorii di ammirazione e da persone che le chiedevano l'autografo. Ora, pensai, laggiù a Omaha sentiva d'improvviso che nulla si consuma più rapidamente della bellezza, che nulla è più capriccioso e traditore. Invece continuava ad averne bisogno perché non disponeva di nessun'altra cosa che sapesse manovrare con altrettanta facilità a proprio vantaggio.

«Questo ho pensato, chissà se avevo ragione. Anni dopo mi capitò tra le mani una fotografia che la ritrae insieme a sua figlia Nancy, il giorno in cui la ragazza si laureava in medicina alla New York University. Nancy, in cappa e tocco neri, stringe tra le mani la pergamena del diploma e Doris sorride prendendola con orgoglio sottobraccio. La foto, pubblicata da una rivistina scolastica, la definisce: "Mrs. Doris Weaver, former Italian actress...". Doris in seguito divorziò dal suo capitano. Rientrò in Italia lasciando in America sua figlia che oggi è medico internista al Bethesda Hospital, in Virginia, sposata con un campione di tennis, a sua volta madre di due bambine. A Roma, Doris è vissuta per qualche tempo more uxorio, come si dice nei rapporti di polizia, con un impiegato del ministero degli Esteri conosciuto al consolato generale di New York. Un giorno l'ho incontrata, cioè l'ho vista. Stava facendo la spesa in un supermercato dalle parti di Vigna Clara. Per una frazione di secondo ho pensato di chiedere all'autista di fermare la macchina. Avrei voluto scendere di corsa, attraversare la strada, leggere il timore nei suoi occhi di fronte a quell'arrivo improvviso, poi la sorpresa e infine forse un po' di gioia e che lasciasse cadere le buste di plastica e dicesse: ma lei, lei è, tu sei...»

«Se lo racconta così vuol dire che non l'ha fatto.»

«No, non l'ho fatto. Nessuna busta di plastica sarebbe caduta, nessuna espressione di gioia sarebbe comparsa nei suoi occhi. Mezzo secolo è una distanza che non può essere colmata e quella signora di Vigna Clara non aveva niente a che vedere con la Doris che avevo visto per la prima volta tanto tempo prima nel giardino di una villa di Fregene, con indosso un accappatoio bianco. Così tanti anni sono passati da allora che mi sorprendo qualche volta a chiedermi se ho davvero vissuto quelle cose o non le ho per caso lette da qualche parte, o sognate. Tutto questo accadeva prima che la vita di ognuno di noi cambiasse come non era mai cambiata e che soffrissimo vicende collettive che nessuno avrebbe mai immaginato, prima che si arrivasse a un'Italia che non assomiglia più in niente a quella che allora avevamo desiderato e creduto possibile. Un vecchio sarebbe sceso da quella macchina davanti ai suoi occhi.»

«Per una volta aveva visto giusto, finalmente.»

«Non so se è appropriato dirlo. Giudichi lei.»

Era parecchio tempo che parlavamo e fuori dalla stanza, fuori dal cerchio dorato della luce che ci racchiudeva, era scesa la sera. Dopo quelle parole Flaminio rimase in silenzio, al suo silenzio faceva eco quello della strada. Era come se in quell'immobilità sospesa stesse un po' combattendo con se stesso. Finalmente si decise, andò ad aprire il secrétaire, tirò fuori una busta e, da quella, una lettera. Tornò a sedersi, dispiegò il foglio, inforcò gli occhiali.

1706, Summer Drive
Annapolis (Maryland)
United States of America

Annapolis, 20 febbraio

Flaminio caro,

non so se questa lettera potrà mai raggiungerti. Lo spero vivamente e la indirizzo in modo che il suo arrivo possa essere facilitato, grazie anche al ministero che sicuramente conosce il tuo recapito. Del resto sono molti anni, probabilmente troppi, che volevo scriverti, finalmente trovo il coraggio di farlo. Come vedi sono tornata negli Stati Uniti. Vivo ad Annapolis perché qui, a pochi isolati di distanza, abita mia figlia Nancy con suo marito e le sue due deliziose bambine, Ethel e Marion. Non sono comunque loro la ragione immediata del mio rientro in questo Paese di cui sono cittadina. Ovviamente li amo tutti molto, sono spesso da loro e posso dire che siamo nel complesso una famiglia unita come poche, anche attraverso le generazioni.

La verità è che sono tornata qui a causa tua. Qualche settimana fa, non saprei dire quante, ero a Roma e ti ho visto passare in auto per via di Vigna Stelluti. Anche tu devi avermi vista, l'ho intuito dalla velocità con la quale ti sei girato dalla parte opposta nel timore che i nostri sguardi si incontrassero e che quell'incontro casuale potesse diventare qualche cosa di impegnativo e di irreversibile. Posso anche indovinare i pensieri che hanno attraversato la tua mente e li immagino simili ai miei. Al fondo di tutto dev'esserci stata la domanda se un incontro così avrebbe potuto colmare l'abisso che i tanti anni passati e le così diverse vicende delle nostre vite hanno scavato. Troppe domande senza risposta, troppi malintesi, troppo grande la carica di rimpianto, le possibilità inespresse, l'inevitabile nostalgia che tutti e due abbiamo accumulato.

Per tutti questi anni ho pensato spesso a te. Certo non tutti i giorni e nemmeno tutte le settimane, però molto spesso. Ogni volta mi sono chiesta quel che avremmo potuto fare, essere e diventare insieme, come tutto avrebbe potuto essere diverso. Non ho mai parlato di questo né con gli uomini che ho conosciuto e amato, né con le mie amiche. È rimasto il mio segreto più gelosamente custodito, il pensiero delle ore notturne, dei giorni d'infelicità, dei momenti in cui ho cercato un po' di solitudine per sentirmi più vicina a quel mio ieri di cui tu sei parte. Per qualche tempo ho immaginato che ne avrei parlato con mia figlia Nancy quando fosse stata abbastanza grande da capire. Poi lei è diventata grande davvero (oggi è sul punto di essere nominata primario del suo reparto di medicina interna) e ho rinunciato perché nemmeno lei avrebbe capito per quale ragione quella strana avventura, una storia d'amore così breve che quasi non c'è stata, rimaneva tanto importante per me. La verità è che quel tempo, il nostro tempo, è diventato troppo lontano per chiunque e quella data, 1943, così carica di emozioni per noi, per la maggior parte delle persone oggi in vita non ha più significato di una delle tante date che ti obbligano a studiare a scuola. Chi sarebbe disposto a commuoversi sul 1492? Sul 1848?

Nel momento in cui ti ho scorto all'interno di quella macchina, mi sono anche resa conto di quanto io stessa sia invecchiata. Tu probabilmente mi ricordi com'ero allora, con in faccia l'espressione stupidamente sognante che cercavo di assumere perché un regista mi aveva detto che era la più adatta al mio volto. Come hai potuto vedere, anche se di sfuggita, non c'è più niente in me che ricordi oggi la donna che hai conosciuto. Sono andata via dall'Italia, potrei perfino dire che ne sono fuggita se fossi in vena di romanticherie, perché non posso sopportare il pensiero che un rischio del genere possa ripetersi e tu possa guardarmi da vicino, perché non potrei sopportare nemmeno per un istante di veder trascorrere nel tuo sguardo l'ombra della delusione, dopo un'attesa così lunga. Forse si tratta di orgoglio, forse di vanità, ma a me piace pensare che sia qualche cosa di meno facilmente definibile, di più delicato e nascosto, del timore insomma di perdere l'ultima possibilità rimasta di concederci un sogno.

Qui ad Annapolis sono soltanto la signora Weaver e soprattutto la madre di Nancy Woodward, stimatissimo medico internista nel miglior ospedale della città. Sono una quieta signora della provincia americana, che gode di un dignitoso assegno alimentare da parte del suo ex marito, si sente orgogliosa di sua figlia e si ostina chissà perché a insegnare alle sue due nipotine qualche parola di italiano. L'ultima volta che qualcuno si è ricordato del mio passato nel cinema è stato parecchi anni fa, quando Nancy si è laureata. Qualche volta Marion, la più grande, mi chiede se è proprio vero che la nonna da giovane ha fatto l'attrice. Un giorno o l'altro le mostrerò l'album con qualche foto di scena che ho qui con me, spero soltanto che il suo stupore non mi ferisca troppo.

Per tutti questi anni mi ha torturato il pensiero di che cosa puoi aver pensato di me quella notte, lasciando l'Albergo Palace. Forse hai creduto che dandoti quella fotografia io abbia voluto fare chissà che cosa, consumare magari, per il tuo tramite, la vendetta di una donna tradita. Ti giuro che non è così e poiché sono passati secoli da quel momento che non dimentico, ti giuro che con quella foto volevo unicamente favorire la tua carriera aiutandoti a risolvere un caso molto difficile. Tutto il resto, ammesso che un resto ci fosse, non ha minimamente pesato sulla mia decisione.

Mentre ti scrivo queste cose, qui sta scendendo la sera. A Roma in questa stessa ora ci sarà ancora quella sfavillante luce dei pomeriggi d'inverno che non ho mai potuto soffrire, quella luce che spalma una luminosità troppo cruda sui palazzi, le rovine, gli archi e sui volti delle persone che non vorrebbero mostrare così impietosamente il lungo percorso della loro vita.

Sto bene in salute, sono solo un po' stanca, specialmente di sera. So di dovermi adattare alla sorte che tutto sommato è stata benigna con me. Rimane un unico immenso cruccio ma per quello c'è poco da fare. Spero solo che, andando ancora avanti negli anni, si trasformi in qualche cosa di diverso, di più dolce, e che mi faccia un po' di compagnia dopo avermi causato tanto a lungo un così grande rammarico.

Anche se una donna della mia età non dovrebbe mai rischiare il ridicolo, lascia che ti dica, ti amo.

Tua

Doris

P.S. Troverai il mio indirizzo sulla busta. Non è un invito a rispondermi perché non credo che una corrispondenza ci aiuterebbe in alcun modo. Si tratta solo di obbedienza alle norme postali in vigore negli Stati Uniti.

«Ha rispettato quell'invito?»

«L'ho rispettato. Non ho mai risposto. Quella lettera mi ha dato la misura del tempo trascorso, mi sono reso conto che stavo aspettando, o cercando, qualcosa che non era più possibile trovare, un soffio, un sospiro nel tempo, mezzo secolo, la nostra vita.»

Nota dell'autore

Alcuni degli avvenimenti narrati in questo libro mi vennero raccontati, molti anni fa, da un anziano funzionario di polizia che, al tempo, vi aveva preso parte. Si tratta comunque di una minima parte della storia narrata nel libro che, per il resto, deve ritenersi opera di fantasia. Ogni riferimento a fatti e a persone realmente esistite resta quindi casuale.

Quando cadde il fascismo, in quella settimana del 1943 capitale per la nostra storia che va dal lunedì 19 al lunedì successivo, 26 luglio, ero un bambino e dei fatti ho un ricordo vago. Vive però, e nette nella memoria, sono rimaste alcune impressioni particolari: l'atmosfera e la luce, certe espressioni nel volto delle persone a me vicine, certe esclamazioni, la folla festosa nelle strade la sera di domenica 25, le grida e gli abbracci, l'abbattimento nella notte, alla luce delle torce, dei simboli del regime.

A queste impressioni ho aggiunto le informazioni ricavate da alcuni ottimi libri pubblicati, o ripubblicati, di recente, che qui segnalo non solo per elementare dovere ma anche come consiglio a chi, magari invogliato dalla lettura di questo romanzo, fosse interessato a conoscere meglio quei giorni e quegli eventi.

Due titoli sono dell'editore Mursia e sono opera di due giornalisti. Si tratta di *L'Italia del 1943* di Marco Innocenti e di *Venti angeli sopra Roma* di Cesare De Simone. Il primo ha come argomento ciò che il titolo dichiara ed è ricchissimo di informazioni sulle usanze, i prezzi delle merci, le canzoni, gli spettacoli, le dive del cinematografo, le povere abitudini che allora gli italiani potevano permettersi. Non mancano le notizie politiche e sull'andamento della guerra, ma il vero pregio è in questa notevole e rara documentazione.

Il secondo, di De Simone, è una ricostruzione dei bombardamenti su Roma, a cominciare da quello su San Lorenzo del 19 luglio, scritta con cura del dettaglio, precisione e abbondanza di notizie ma anche con grande perizia di racconto e, verrebbe da dire, di "montaggio". Raramente la storia di un'impresa militare è stata così sagacemente accoppiata alla storia di una città e alle vicende di un'intera popolazione.

Anche il terzo libro è di un giornalista, anzi di un celebre giornalista, lo cito per ultimo perché è, dei tre, il più importante. L'autore, troppo noto perché io ne debba qui parlare, è Paolo Monelli. Il libro è, ovviamente, *Roma 1943* che di recente la Einaudi ha ripubblicato e che, a mio giudizio, resta il miglior libro di Monelli, sicuramente uno dei migliori sull'argomento, nonché un modello di giornalismo storico.

Devo poi segnalare il romanzo di Elsa Morante, *La Storia* (Einaudi editore), al quale è dedicata una breve citazione testuale nel capitolo sul bombardamento, come il lettore accorto sicuramente avrà notato. Sono consapevole che una parte della critica ha apprezzato questo romanzo in misura inferiore agli altri della grande scrittrice. Per quanto mi riguarda lo lessi con tale trasporto da averne conservato un ricordo incancellabile.

C.A., dicembre 1994.

Finito di stampare nel mese di aprile 1995
presso il Nuovo Istituto Italiano d'Arti Grafiche
Bergamo
Printed in Italy

0006650
CORRADO AUGIAS
QUELLA MATTINA
DI LUGLIO
1 EDIZIONE
R.C.S. LIBRI &
GRANDI OPERE. MI.